你与世界王者的距离

德国足球的实战训练“密码”

[日] 土屋庆太◎著
任定猛◎译

北京体育大学出版社

策划编辑：潘海英　潘　帅
责任编辑：潘海英
责任校对：韩培付
版式设计：谭德毅

图书在版编目（CIP）数据

你与世界王者的距离：德国足球的实战训练“密码”/(日)土屋庆太著；任定猛译. -- 北京：北京体育大学出版社, 2020.12
ISBN 978-7-5644-3400-7

Ⅰ.①你… Ⅱ.①土… ②任… Ⅲ.①足球运动—运动训练 Ⅳ.①G843.2

中国版本图书馆CIP数据核字(2020)第242618号

北京市版权局著作权合同登记号：01-2020-7137

你与世界王者的距离

德国足球的实战训练“密码”

NI YU SHIJIE WANGZHE DE JULI
DEGUO ZUQIU DE SHIZHAN XUNLIAN “MIMA”

[日] 土屋庆太　著
任定猛　译

出版发行：北京体育大学出版社
地　　址：北京市海淀区农大南路1号院2号楼2层办公B-212
邮　　编：100084
网　　址：http://cbs.bsu.edu.cn
发 行 部：010-62989320
邮 购 部：北京体育大学出版社读者服务部 010-62989432
印　　刷：北京瑞禾彩色印刷有限公司
开　　本：710mm × 1000mm　1/16
成品尺寸：170mm × 240mm
印　　张：17.75
字　　数：303千字
版　　次：2020年12月第1版
印　　次：2020年12月第1版第1次印刷
定　　价：88.00元

序　言

世界杯夺冠之路是德国足球实施改革带来的成效。

——贝尔恩德·巴鲁塔

德国足球协会青少部主任

一、世界冠军的品质

——高度均衡的德国战车

德国队作为2014年巴西足球世界杯的冠军，被全世界认为是当之无愧的冠军，甚至球迷和新闻评论员也一致认为，无论与哪支队伍比较，德国队在技术、战术、体能、心理素质等方面都是最平均和最稳定的队伍。队伍中有很多年轻的队员也表现出高水准的竞技能力。作者曾经在德国国家青年队执教过这些年轻的队员（克罗斯、穆勒、格策、穆斯塔菲等）。

本书用三个词语来形容德国队的冠军品质：紧凑性、均衡性、统一性。

无论是进攻还是防守，能够始终保持紧凑性的行动过程只有德国队。在进攻中，大部分的进攻行动由准确的短传球完成。依靠出色的个人能力为基础的进攻配合，不仅能够带来更高的控球率，同时也能够创造出更多的射门得分机会。

德国队以球门为目标，构建了高效的进攻配合，而且与其他队伍不同，他们更强调全体队员参与进攻。同时，他们依据比赛的临场情况，能够灵活选择和运用快速进攻或有计划性的层层推进进攻。具备控制比赛节奏的能力也是高水平球队的特点之一。全体队员参与进攻，不仅增加了进攻的选择路径，而且一旦丢球，能够马上形成密集防守阵型。因此，不论进攻时在哪里丢球都能够实现快速由攻转守。另外，也可以通过丢球后的立即压迫防守，重新夺回控球权，不给对手发动快速反击的机会。

对 2014 年世界杯的前 4 名球队进行分析，能够明显地发现 4 支队伍中有 3 支队伍的比赛结果被队中的关键队员的发挥来左右。例如：巴西队的内马尔、荷兰队的罗本、阿根廷队的梅西。与这 3 支队伍不同，德国队应该说是一支队员能力非常均衡的队伍。

德国队在比赛中的进球得分不仅是穆勒、克洛泽制造的，厄齐尔、许尔勒、克罗斯和胡梅尔斯等人也能够创造出来。队伍中控制进攻节奏、发挥进攻创造性的队员，除了克罗斯，还有施魏因施泰格、赫迪拉，他们也能够影响比赛的进程。

在比赛中，除技术和战术质量外，心理素质也起到了很大的作用。全体队员、教练团队、其他工作人员作为一支队伍必须变成一个统一的整体。每一个人都要为了队伍的成功，全力以赴地完成自己的工作任务，在这个方面与谁是主力、谁是替补没有任何关系。正是有了这个基础，在发挥不好的比赛后，队伍才能够保持积极的氛围。队伍只有具备了自信和稳定性，才能够以最佳的心理状态备战比赛，才能够在比赛结束阶段和延长期时，保持状态，最终获得胜利。

另外，这些比赛中的进球并不仅仅是主力队员完成的，也有的是由中途替补上场的队员完成的，再加上所有的队员都处于一个最佳的体能状态，因此最后带来了这样的出色表现。

二、德国足球成功之路

——德国足球协会青少年培养体系的改革

德国队的教练团队、其他工作人员与队伍的成功有着密切的关系。正是由于他们长期和持续的工作，构建了夺得世界杯需要的技术、战术、体能和心理素质的基础。同时，这次的成功也是德国足球协会青少部改革的结果。

笔者作为德国国家青年队教练员、教练员培训讲师，参与了体系运作的整个过程。德国足球协会青少年培养体系改革的起因，源于 1998 年法国世界杯和 2000 年荷兰和比利时合办的欧洲杯比赛中德国队糟糕的表现。德国队在这两次比赛中不仅早早被淘汰，而且比赛过程也非常糟糕，这最终引起了改革方案的提出。究其原因不仅是队伍平均年龄高，而且队伍中没发现有潜力的年轻队员。经过考虑，德国足球协会决定对天才队员的挖掘和青少年培养体系进行全面的改革。

改革的核心包含 6 个方面：

（1）在全国范围开设训练营。

（2）职业俱乐部建立青训学院。

（3）建立 U-17 和 U-19 青年联赛。

（4）建立精英学校。

（5）加强各级青少年国家队建设。

（6）教练员的培训教育和培养体制。

三、训练营的训练组织

——德国足球协会统一负责制定训练目标和内容

在德国的训练营中，10~15 岁被选拔入营的队员大约有 15 000 人，他们除参加自己队伍的训练之外，还要参加一周一次的训练营训练。在训练营中，大约有 1 200 名教练员负责训练工作。目前训练营共有 336 个，分布在 29 个地区。一个地区有一名负责人。他们把训练营工作作为职业，不仅负责训练营教练员的工作分配和人事工作，同时还要监督训练内容的执行。

训练营的训练目标和内容，由德国足球协会制定。地方的训练营在安排训练时，一般由 3~4 名教练员指导，每个人负责 8 人以下的训练小组。训练的主题都是围绕提高个人技术方面的内容，所以通过以上的小组划分，能够确保每名队员在技术和个人行动方面，得到最详细的个别指导。另外，这些训练营的教练员必须持有一定级别的上岗资格证，只有参加了两周半的天才队员培养课程并考试合格的人，才能担任训练营的教练员。

四、青训学院、精英学校、U-17 和 U-19 青年联赛

——增加训练次数，实施高水平联赛体制

2001 年，德国足球协会规定所有足球甲级联赛俱乐部都必须建立自己的青训学院；2002 年，对德国足球乙级联赛俱乐部也做了如上规定。通过这样的措施，职业俱乐部的青少年培养质量有了质的飞跃。

青训学院的设立标准是由德国足球协会和德国足球职业联盟共同制定的。这些标准主要涉及 4 个领域：

（1）基础设施、场地、会议室等。

（2）教练员的人数和资格。

（3）兼顾竞技性、教育性、精神和医学健康方面的功能。

（4）发掘、选拔人才。

正是在这些领域的努力，使俱乐部的青少年培养在十几年间有了质的飞跃。当初大约只有 50 人把训练营的教练员工作作为职业，但是目前已经增加至 270 人左右。大部分指导 17 岁队伍和 19 岁队伍的教练员持有职业级证书，并且很多人被俱乐部聘用。目前，很多的 15 岁队伍和小部分 13 岁队伍的教练员也被俱乐部聘用。

在精英学校的建立和青训学院的辅助作用下，队员的训练次数大幅度增加。2000 年以前，每周有 3~4 次训练，而目前每周可达 6~8 次训练。青少年培养工作在这些措施和高水平教练员的努力下，改善了训练条件，使队员能够在最适合的状态下参加训练，为日后走向职业队做了更好的准备。要想让队员的竞技水平达到高峰状态，不仅要有高质量的训练，而且要经常组织和举办高水平足球赛事。

U-17 和 U-19 的全国青年联赛的举办势在必行。这些队员都知道，只有

和最高水平的对手去较量，才能提高自身竞技水平，才可能会更快地被挑选进入职业队伍；而且，进入职业队伍才是真正成长阶段的开始。

五、各级国家青年队

——精英队员的表现，是各级国家青年队水平上升的关键因素

德国足球协会致力于将各俱乐部的精英队员选拔到一起，将他们作为这个年龄段的精英梯队（A 级代表）进行培养。

近年来，德国足球协会对于青年队的组织管理更加重视，甚至也开始出现职业化配置的趋势，教练团队以主教练为核心，配备助理教练（1~2 人）、技术教练、守门员教练和体能教练。但是，对于这些正处于青少年身心发展阶段的精英队员来说，也决不能忽视对他们进行立德树人的常识教育和心理方面的关注与培养。

当然，各级国家青年队水平的提升与这些常年在最高水平赛事中不断经历考验的精英梯队（A 级代表）队员存在着密切的关系。德国足球协会正是通过以上方法，向各级国家队灌输他们的足球哲学。

这样的足球哲学，确定了训练目标和内容，帮助各年龄段的国家青年队队员更好地理解和贯彻特定的比赛理念和战略，而且，这样也有利于他们向下一个年龄阶段的队伍过渡，同时也开辟了一条从 10 个年龄段层层选拔组建精英梯队（A 级代表）的模式。

虽然在德国夺冠的队伍中队员的平均年龄较小，但是每个队员都已经积累了很多的国际性比赛经验，这也证明了以上途径的优势。

另外，对于青年队队员的培养，教练员是关键。只有高水平教练员才能培养出精英队员，引导他们走向成功。为了这个目标，德国足球协会高瞻远瞩，始终为青年教练员的培养创造最好的条件。

因此，德国足球协会在 2001 年开设了专门培养精英队员的教练员培训课程。培训课程主要针对指导 10~15 岁队员的教练员，为其提供详细、全面

的技能指导课程。

在训练营和青训学院都要开设类似的课程。定期的培训课程，可以为教练员提供更新知识的机会。这些工作成为保持队员和国家队在未来依然具备持续竞争力的基础条件。

德国足球协会在全面地分析当时的实际情况后，坚持青训改革这条道路十几年来，培养出了许多非常有竞争力的年轻队员。

本书围绕立即压迫防守、反击进攻、压迫防守、1 对 1、守门员五个主题，分析和介绍了与实际比赛规律相一致的训练理论与方法。你拥有了这本书就像是打开了现代足球之门。

目 录

第一章 立即压迫防守战术

● 本章提示

当失去球权后，应由进攻快速转换成防守，并为了重新夺回球权进行立即压迫防守。

有的时候实施立即压迫防守也会达到延缓对手进攻的效果。

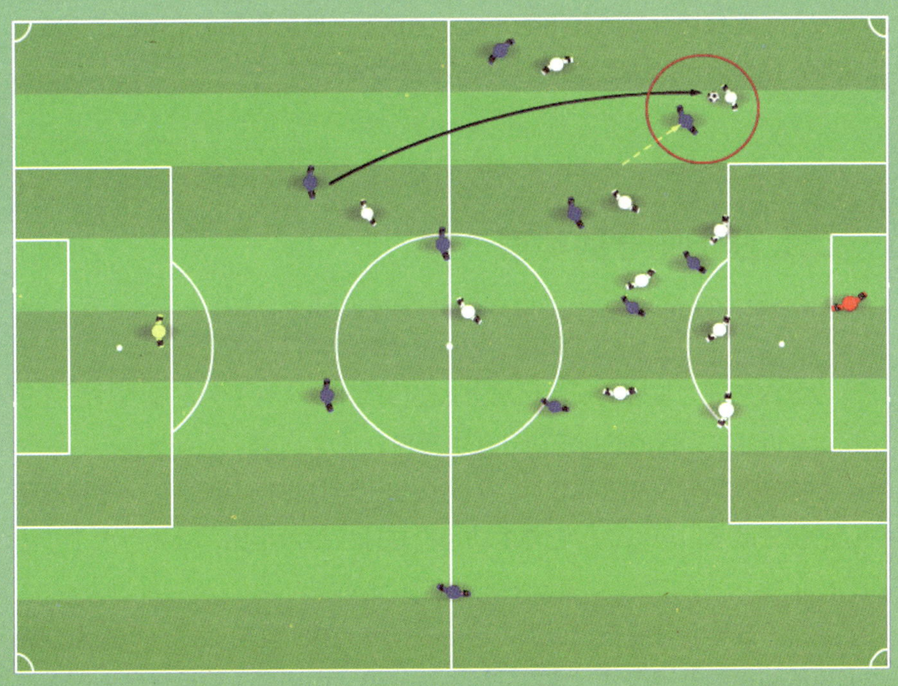

一、区域防守理念的确立

——以2000年欧洲杯被淘汰为契机，向全国贯彻区域防守理念

德国足球界在分析了世界杯、欧洲杯、奥运会足球比赛后，将世界足球发展趋势与自己的优势相结合，开始不断地更新理念，寻求发展。

在防守方面，受到获得1974年和1990年世界杯冠军，以及1996年欧洲杯冠军的影响，德国足球在很长时间里都采用了3-5-2体系的人盯人防守战术。当时，这种战术成为职业俱乐部、业余俱乐部和青少年队伍的主要战术。

但是，2000年的欧洲杯比赛，德国队在小组赛后被淘汰，从那时起德国足球甲级联赛（简称“德甲联赛”）的俱乐部和青训学院就采用四后卫和区域防守战术，之后逐渐传遍整个德国。

2006年的足球世界杯比赛，很多球队以四后卫和区域防守战术为基础，表现出高水准的更具组织性的防守战术，再加上“双后腰”的配置，成为当时比赛中防守战术的主要趋势。

目前，区域防守战术在不同的战术体系下，甚至是在定位球防守中被广泛采用，成为现代足球比赛的重要构成因素之一。

二、压迫防守的类型

——2008年现代式立即压迫防守开始盛行

以区域防守为基础的现代足球全队防守战术，大致分为回撤布阵防守战术和以夺得球权为目的的压迫防守战术两种。

回撤布阵防守是失去球权后，回撤到自己半场进行组织站位，等待对手失误的防守战术。可以说，它与主动地抢夺球权战术相比，优先考虑了“结构的稳定性”“不失分”，是一种消极式防守战术。

另外，压迫防守是自己更加主动地去抢夺球权的防守战术。德国足球界依据压迫防守的纵深区域，将其分为前场压迫、中场压迫和后场防守区压迫

三种防守方式。

靠近对手球门附近的前场防守，虽然是最有威胁性的防守战术，但是队员体能一旦下降，就容易导致向前防守速度减慢或协同防守不统一从而被对手摆脱，而此时对手就可以利用前场高位防守阵型身后留下的纵深空间发动进攻。

另外，后场防守区的压迫防守虽然不会给对手留下利用防守线后空当的机会，但获得球权后与对手球门的距离也变远了。队伍可以依据自己的比赛策略、局势、比分的不同，选择最合适的战术进行比赛，即使在业余队、青年队中也能看到这一点。2008 年，一种称为“立即压迫”的防守方式，作为新的防守趋势开始被采用。这种趋势不仅在职业球队，甚至在教练员培养和青少年培养的领域也同样受到关注。

● 德国队防守战术的演变。

德国队防守战术的演变如图 1-1 所示。

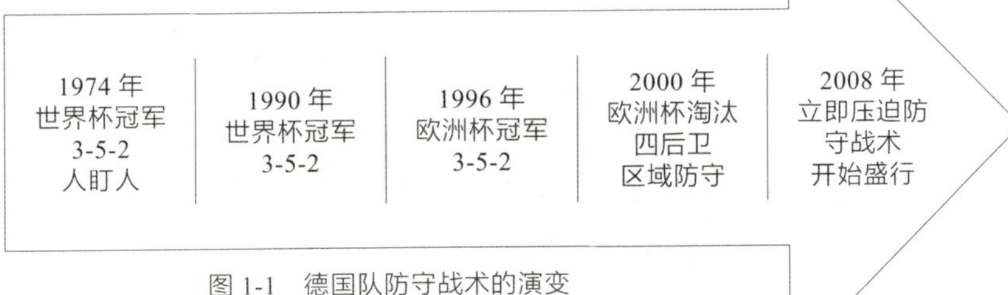

图 1-1 德国队防守战术的演变

● 压迫防守的种类和区域。

（1）前场压迫（高位压迫防守）（图 1-2）。

（2）中场压迫（图 1-3）。

（3）后场防守区压迫（图 1-4）。

（4）立即压迫（丢球后立即开始）。

图 1-2　前场压迫区域

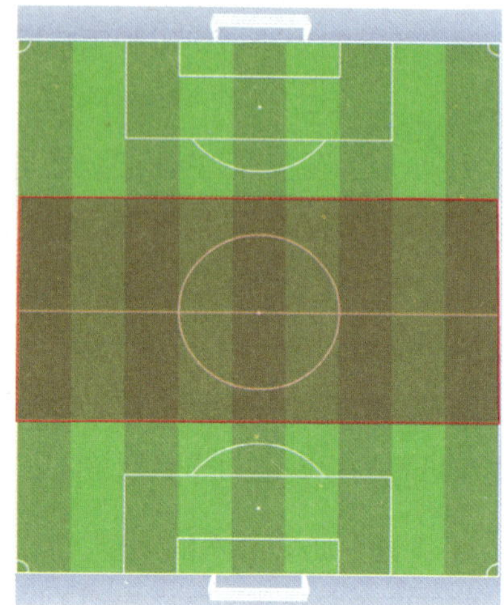
图 1-3　中场压迫区域

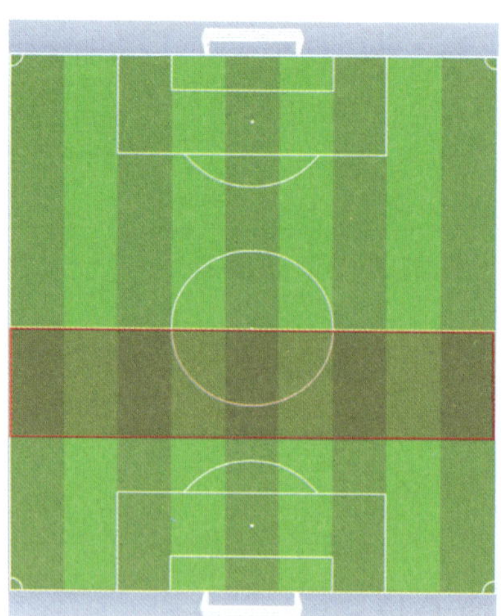
图 1-4　后场防守区压迫区域

三、德国的立即压迫防守战术的确立

——由巴塞罗那足球俱乐部创造，经过多特蒙德足球俱乐部的发展，再到拜仁慕尼黑俱乐部的确定

在德国的足球比赛中失去球权后立即由进攻向防守转换，并立即完成重新夺回球权的压迫防守称为“立即压迫”。

虽然现在德国的青少年也开始有这样的战术训练，但是以前丢球后还是以快速回撤布阵稳固防守为基础。这样的战术性变化和发展趋势可以说与德国足球协会分析国际比赛有密不可分的关系。担任世界杯、欧洲杯比赛分析的巴鲁塔认为：把比赛分析的结论落实到青训和教练员培训实践中非常重要。可以说，这些比赛反映了足球未来的发展方向。作为发展趋势，德国足球协会总结每次比赛中高水平球队的特点和制胜因素，并通过教练员研讨班、会议和媒体播报将这些内容落实到全国青训和教练员培训的实践领域。

分析立即压迫防守战术发展原形可知，它是在 2008 年瓜迪奥拉执教巴塞罗那足球俱乐部（简称“巴塞罗那队”）时创造的防守战术。

巴塞罗那队的控球、流畅的配合不仅被人们所熟知，而且瓜迪奥拉也很好地把进攻丢球时立即反抢（攻转守），且在防守获得球权后立即进攻（守转攻）融入了巴塞罗那队的战术体系。他任教的第一个赛季就使球队获得了联赛、国王杯和欧洲冠军联赛的三连冠，且之前的丢球后回撤布阵稳固防守的核心理念被彻底地颠覆了。

当时多特蒙德足球俱乐部（简称“多特蒙德队”）的主教练克洛普也非常认可巴塞罗那队的高位防守和立即压迫防守战术。巴塞罗那队的成功秘诀被移植到了西班牙国家队，并获得了世界杯和欧洲杯的冠军。因此，当时的西班牙国家队与巴塞罗那队被认为是这种先进打法的样板。

之后，当时的主教练克洛普率领多特蒙德队运用这种快速攻守转换打法，获得了德甲联赛两连冠（2011 年、2012 年）。虽然拜仁慕尼黑俱乐部（简称“拜仁队”）在 2012—2013 赛季获得了联赛、杯赛和欧洲冠军联赛三连冠，但是据说当时的主教练尤普·海因克斯经常通过录像让队员观看巴塞罗那队和多特蒙德队快速攻防转换的比赛场景。自此，立即压迫与区域防守理念一起成为现代足球防守中的关键因素。

四、4 个时刻的立即压迫

——防守从进攻时就已经开始准备

足球比赛由进攻、由攻转守、防守、由守转攻共 4 个时刻构成。现代足球的攻防转换速度越来越快，使这 4 个时刻联系得更加紧密。立即压迫作为防守行为之一，与防守起始阶段的由攻转守时刻联系更多，在实践中能够发现它是一个连续的过程，即“从由攻转守开始向立即压迫防守的发展过程”。在实际的比赛过程中，这 4 个阶段是相互联系的整体。例如，进攻时队员要在有球一侧形成人数优势，防守线要做好攻守平衡等，这些带有防守性质的行为在进攻时就已经开始准备。同时，这也意味着立即压迫防守的程序已经开始。

在比赛中，丢球的瞬间，要求队员快速完成由进攻向防守转换，并立即实施防守（立即压迫）。通过立即压迫防守重新获得球权后，同样要求队员在对手也实施立即压迫之前，立即完成由守转攻，快速地进入进攻阶段。

因此，平时的训练，一定要考虑训练主题在实际比赛中的具体应用和具体训练方法的设计。例如：由守转攻的转换练习，一定要考虑在重新获得球权时是选择反击还是控球，并且要进行详细的说明。

● 立即压迫在足球比赛中 4 个时刻的表现，如图 1–5 所示。

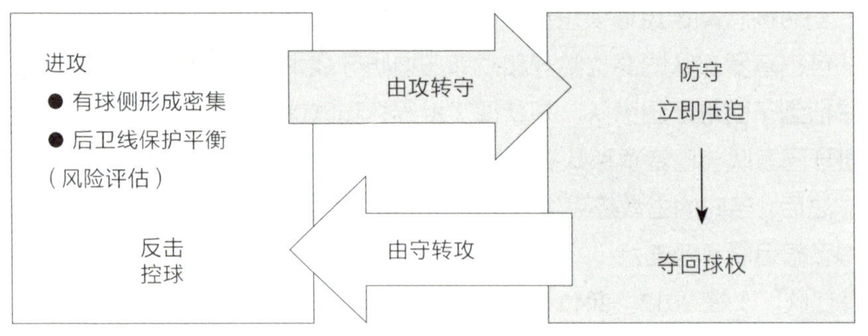

图 1-5　立即压迫在足球比赛中 4 个时刻的表现

五、立即压迫防守的任务

——作为阻止进攻方发动快速反击的方法之一

立即压迫防守具有两大作用。第一个作用是重新夺回球权继续进攻。由于传球失误而失去球权后，如果通过立即压迫重新夺回球权，那么队伍还可以继续控球、发动进攻。时任多特蒙德队主教练的克洛普在评价自己队伍的立即压迫防守战术的作用时，夸张地说："多特蒙德队没有传球失误。"如果按这样的想法分析来看，立即压迫防守方式也适合运用到各拥有 50% 的机会的长传球进攻中的二点球争夺战。

巴塞罗那队、拜仁队这样的高水平球队，通过在有球区域形成人数优势，再利用短传配合保持控球权的同时向前发动进攻；与长传球进攻相比的话，全队可以避免前后脱节，同时可以保持紧凑的阵型。这样的方式不仅有利于在有球区域保持队员之间的合理距离，甚至在失去球权后，也更容易在有球区域再次形成防守人数优势，并实施立即压迫防守。

通过掌握控球权，并在对手半场展开进攻，甚至就算是失去球权，如果能通过立即压迫重新夺回球权的话，就不用回撤到本方半场，这样就可以持续给对手的球门施加压力。

第二个作用是通过立即压迫防守重新夺回球权的防守行为，达到阻止进攻方发动快速反击的目的。即使通过立即压迫防守没有马上夺回球权，也可使对手的持球队员不能向前传球，只能选择运球或回传球。这样不仅能延缓对手的进攻速度，同时也为本方后卫队员重新组织起紧凑的防守阵型争取了时间。

从反击进攻的进球得分比例来看，2008 年欧洲杯反击进球数占总进球数的 46%，到 2012 年的欧洲杯反击进球数降到了总进球数的 25%；即使在欧洲冠军联赛中，反击进球数同样也在减少（表 1-1）。因此，立即压迫成了阻止快速反击进攻的有效战术策略。

表 1-1 不同比赛中反击进球数占总进球数的比例

2008 年欧洲杯 →	2010 年世界杯 → 2012 年欧洲杯
46%	25%
2008—2009 赛季欧洲冠军联赛	→ 2009—2012 年欧洲冠军联赛
40%	21%~27%

注：数据来自欧洲足球协会官网。

六、立即压迫防守战术实例

——立即压迫的最好结果是重新获得球权

数据统计结果显示，丢球后的 5 s 是重新夺回球权的最佳时机。刚刚获得球权的对手，需要时间来分析和判断周围的状况，并根据情况等待同伴的支援和接应。在对手组织起有序的进攻之前，本方如果在短时间内采取正确的行动，重新夺回球权的可能性将大大增加。

虽然说最好的结果是立即重新夺回球权，但是通过给持球队员施压，使其传球失误或判断失误，而达到延缓对手进攻和为本方防守布阵争取时间也是立即压迫防守的主要作用之一。

● 失去球权后 5 s 内的防守行动选择。

（1）快速重新夺回球权。

（2）距离球最近的队员重新夺回球权。

（3）延缓对手的进攻。

（一）持球队员丢球后，自己重新夺回球权

当持球队员在边路突破时被防守方边后卫断球，而此时对手的边后卫处于背向进攻持球状态，因此丢球的队员可通过立即压迫防守，重新夺得球权，如图 1-6 所示。

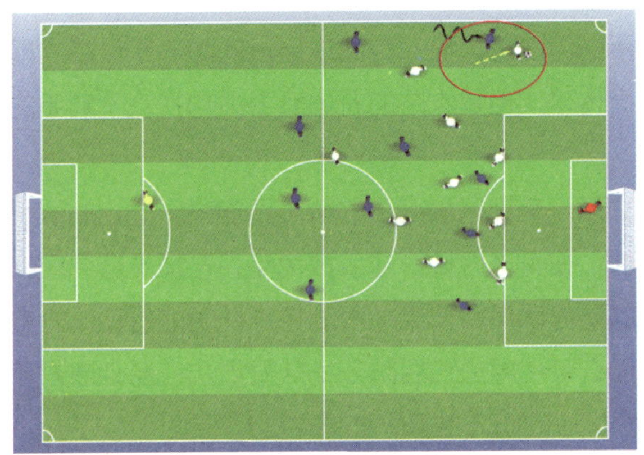

图 1-6　持球队员丢球后重新夺回球权

（二）距离球最近的队员重新夺回球权

由于同伴的传球失误而丢球后，离球最近的队员可重新夺回球权（也可以是针对二点球的争抢）。在持球方进攻时，中后卫的向前传球被对方右后卫截断。此时在有球区域离球最近的队员，可立即向球压迫防守，重新夺回球权，如图 1-7 所示。

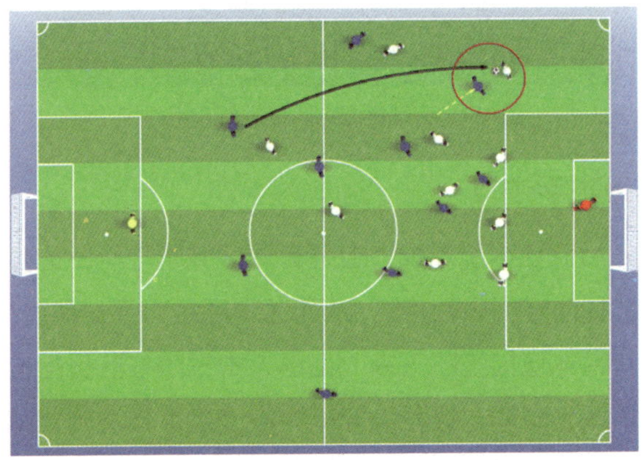

图 1-7　距离球最近的队员重新夺回球权

例如，在比赛中，即使本方队员将球传给了对手，通过立即压迫防守战术如果能够重新夺回球权，那就能够使本队继续控球和再次发动进攻。在比赛中，向前锋线长传球后，对球落点区域二点球的争夺行为，也可以说是立即压迫防守战术行为的表现之一。

（三）有球区域的队员重新夺回球权

图 1-8 所示的局面是，虽然距离球最近的防守队员的立即压迫没有及时限制住对手的直传球，但是本方的左边后卫成功拦截了对手的直传球，重新夺得了球权。

失去球权之后，有球区域周围的队员要向失球地点的队员移动，通过保持队伍的紧凑性，在有球区域形成人数优势，这样更容易重新夺回球权；特别是离球较近的防守队员，如果能限制持球队员的行动（方向、传球路线和活动空间），那么可使周边和后防守线队员更加容易判断对手的下一步行动意图，进而做好相应的防守准备，如图 1-8 所示。

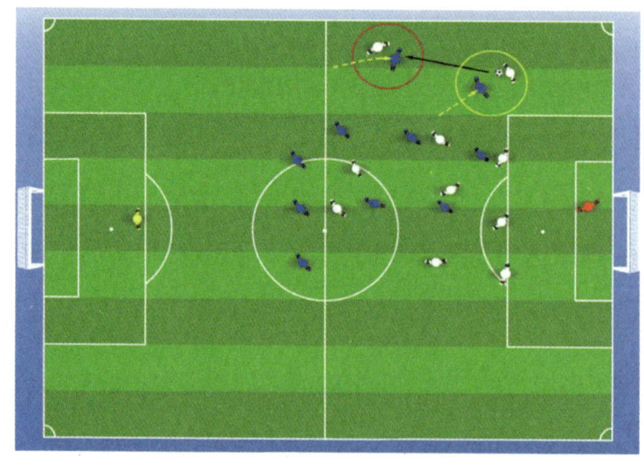

图 1-8　有球区域的队员重新夺回球权

（四）延缓对手进攻

虽然对手右后卫获得了球权，但是有球区域防守队员的立即压迫行为，造成对手只能选择向守门员回传球，从而达到延缓对手发动直接进攻的目的；即使防守方没有将球直接抢断下来，但也为本方防守队员回位布阵，形成紧凑的防守阵型争取了时间；这种防守行为应该是整体性的立即压迫和回撤布阵的组合战术行为，如图 1-9 所示。

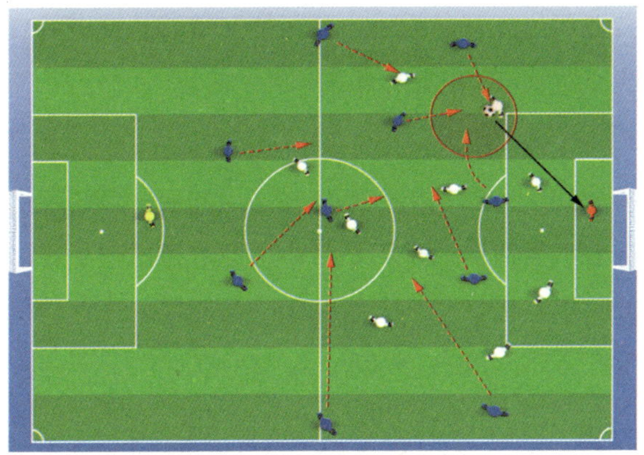

图 1-9　延缓对手进攻

（五）迫使对手盲目传球或引起预判失误

如前面几个防守局面所示，有些场景即使防守方不能直接将球权重新夺回，但是可以通过一系列的压迫防守行为使持球队员的视野受阻、判断出现失误，最终造成他们无谓长传球或盲目传球，这就为本方重新夺回球权增加了机会，如图 1-10 所示。

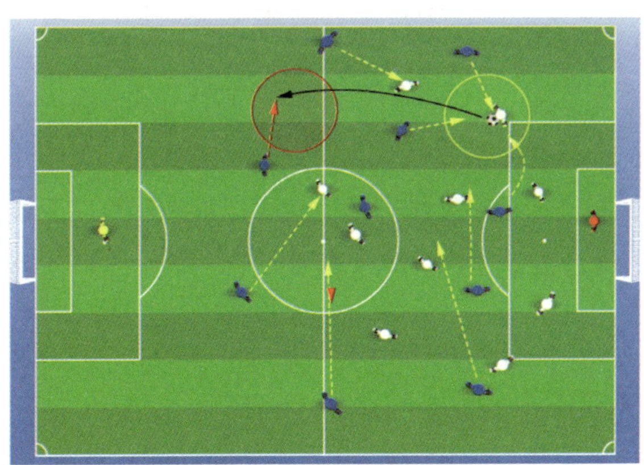

图 1-10　迫使对手盲目传球

这种集体立即压迫的防守行为，不仅要求有球区域队员的行动统一，而且后卫线也要进行相应的位置改变或调整，尤其是要占据重要防守位置和建立保护队形。

另外，也要注意当失去球权后，不可能对持球队员进行立即压迫时，全体队员有必要选择回撤布阵的防守策略。

（六）回撤布阵防守

这种情况多出现在守门员接到回传球之后向另一侧转移进攻时。此时右侧防守方的边前卫不要盲目对守门员或中后卫进行压迫防守，因为这样的防守处于人数劣势，而且增加了被对手突破的可能性。在这种情况下，首先要考虑选择回撤布阵防守，如图 1-11 所示。

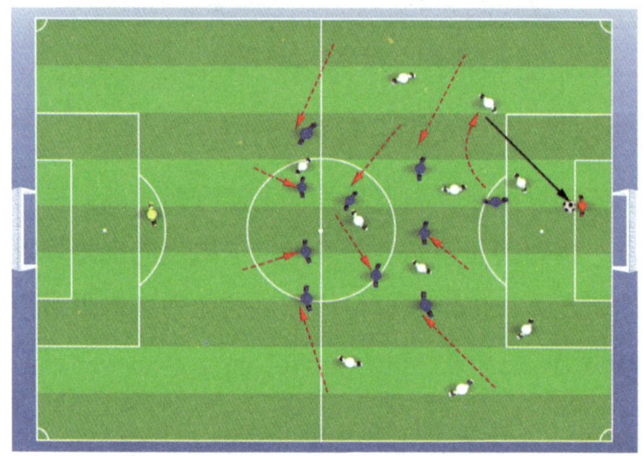

图 1-11　回撤布阵防守

在选择回撤布阵防守战术后，为阻止对手进攻向前推进或将对手前锋置于明显的越位，防守行动必须统一，而这可以通过调整后卫线上下移动的位置来保持整体防守阵型的紧凑性。

七、实施立即压迫防守的判断标准

——实施立即压迫防守，全队必须能够做出正确的临场判断和决策

从理论角度来看，只要失去了球权，不管什么时间、什么地点，都有实施立即压迫防守的机会。但是比赛中的情况多种多样，也会出现很难压迫，没有成功重新夺回球权的情况。如果判断失误，盲目地进行立即压迫防守，很容易造成体能的浪费、增加丢球和失分的风险。为了避免出现这样的情况，全队必须能够做出正确的临场判断。

（一）判断依据一：丢球的地点

从攻击性角度考虑，如果能够在前场进攻区域或对手半场重新抢夺回球权更好，因为距离对方球门近，更容易创造出进球得分的机会。另外，就算是对手成功化解了前场的立即压迫，因为距离本方球门较远，所以本方也有时间重新组织防守阵型。

（二）判断依据二：丢球地点攻守人数情况

如果处于以少防多的局面，即使实施了反抢，对手也很可能通过传球避开防守，所以一定要注意避免出现盲目猛扑造成本方防守阵型混乱的局面。如果在丢球地点防守人数占优或者人数相同，那么比起以少防多的局面，现在抢夺回球权的可能性更大。例如：当本方采取以短传配合为主的进攻方式时，一般情况都会在有球一侧聚集更多的接应队员，一旦出现丢球，那么防守形成人数优势或人数相同的可能性就比较大。相反，如果采用了长传冲击型进攻方式，本方队员之间的距离较大，丢球之后防守队员很容易处于孤立的局面。

另外，即使在丢球地点防守方处于人数优势，但还是需要队员具备良好的位置和距离感。为了避免由于队员防守行动的不统一而让对手逃出防守包围圈，防守队员之间要默契交流，以确定谁是第一防守人、把球向什么方向驱赶等信息。

（三）判断依据三：对手持球人的情况

如果对手持球人出现背对进攻方向、接停球失误等行为时，那么他就需

要花更多时间去控制球。因此，这就变成了防守方实施立即压迫的最佳机会，此时不用过于担心防守线的纵向距离会被拉开。

除了以上几点，如果对手持球时处在边线等区域附近，那么对手活动的空间比较容易被防守方所限制，因此这也是驱赶对手和实施立即压迫防守的最好区域之一。

如果对手回撤，采用本方后场低位防守落位的话，这种情况丢球后，不要考虑本方后卫线身后空当，可以大胆地实施立即压迫防守。即使对手采用了长传球解围，但因为对手前锋线没有队员，因此也很容易就能再次获得球权。

● 总结立即压迫防守的判断基本标准。

（1）前场进攻区域（对手半场）。

（2）人数优势或人数相同。

（3）行动统一（阵型位置和距离）。

（4）对手持球人的情况（背向进攻方向、接停球失误）。

（5）边线附近（特定区域）。

（6）对手全体回撤半场，采取后场低位防守落位。

八、立即压迫防守的能力要求

——要求队员具备在做出临场分析、预测性判断的同时，选择下一步行动的能力

在比赛中，不仅有球侧的队员要不停地观察同伴会不会丢球、进攻还能不能继续推进，而且后卫线或异侧的队员也应该具备一边对临场情况做出预测性判断，一边选择下一步行动的能力。

如前所述，立即压迫防守是从进攻阶段就已经开始的一个连续的过程。特别是周围的队员如果能预判出队友可能会丢球，从而调整自己的位置，也许就能够做出更高质量的立即压迫防守。同时，后卫线和异侧的队员也可以根据预判提高防守线的质量。

当同伴失去球权的一刹那，全体队员都必须在瞬间做出判断，是否应该立即压迫，是球周围的队员延缓对手进攻时其他人回撤布阵，还是全队都应该回撤布阵防守。如果此时出现队员的行动不统一和防守线之间前后脱节，不仅会给对手摆脱出包围圈的机会，甚至有可能因为给了对手反击的机会而造成失分。

在比赛中，作为一支队伍，队员都应该能够快速地分析临场情况，并做出正确决策。为了达到这个目的，保持最佳的观察视野、具备良好的战术理解力、相互交流、指挥合作都是队员不可缺少的基本能力。

为了能够高质量地运用快速转换状态下的立即压迫防守，体能方面的速度素质、意识上的攻守转换能力、快速转换的行为习惯和注意力的专注度都是队员应具备的非常重要的能力。

● 不同状态下立即压迫防守的能力要求。

（1）对于离球最近的个体防守队员来说，靠近持球人的方法、抢断球的方法等都属于个人战术中的1对1防守能力，这些也是他完成立即压迫防守的基本战术要求。如果在比赛中被对手轻易摆脱或盲目做出犯规动作，那么这些行为足可以破坏本方有序的防守方织。

另外，依据临场情况，个人还要具备一定的1防2能力。在这种状态下，延缓对手进攻速度是非常重要的策略。

（2）如果在有球区域有较多的队员时，那么有必要让每名队员都清楚小组防守的战术，如抢球与保护、交换盯防人等。由于情况的变化，有的时候也会形成 2 人同时防守的情况，也称为“夹击”。通过分析对手的阵型、人数情况，在不被对手摆脱出防守圈的情况下重新抢夺回球权，小组防守必须能够采用最合适的防守阵型和行动。

（3）在全队战术体系中，每一个位置上的队员都要统一行动，完成自己位置的职责。这包括靠近球的队员、外围队员、后卫线及守门员对全队战术的理解和协同行动。如果是在前场实施高位立即压迫防守战术，那么必须针对后卫线防守选位的高度、落位阵型等做出优劣势分析。这就要求位置靠后的队员，不仅要观察球和自己盯防的人，还要观察全场情况，同时对前面的同伴做出正确的指挥。

另外，为了弥补高位防守时后卫线身后留下的空当，守门员必须能够积极地采取保护行为。

如前所述，足球比赛的 4 个时刻构成了比赛过程，它包含了立即压迫防守阶段，但它又不是以夺回球权为结束。因为一方夺回球权时就意味着另一方立即压迫防守的开始，所以只有通过快速完成由守转攻，以及采用正确的技术（传球、运球），才有可能继续组织进攻。

队员需要具备的能力有很多方面，下面总结了几个方面，如图 1-12 所示。

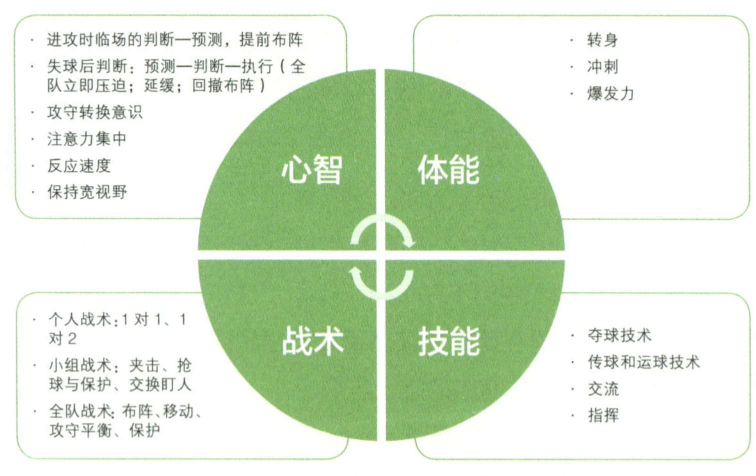

图 1-12　立即压迫防守战术对队员的能力要求

九、立即压迫防守训练实践

——依据队员水平、熟练度变化训练内容，调整难易程度

攻守转换、立即压迫的基本要素可通过合理地安排和设计加入到许多练习中。

例如：在 1 对 1 的练习中，一种练习是没有攻守转换的练习（图 1-13），防守队员和守门员抢到球就算是一次完整的练习。另一种练习是带有攻守转换的练习（图 1-14）。通过有目的性地设置防守方断球后的进攻方向和得分手段，使得进攻方队员在失去球权后必须快速转换成防守方，而这一过程就出现了立即压迫防守的局面。防守断球后的得分手段可以设置成跨线球门（运

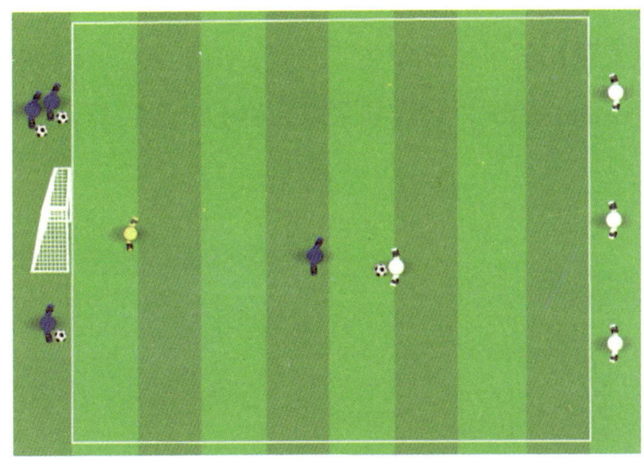

图 1-13 1 对 1 中没有攻守转换

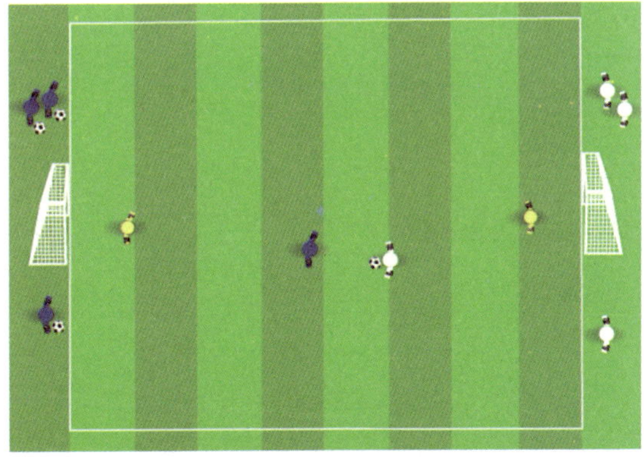

图 1-14 1 对 1 中带有攻守转换

球过线得分）、小球门（传进球门得分），或者安排守门员防守的球门等各种各样的形式。

下面介绍一下以立即压迫为主题设计的一些练习内容，包括不同重点（技术、体能、战术、心理）或不同场景的综合性训练。通过设置和调整练习区域的大小、形状，攻守人数，触球次数等因素，引导队员练习特定行为（立即压迫防守）。最后，教练员可以依据队员水平、熟练度变化训练内容，调整训练难易程度。

攻守人数少、较为简单的训练内容，可以让队员更容易理解基本概念。之后依据熟练度变化练习人数或方法，向更复杂的练习过渡。最后，结合不同位置，将与比赛要求相一致的因素加入练习中。

练习教案中的指导要点主要是围绕主题和重点环节进行解释。当然，也有可能一些训练方法会在其他的练习主题中使用，但是如果指导要点发生了变化，那么队员练习的主题和要求也就发生了改变。不管怎样，训练中都要尽量避免让队员产生模糊不清的情况，一定要采取正确的、包含练习重点的指导方法。

十、立即压迫防守战术训练方法

（一）1对1立即反抢练习

练习目的：使队员掌握立即反抢基本方法。

练习区域：25 m × 30 m 的区域。

器材：球门[1]、球、标志服。

练习方法：练习设置如图 1-15 所示。队员 2 人 1 组，分成若干组。在场地中间区域，每组相隔 3 m 做一脚传球练习。听到哨声后，持球队员向面对的球门进攻，无球队员进行防守，若无球队员成功断球，则攻防角色转换；当一方将球打进球门、球出界或 10~20 s 未分出胜负时，为一次练习结束。每次变换人员组合，反复练习。

指导要点：当教练员发出信号后，无球队员快速实施压迫防守，养成快速攻守转换习惯。

变化：

（1）本练习可变换代表训练开始的信号方式，除了通过喊声或哨声刺激听觉反应，还可以用手势或举起不同颜色标志服来刺激队员的视觉反应，提高其在不同环境影响下对快速攻防转换的判断能力。

（2）2 人可以做面向对颠球。

（3）本练习也适用反击练习。

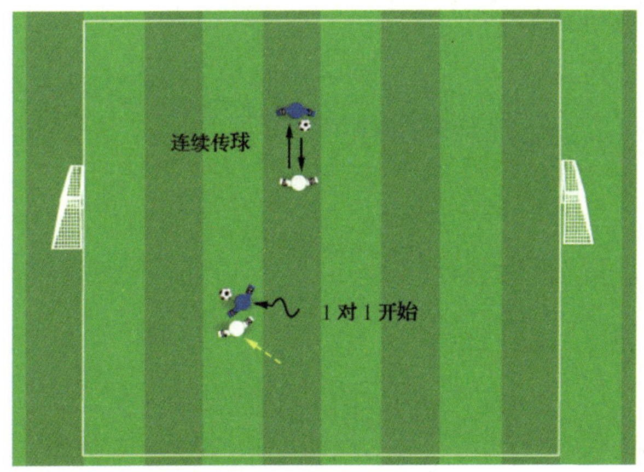

图 1-15　1 对 1 立即反抢练习

① 本书“球门”均指标准球门。

（二）2 对 2 立即反抢练习

练习目的： 使队员掌握立即反抢基本方法。

练习区域： 25 m × 30 m 的区域。

器材： 球门、球、标志服。

练习方法： 练习设置如图 1-16 所示。队员 2 人 1 组，每次练习上 2 组，在规定区域（场地中间）内做连续传球。听到哨声后，持球队员向面对的球门进攻，无球队员进行防守，若无球队员成功断球，则攻防角色转换；当一方将球打进球门、球出界或 10~20 s 未分出胜负时，为一次练习结束。队员回到起始位置重新开始下一次练习。每次变换人员组合。

指导要点：

（1）当教练员发出信号后，无球队员快速实施压迫防守，培养快速攻守转换习惯。

（2）2 人防守要明确任务分工：是谁逼抢、谁协防，还是 2 人夹击防守。

变化：

（1）本练习可变换信号方式，通过喊声或哨声刺激练习队员的听觉反应，用手势或不同颜色的标志服刺激练习队员的视觉反应。

（2）2 人可以做面向对颠球。

（3）本练习也适用反击练习。

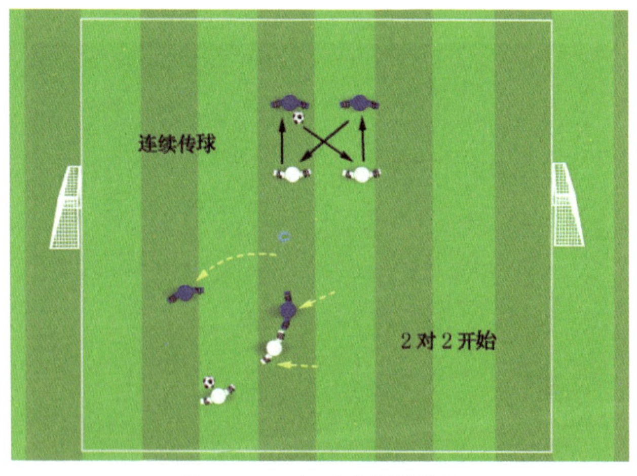

图 1-16　2 对 2 立即反抢练习

（三）3 人立即反抢练习

练习目的：使队员掌握立即反抢基本方法。

练习区域：中圈区域。

器材：球、标志服。

练习方法：练习设置如图 1-17 所示。一部分队员站在中圈线外，做连续的一脚传球；另一部分队员在中圈内做防守。控球队员连续完成 10 次或 20 次传球，防守队员再加 1 次防守，或有一些其他惩罚。如果防守队员断球或者将球踢出界外，那么失误的队员和他两侧的队员变成防守队员，立即进入圈内进行防守。

指导要点：

（1）注重快速地由攻转守，防守队员进行积极的防守，并尽快夺回球权。

（2）3 名防守队员应联合防守（保持交流与联动性）。

（3）教练员应准备多个足球，并随时准备供球，以保持练习的连续性。

变化：本练习可根据队员完成情况适当调整场地大小、变换传控球方式和触球次数等，如两脚传球后接 1 次渗透传球。

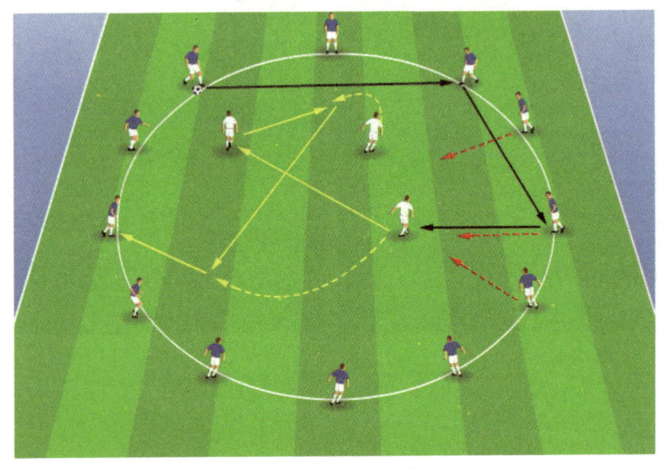

图 1-17　3 人立即反抢练习

（四）2 对 1 练习

练习目的： 使队员掌握立即反抢基本方法。

练习区域： 8 m × 8 m 的区域。

器材： 球、标志服。

练习方法： 练习设置如图 1-18 所示。队员 3 人 1 组，分别穿不同颜色的标志服。2 人进攻，1 人防守，在限定区域内做 2 对 1 控球练习。防守队员在抢断球后变成进攻队员，而失误队员变成防守队员，并继续进行 2 对 1 控球练习。当规定的练习时间结束时，谁是防守队员，谁就要完成一定的加罚练习。如果是进攻队员自己出现失误，那么应与防守队员交换角色。

指导要点：

（1）失球队员快速实施立即压迫防守，养成快速攻守转换的习惯。

（2）重新获得球权的队员，为了避免快速丢球，可以和同伴合作保持控球（传球、二过一）。

变化： 当防守队员很难将球抢下来时，攻守转换就不会出现，此时可以采取缩小练习场地、限制控球队员触球次数等方法，调整练习难易度，使练习中可以多次出现攻守转换的局面。

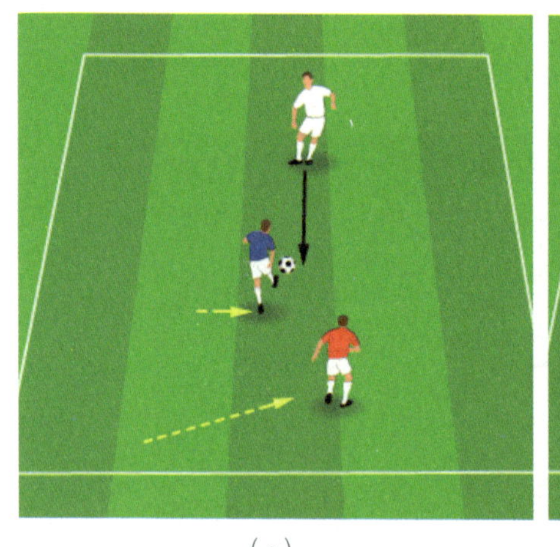

（a）

（b）

图 1-18　2 对 1 练习

（五）4对2练习

练习目的：使队员掌握立即反抢基本方法。

练习区域：8 m × 8 m 的区域。

器材：球、标志服。

练习方法：练习设置如图 1-19 所示。队员 2 人 1 组，分成 3 组，穿不同颜色的标志服，在规定的区域内做 4 对 2 攻守练习。当防守方将球抢断或控球方失误时，原防守方与第 3 组形成控球方，被抢断（失误）组迅速转换角色进行防守。如果控球方连续传球 10 次，控球方得 1 分，在练习（时间可为 2 min）结束后，计算得分，得分少的队伍须完成加罚练习。

（a）

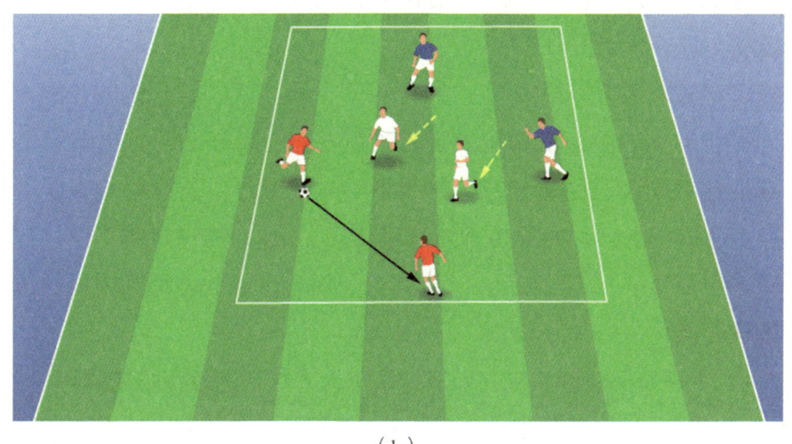

（b）

图 1-19　4 对 2 练习

指导要点：

（1）失球队员快速实施立即压迫防守，养成快速攻守转换的习惯。

（2）当丢球时，不仅仅是失球队员，周围队员也要做出反应，一起联动、协同去抢夺球权（上抢球或断球）。

（3）在控球方完成控球选位之前的 5 s 内，防守方要积极实施反抢行动。

（4）当控球方队员能够预判到可能会失去球权时，要在失球前就有意做好立即压迫防守的准备。

（5）重新夺得球权的队员为了更好地控球，须尽早将球传给同伴，同时完成本队控球选位。

变化：

（1）当防守队员很难将球抢下来时，攻守转换就不能出现，所以可以采取缩小练习场地、限制控球队员触球次数等方法，调整练习难易度，使练习中可以多次出现攻守转换的局面。

（2）防守方的 2 人可利用合作（交流、协作）的方式有计划地去完成抢夺行动。

（六）6 对 3 练习

练习目的：使队员掌握立即反抢基本方法。

练习区域：12 m × 12 m 的区域。

器材：球、标志服。

练习方法：练习设置如图 1-20 所示。队员 3 人 1 组，分成 3 组，分别穿不同颜色的标志服，在规定的区域内做 6 对 3 攻守练习。当防守方将球抢断或控球组失误，原防守方与第 3 组形成控球方，被抢断（失误）组迅速转换角色进行防守。如果控球方连续传球 10 次，控球方得 1 分，在练习（时间可为 2~3 min）结束后，计算得分，得分少的队伍须完成加罚练习。

指导要点：

（1）失球队员快速实施立即压迫防守，养成快速攻守转换的习惯。

（2）当丢球时，不仅仅是失球队员，周围队员也要做出反应，一起联动、协同去抢夺球权（抢球或断球）。

（3）在控球方完成控球选位之前的5 s内，防守方要积极实施反抢行动。

（4）当控球方队员预判可能会失去球权时，要在失球前就有意做好立即压迫防守的准备。

（5）重新夺得球权的队员，为了更好地控球，须尽早将球传给同伴，同时完成本队控球选位。

变化：

（1）当人数不够时，可以变成3对3+2（自由人）练习，即3对5的攻守练习，练习达到一定时间后，交换自由人。

（2）当人数较多时，可以变成4对4+4练习，即4对8的攻守练习。

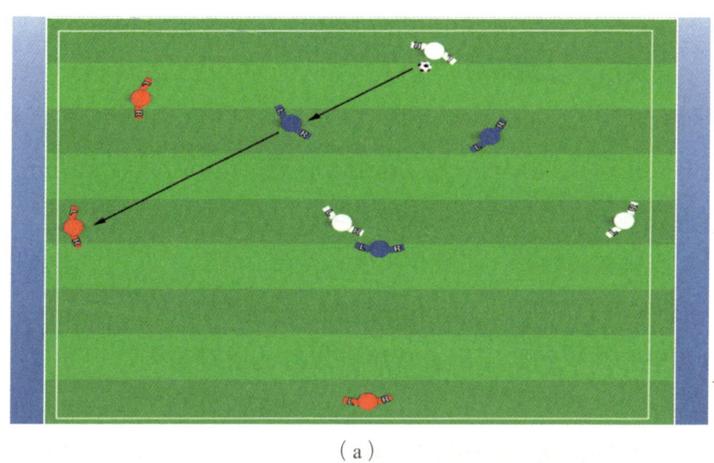

（a）

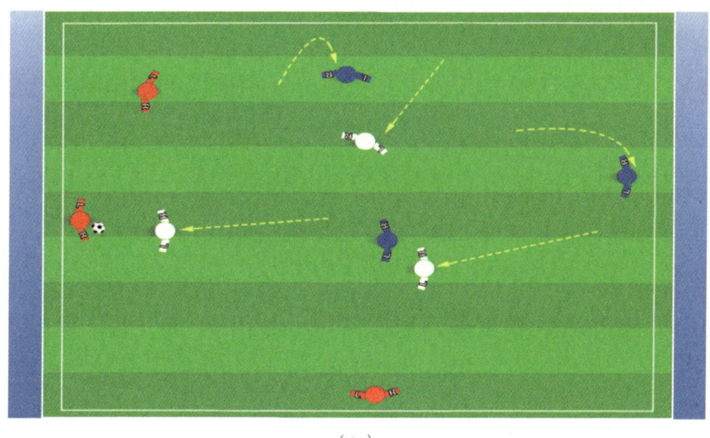

（b）

图1-20　6对3练习

（七）4 对 2+2（转换区域）练习

练习目的：使队员掌握立即反抢基本方法。

练习区域： 2 块 8 m × 16 m 的区域。

器材：球、标志服。

练习方法：练习设置如图 1-21 所示。队员 4 人 1 组，分成 2 组。每组队员分别站在各自的区域内，防守方首先派出 2 名队员进入进攻方区域进行抢截球，形成 4 对 2 的局面，当 2 名防守队员抢下球后，迅速将球传给在本方区域内接应的队友，并且跑回本方区域参与控球；进攻方丢球后迅速派出 2 名队员进入对方区域进行抢截球，重新形成 4 对 2 的局面，如此反复进行训练。连续完成 10 次传球的一队得 1 分，在练习（时间可为 2~3 min）结束后，计算得分，得分少的队伍须完成加罚练习。

指导要点：

（1）失去球权的队伍快速完成由攻转守，进行立即压迫防守，尽量在对手转移球之前，抢夺球权继续完成控球。

（2）当失去球权时，不仅仅是失球队员，周边的队员也要做出反应，相互协同防守，抢夺球权（切断传球路线、延缓传球时间、抢球）。

（3）失去球权的队伍尽量限制进攻方的进攻方向，不让其向另一侧转移。

（4）当控球队员预判可能会失去球权时，要在失球前就有意做好立即压迫防守的准备。

（5）重新夺得球权的队员，为了更好地控球，须尽早将球传给同伴，同时完成本队控球选位。

（6）失去球权的队伍即使对手将球转移到了另一侧，也要在对手形成控球选位之前的 5 s 内，积极主动地实施抢球行动。

变化：

（1）如果练习人数较多，可以 5 人 1 组，分成 2 组，完成 5 对 2+3 练习。

（2）本练习也适用于反击练习。

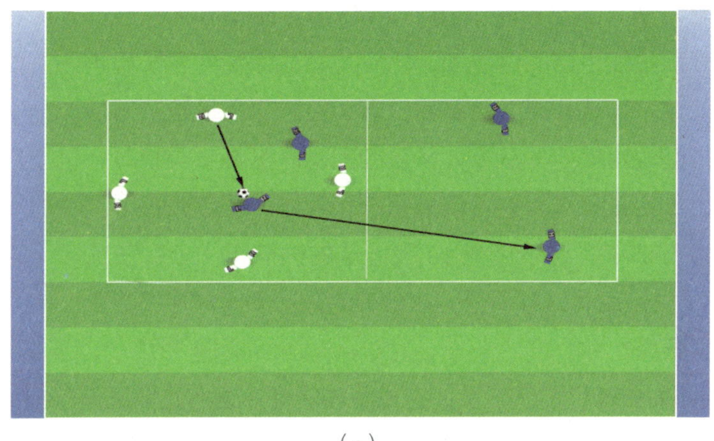

（a）

（b）

图 1-21　4 对 2+2（转换区域）练习

（八）6 对 3+3（转换区域）练习

练习目的： 使队员掌握立即反抢基本方法。

练习区域： 2 块 12 m × 24 m 的区域。

器材： 球、标志服。

练习方法： 练习设置如图 1-22 所示。队员 6 人 1 组，分成 2 组。每组队员分别站在各自的区域内，防守方首先派出 3 名队员进入进攻方区域进行抢截球，形成 6 对 3 的局面，当 3 名防守队员抢下球后，迅速将球传给在本方区域内接应的队友，并且跑回本方区域参与控球；进攻方丢球后迅速派出 3 名队员进入对方区域进行抢截球，重新形成 6 对 3 的局面，如此反复进行训练。连续完成 10 次传球的一队得 1 分，在练习（时间可为 2~3 min）结束后，计算得分，得分少的队伍须完成加罚练习。

指导要点：

（1）失去球权的队伍快速完成由攻转守，进行立即压迫防守，在对手转移球之前，抢夺球权继续完成控球。

（2）当失去球权时，不仅仅是失球队员，周边的队员也要做出反应，相互协同防守，抢夺球权（切断传球路线、延缓传球时间、抢球）。

（3）失去球权的队伍尽量限制进攻方的进攻方向，不让其向另一侧转移。

（4）当控球队员预判可能会失去球权时，要在失球前就有意做好立即压迫防守的准备。

（5）重新夺得球权的队员，为了更好地控球，须尽早将球传给同伴，同时完成本队控球选位。

（6）失去球权的队伍即使对手将球转移到了另一侧，也要在对手形成控球选位之前的 5 s 内，积极主动地实施抢球行动。

变化：

（1）如果练习人数较少，可以 5 人 1 组，分成 2 组，完成 5 对 3+2 练习。

（2）本练习也适用于反击练习。

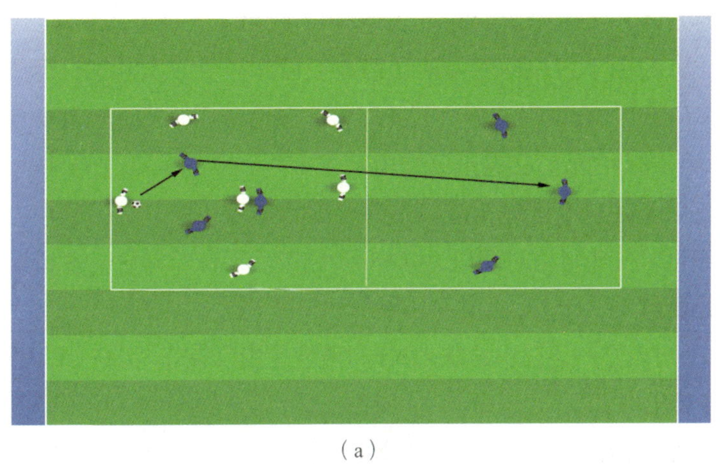

（a）

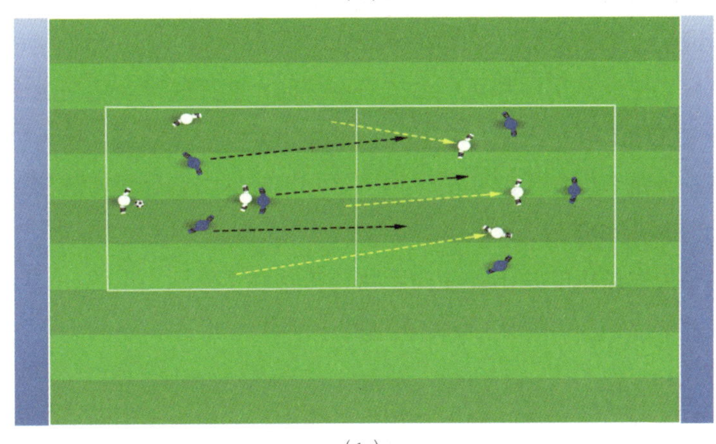

（b）

图 1-22 6 对 3+3（转换区域）练习

（九）4 对 2 转换为 4 对 6 练习

练习目的：使队员掌握立即反抢基本方法。

练习区域：25 m × 25 m、7 m × 7 m 的区域。

器材：球、标志服。

练习方法：练习设置如图 1-23 所示。队员 4 人 1 组，分成 2 组；2 个自由人。练习由小方块内的 4 对 2 开始，控球队员 2 次触球，尽量保持控球权，练习传球 10 次得 1 分；如果防守方获得球权，迅速将球传给在外侧区域的同伴或自由人，在这个区域里完成 4 对 6（4 对 4+2 个自由人）练习。任意一支队伍在这个区域里连续传球 5 次，即得 1 分，并回到小方块内重新开始练习。在练习（时间可为 7 min）结束后，计算得分，多者为胜。

指导要点：

（1）进攻方一旦在小方块内失球，应快速由攻转守，实施立即压迫防守，不让对手传出球。

（2）当失去球权时，不仅仅是失球队员，周边的队员也要做出反应，相互协同防守，抢夺球权（切断传球路线、延缓传球时间、抢球）。

（3）当控球队员预判可能会失去球权时，要在失球前就有意做好立即压迫防守的准备。

（4）重新夺得球权的队员，为了更好地控球，须尽早将球传给同伴，同时完成本队控球选位。

（5）失去球权的队伍即使对手将球转移到了外侧，也要在对手形成控球选位之前的 5 s 内，积极主动地实施抢球行动。

变化：

（1）本练习可依据队员人数和难易程度，调整自由人数量，如调整成 1 人或 3 人。

（2）本练习也适用于反击练习。

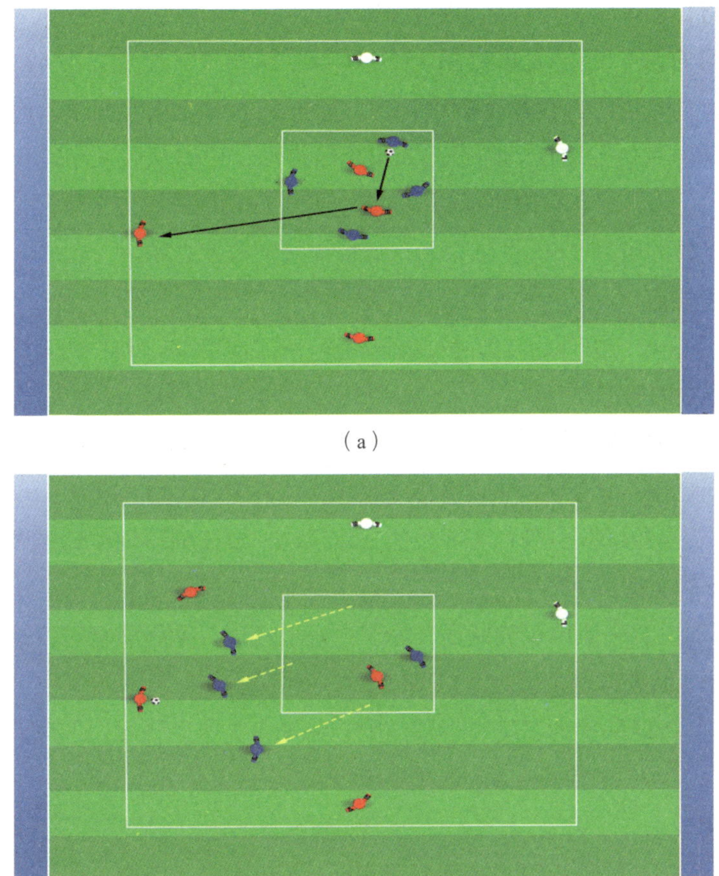

（a）

（b）

图 1-23　4 对 2 转换为 4 对 6 练习

（十）6 对 3+4（小球门）练习

练习目的： 使队员掌握立即反抢基本方法。

练习区域： 12 m × 15 m 的区域，在距离方块边线 5 m 左右的地方放置小球门。

器材： 小球门、球、标志服。

练习方法： 练习设置如图 1-24 所示。队员 3 人 1 组，分成 3 组；2 组进攻，1 组防守。在规定的区域内，队员做 6 对 3 攻守练习。进攻方尽量在区域内保持控球权，防守方如果抢断得球，可以从区域内进攻任意一个小球门，如果将球踢进小球门得 3 分，如果在场地外踢进小球门得 1 分。在练习（时间可为 2 min）结束后，计算得分，多者为胜。

指导要点：

（1）进攻方失球后立即进行攻守转换，一边阻断向小球门进攻的路线，一边实施立即压迫防守。

（2）当失去球权时，不仅仅是失球队员，周边的队员也要做出反应，相互协同防守，抢夺球权（切断传球路线、延缓传球时间、抢球）。

（3）当控球队员预判可能会失去球权时，要在失球前就有意做好立即压迫防守的准备。

（4）重新夺得球权的队员，为了更好地控球，须尽早将球传给同伴，同时完成本队控球选位。

（5）控球队员为了不在小球门附近丢球，要避免随意处理球。为了不失去 3 分，可依据情况选择向区域外破坏球。

变化：

（1）在人数较少时，本练习可变成“3 对 3+2（自由人）”，即 3 对 5 练习；在人数较多时，本练习可以安排成 8 对 4 练习。

（2）本练习可以选择放置 2 个小球门。

（3）本练习也适用于反击练习。

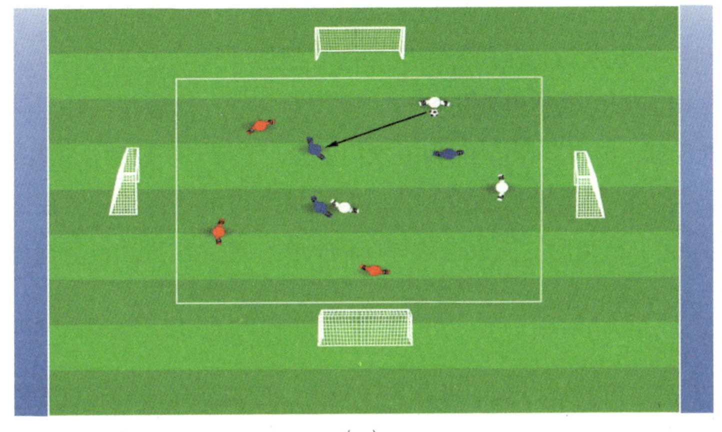

（a）

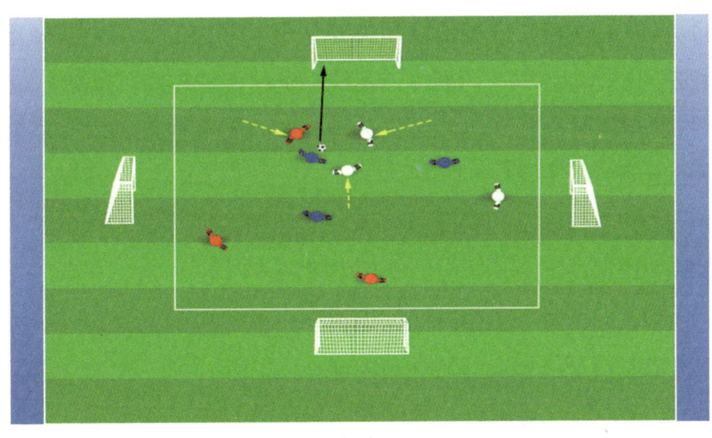

（b）

图 1-24 6 对 3+4（小门球）练习

（十一）球门前 4 对 4+4（接应人）练习

练习目的： 使队员掌握立即反抢基本方法。

练习区域： 25 m × 30 m 的区域。

器材： 球门、球、标志服。

练习方法： 练习设置如图 1-25 所示。队员 4 人 1 组，分成 3 组，分别穿不同颜色的标志服。在规定的区域内 2 组做 4 对 4 攻守练习，第 3 组在区域外做接应人，辅助进攻方控球。第 3 组只能一脚触球，并且不允许接应人之间传球。进攻方连续传球 10 次得 1 分。防守方断球后，进攻球门（加入越位规则），如果进球即得 3 分，如果将球破坏即得 1 分。在练习（时间可为 3 min）结束后，交换进攻球门的队伍。练习结束后计算得分，多者为胜。

指导要点：

（1）进攻方失球后立即进行攻守转换，在阻断向球门进攻的路线的同时，迅速实施压迫防守。

（2）当失去球权时，不仅仅是失球队员，周边的队员也要做出反应，相互协同防守，抢夺球权（切断传球路线、延缓传球时间、抢球）。

（3）当控球队员预判可能会失去球权时，要在失球前就有意做好立即压迫防守的准备。

（4）重新夺得球权的队员，为更好地控球，须尽早将球传给同伴，同时完成本队控球选位。

（5）控球队员为了不在球门附近丢球，要避免随意处理球。为了不失去 3 分，可依据情况选择向区域外破坏球。

（6）防守方再次丢球后，要快速实施立即压迫，争取重新夺回球权继续完成进攻。

变化：

（1）本练习可以加入越位规则。

（2）本练习可依据队员人数和水平，调整场地大小。

（3）本练习也适用于反击练习。

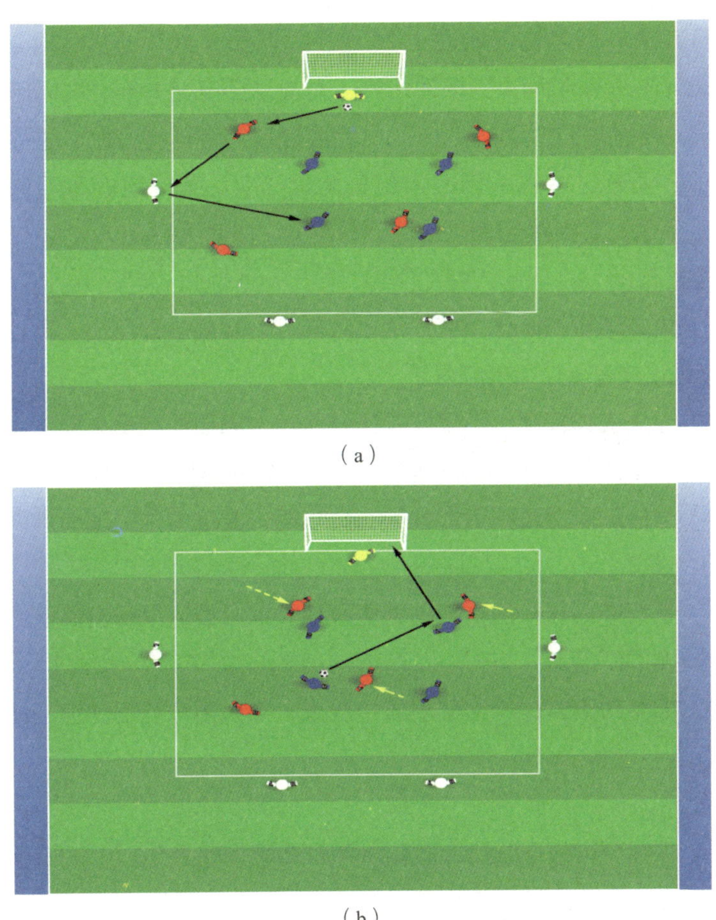

（a）

（b）

图 1-25 球门前 4 对 4+4（接应人）练习

（十二）4 对 4+4（接应人）练习

练习目的：使队员掌握立即反抢基本方法。

练习区域：20 m × 30 m 的区域。

器材：球门、球、标志服。

练习方法：练习设置如图 1-26 所示。队员 4 人 1 组，分成 3 组，在规定的区域内进行 4 对 4 小场地比赛。每支队伍在进攻球门的两侧安排 2 名接应人，在进攻时协助场地内队员完成进攻。进球得分时，进攻队伍的全体队员必须越过中线。接应人最多触球 2 次。在规定的练习时间（如 4 min）结束后，交换接应人。最后计算得分，多者为胜。

指导要点：

（1）失去球权的队伍，应快速由攻转守，实施立即压迫，不让对手向球门方向进攻或者传球给接应人。

（2）当失去球权时，不仅仅是失球队员，周边的队员也要做出反应，相互协同防守，抢夺球权（切断传球路线、延缓传球时间、抢球）。

（3）当控球队员预判可能会失去球权时，要在失球前就有意做好立即压迫防守的准备。

（4）重新夺得球权的队员，为更好地控球，须尽早从密集区域摆脱出来（传球、射门、运球）。

（5）如果对手将球传给了底线接应人，那么防守队员快速回防，组织防守阵型。

变化：

（1）本练习可依据队员人数和水平，调整场地大小。

（2）本练习可以增加守门员。

（3）本练习也适用于反击练习。

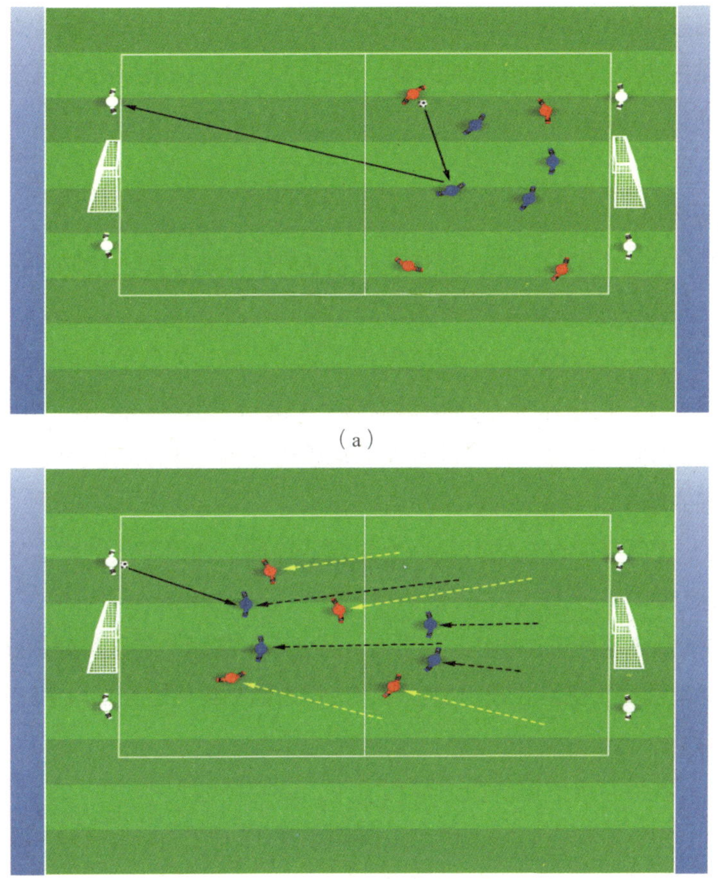

（a）

（b）

图 1-26　4 对 4+4（接应人）练习

（十三）5 对 5 越过中线练习

练习目的：使队员掌握立即反抢基本方法。

练习区域：25 m × 50 m 的区域。

器材：球门、球、标志服。

练习方法：练习设置如图 1-27 所示。队员 5 人 1 组，分成 2 组，在规定的区域内进行 5 对 5 小场地比赛。射门时，除守门员以外，进攻方全部队员必须越过中线。在规定的练习时间（如 4 min）结束后，计算得分，多者为胜。

指导要点：

（1）失去球权的队伍，应快速由攻转守，实施立即压迫防守，不让对手向球门方向进攻或者传球给接应人。

（2）当失去球权时，不仅仅是失球队员，周边的队员也要做出反应，相互协同防守，抢夺球权（切断传球和射门路线、延缓传球时间、抢球）。

（3）当控球队员预判可能会失去球权时，要在失球前就有意做好立即压迫防守的准备。

（4）重新夺得球权的队员，为更好地控球，须尽早从密集区域摆脱出来（传球、射门、运球）。

（5）队伍整体越过中线时，要有风险意识，最后一名队员要做好保护，盯防对手前插身后空当。守门员也可以对己方队员身后空当加以保护。

变化：

（1）本练习可依据队员人数和水平，调整场地大小。

（2）如果没有守门员，也可以采用小球门。

（3）本练习也适用于反击练习。

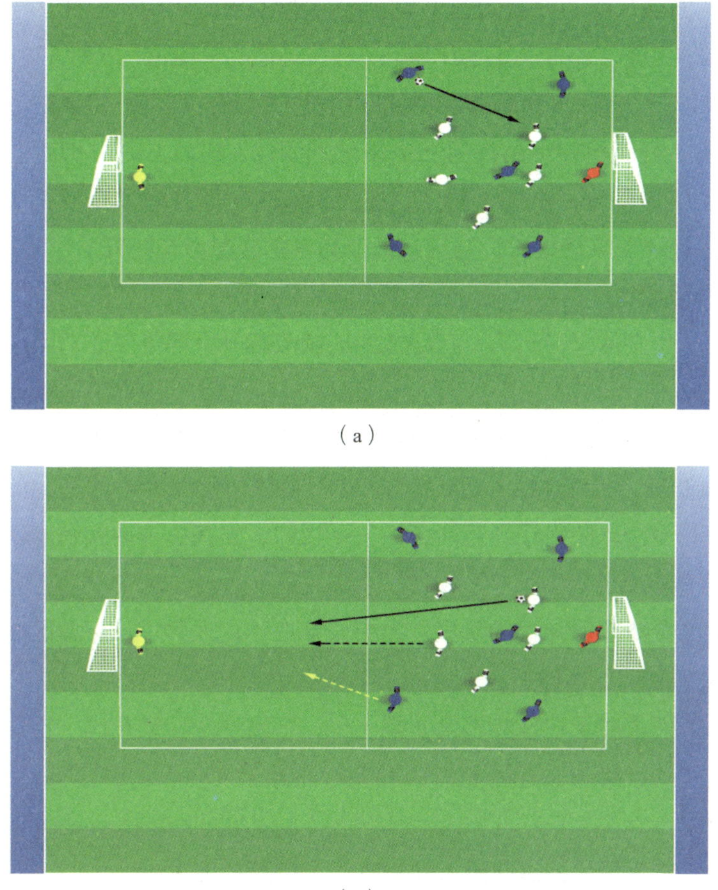

（a）

（b）

图 1-27　5 对 5 越过中线练习

（十四）5 对 3+2（球门背对背）练习

练习目的： 提高队员运用立即压迫防守的能力。

练习区域： 30 m × 40 m 的区域。

器材： 球门、球、标志服。

练习方法： 练习设置如图 1-28 所示。队员 5 人 1 组，分成 2 组，在规定的区域内进行 5 对 5 小场地比赛。一方在场地的一侧进行 5 对 3 攻守练习，5 人进攻球门，3 人作为防守队员和守门员一起保护球门。如果防守队员获得了球权，立即将球传给在另一侧接球的同伴，进攻方则立即派 3 名队员进入异侧区域防守，形成 5 对 3 的局面，此时控球方必须完成 3 次传球才能射门。当球交换场地时，防守方只能有 3 名队员参与防守。

指导要点：

（1）失去球权的队伍，应尽快完成由攻转守，尽量不让对手形成攻势转移传球。

（2）当失去球权时，不仅仅是失球队员，周边的队员也要做出反应，相互协同防守，抢夺球权（切断传球和射门路线、延缓传球时间、抢球）。

（3）当控球队员预判可能会失去球权时，要在失球前就有意做好立即压迫防守的准备。

（4）重新夺得球权的队员，为更好地控球，须尽早从密集区域摆脱出来（传球、射门、运球）。

（5）如果对手将球转移到了另一侧，那要快速移动布阵，不让对手完成射门。

变化：

（1）本练习可依据队员人数和水平，调整场地大小。

（2）本练习也适用于反击练习。

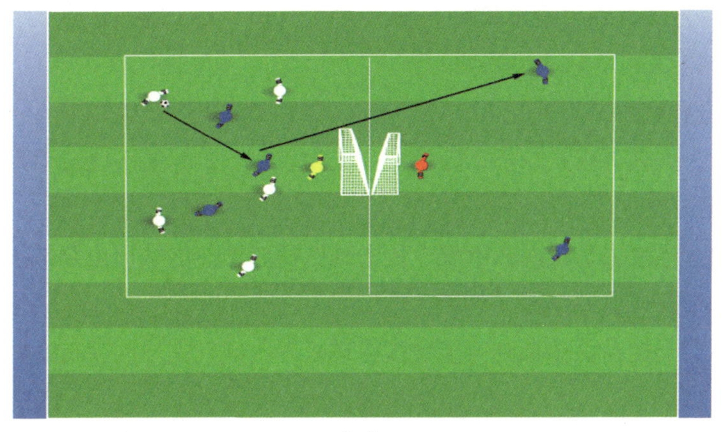

（a）

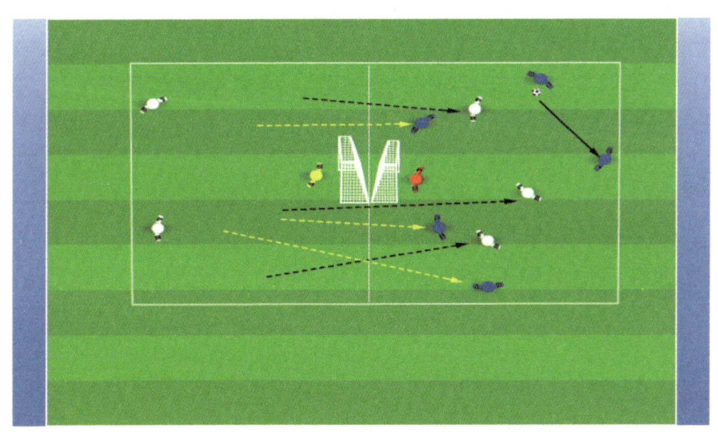

（b）

图 1-28　5 对 3+2（球门背对背）练习

（十五）5 对 5（球门背对背）练习

练习目的：提高队员运用立即压迫防守的能力。

练习区域：30 m × 40 m 的区域。

器材：球门、球、标志服。

练习方法：练习设置如图 1-29 所示。队员 5 人 1 组，分成 2 组，在规定的区域内进行 5 对 5 小场地比赛。

指导要点：

（1）失去球权的队伍，应尽快完成由攻转守，尽量不让对手完成转移传球继续进攻。

（2）当失去球权时，不仅仅是失球队员，周边的队员也要做出反应，相互协同防守，抢夺球权（切断传球和射门路线、延缓传球时间、抢球）。

（3）当控球队员预判可能会失去球权时，要在失球前就有意做好立即压迫防守的准备。

（4）重新夺得球权的队员，为更好地控球，须尽早从密集区域摆脱出来（传球、射门、运球）。

（5）如果对手将球转移到了另一侧，那要快速移动布阵，不让对手完成射门。

变化：

（1）本练习可依据队员人数和水平，调整场地大小。

（2）本练习也适用于反击练习。

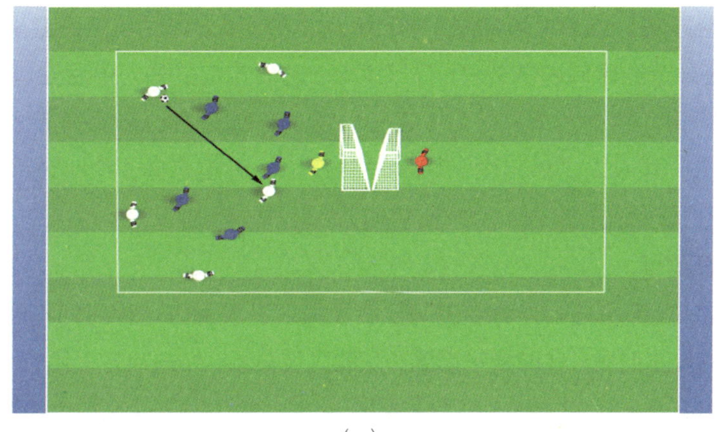

（a）

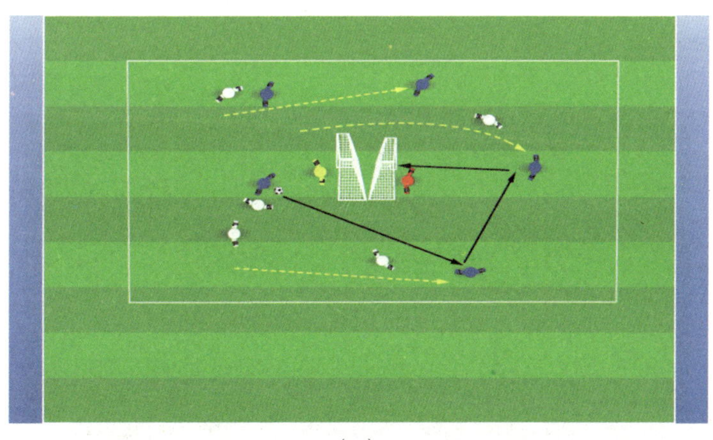

（b）

图 1-29　5 对 5（球门背对背）练习

（十六）7 对 6+1（守门员）后场组织进攻练习

练习目的：提高队员运用立即压迫防守的能力。

练习区域：1/2 足球场。

器材：球门、小球门、球、标志服。

练习方法：练习设置如图 1-30 所示。将队员分成后场组织进攻方和防守方，在规定的区域内做 7 对 6 攻守练习。进攻方位置分为中后卫、边后卫、后腰和前腰，共 7 人（另外有 1 名守门员）；防守方位置分为后腰、边前卫和前锋，共 6 人。练习由守门员发球开始，进攻方向 3 个小球门进攻。防守方抢断球后进攻球门。防守方进攻时有越位规则。

指导要点：

（1）在练习之前，就要说明在后场组织进攻丢失球权时的防守对策和进攻方的反击方式；此时要考虑到 2 队的阵型体系，如进攻方采用的 4-2-3-1 阵型，防守方采用的 4-4-2 阵型。

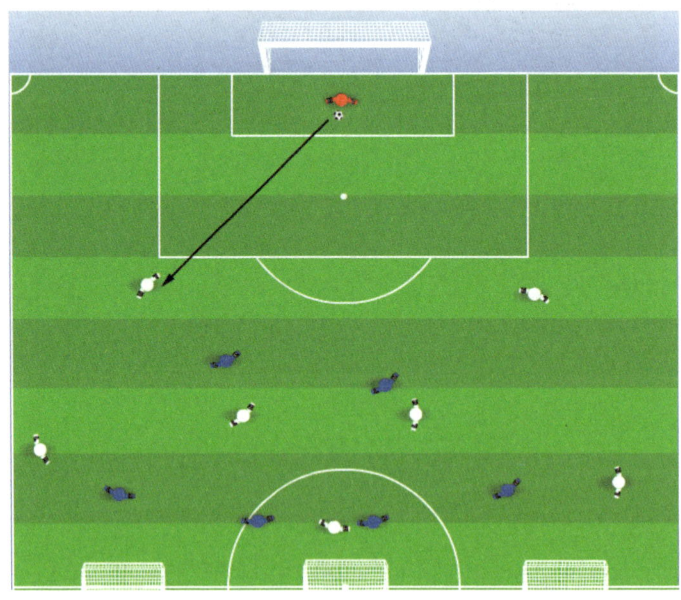

图 1-30　7 对 6+1（守门员）后场组织进攻练习

（2）当失去球权时，不仅仅是失球队员，周边的队员也要做出反应，相互协同防守，抢夺球权（重新夺回球权、切断传球和射门路线、延缓进攻、选择保护位置、后卫线规避风险）。

（3）进攻方在边路或前场失球时，或者对手背对进攻方向时，有球区域的队员要主动去抢夺球权；抢不到球时，应尽量延缓对手进攻，为同伴回防争取时间。

（4）队员要时刻预测球的发展，需要在失去球权之前就要有立即压迫等防守准备行动。

变化：本练习可依据不同阵型体系，调整进攻方和防守方练习的起始位置。

1. 边后卫丢球局面

当后场组织进攻，出现边后卫丢球局面（图 1-31）时，队员应做出如下应对：

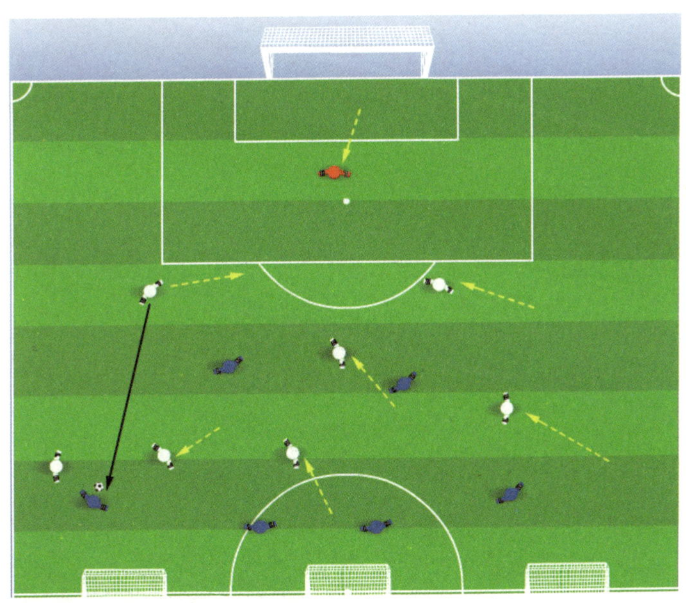

图 1-31　后场组织进攻——边后卫丢球局面

（1）有球区域的队员实施立即压迫防守。

（2）如果后卫线空当已经被保护，后腰要向边路靠近（夹击防守）。

（3）前腰要向有球区域移动，封堵外围传球路线。

（4）异侧后腰要后撤到两名中卫之间，保护空当。

（5）异侧中卫和边后卫要向有球侧斜线靠拢，保护空当。

（6）守门员注意保护后卫身后空间。

2. 后腰或前腰丢球局面

当后场组织进攻，出现后腰或前腰丢球局面（图 1-32）时，队员应做出如下应对：

（1）有球区域的队员实施立即压迫防守。

（2）近端后腰一边封堵对手向前锋的传球路线，一边延缓对手进攻速度，或者直接抢球。

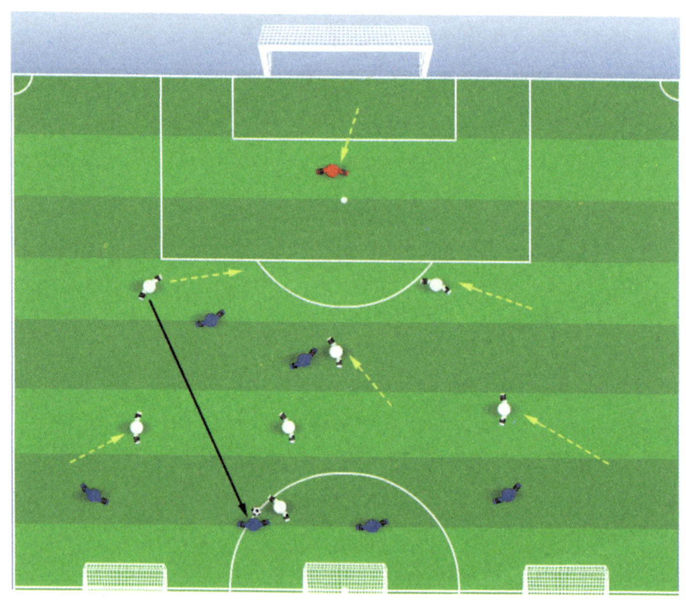

图 1-32　后场组织进攻——后腰或前腰丢球局面

（3）远端后腰后撤到两名中卫之间，保护中路空当。

（4）异侧中卫和边后卫要向有球侧斜线靠拢，保护空当。

（5）守门员注意保护后卫身后空间。

3. 长传转移时丢球局面

当后场组织进攻，出现长传转移丢球局面（图 1-33）时，队员应做出如下应对：

（1）有球区域的边后卫实施立即压迫防守。

（2）前腰要向有球区域移动，封堵外围传球路线。

（3）一名后腰要后撤到两名中卫之间，填补空当。

（4）其他队员一边向有球侧斜线靠拢，一边保护空当。

（5）守门员注意保护后卫身后空间。

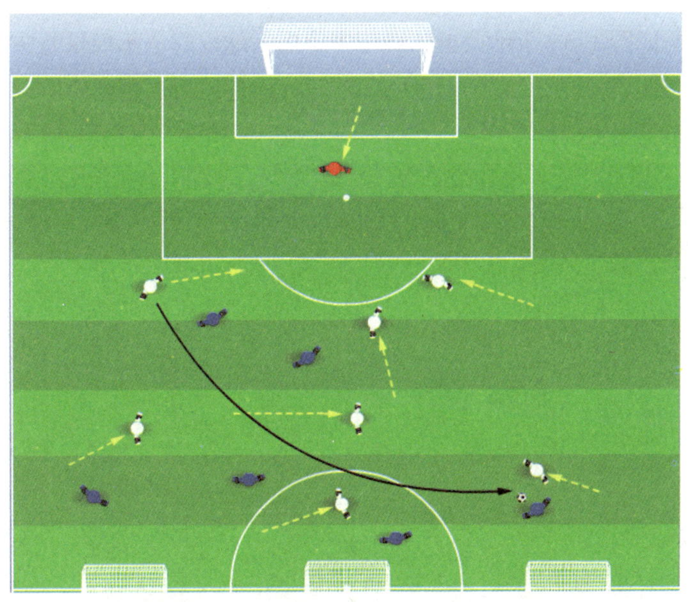

图 1-33　后场组织进攻——长传转移时丢球局面

（十七）9 对 8+1（守门员）中场攻守练习

练习目的：提高队员运用立即压迫防守的能力。

练习区域：3/4 足球场；以中线为准，距离中线两侧 15 m 处各画一条平行线，并将此区域设定为中场区域；在一侧底线上放置 3 个小球门。

器材：球门、小球门、球、标志服。

练习方法：练习设置如图 1-34 所示。将队员分成组织进攻方和防守方，在规定的区域内进行 9 对 8 攻守练习。进攻方位置分为中后卫、边后卫、后腰、边前卫和前腰，共 9 人（另外有 1 名守门员）；防守方位置分为边后卫、后腰、边前卫和前腰，共 8 人。练习由守门员发球开始，进攻方向 3 个小球门进攻。一旦球进入中场区域，就不能再回传守门员，防守方就可以开始实施防守。防守方抢断球后可进攻球门。防守方进攻时有越位规则。

指导要点：

（1）在练习之前，就要说明在中场组织进攻丢失球权时的防守对策和进攻方的反击方式；此时要考虑到两个队的阵型体系，如进攻方和防守方均采用 4-2-3-1 阵型。

（2）如图 1-35 所示，当队员在中场失去球权时，不仅仅是失球队员，周边的队员也要做出反应，相互协同防守，抢夺球权（重新夺回球权、切断

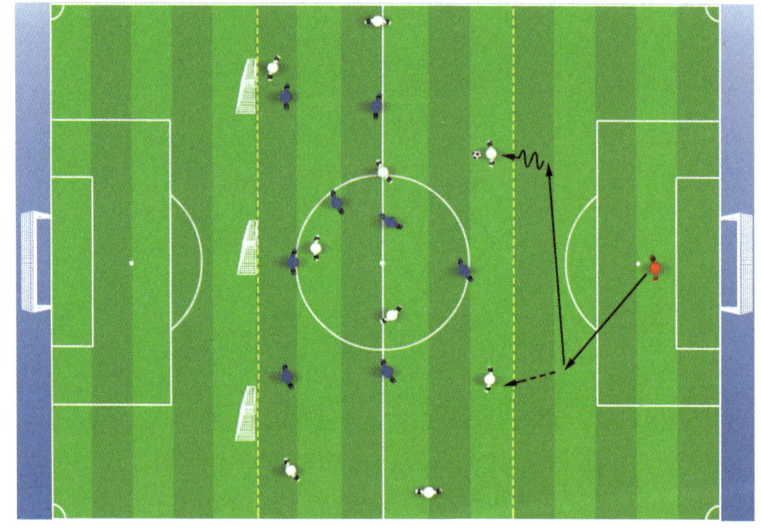

图 1-34　9 对 8+1（守门员）中场攻守练习

传球和射门路线、延缓进攻、选择保护位置、后卫线规避风险）。

（3）进攻方在边路或阵型前面丢球时，或对手背对进攻方向时，有球区域的队员要主动去抢夺球权；抢不到球时，应尽量延缓对手进攻，为同伴回防争取时间。

（4）队员要时刻预测球的发展，须在失去球权之前就要有立即压迫等防守准备行动。

变化： 本练习可依据不同阵型体系，调整进攻方和防守方练习的起始位置。

● 边后卫直传球出现丢球局面。

（1）当对手背对进攻方向时，特别是在对方半场被限制在边线附近的时候，靠近球的队员要从内侧主动去抢夺球权。

（2）周边的队员要封堵外围传球路线。如果是以多防少的局面，那么可以有 2 人去夹击防守。

（3）后卫线队员保持密集防守阵型。

（4）守门员注意保护后卫线身后空当。

所有的队员都应该具备预判能力，在丢掉球权之前，提前做好防守准备。

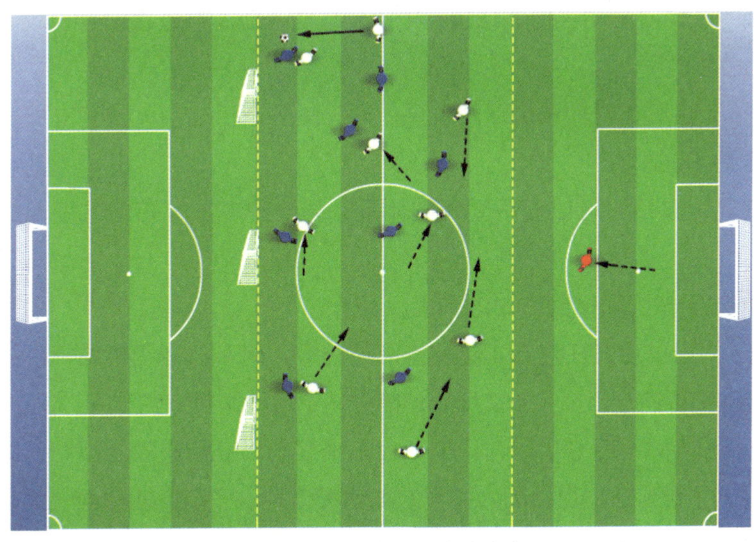

图 1-35　中场失球后移动路线

（十八）10 对 10+2（守门员）前场攻守练习

练习目的：提高队员运用立即压迫防守的能力。

练习区域：标准足球场。

器材：球门、球、标志服。

练习方法：练习设置如图 1-36 所示。将队员分成组织进攻方和防守方，在规定的区域内进行 10 对 10+2（守门员）前场攻守练习。进攻和防守都要在一定的阵型下进行。练习由守门员发球给中后卫开始，一旦球进入对方半场，就不能再回传守门员。只要球越过中线，防守方就可以开始实施防守。防守方抢断球后进攻对手球门。双方在进攻时均有越位规则。

指导要点：

（1）在练习之前，就要说明在前场配合进攻丢失球权时的防守对策和进攻方的反击方式；此时要考虑到两个队的阵型体系，如进攻方采用 4-2-3-1 阵型，防守方采用 4-1-4-1 阵型。

（2）如图 1-37 所示，当队员在前场失去球权时，不仅仅是失球队员，周边的队员也要做出反应，相互协同防守，抢夺球权（重新夺回球权、切断传球和射门路线、延缓进攻、选择保护位置、后卫线规避风险）。

（3）当进攻方在边路或阵型前面丢球时，或对手背对进攻方向时，有球区域的队员要主动去抢夺球权；抢不到球时，应尽量延缓对手进攻，为同伴回防争取时间。

（4）队员要时刻预测球的发展，须在失去球权之前就要有立即压迫等防守准备行动。

变化：本练习可依据不同阵型体系，调整进攻方和防守方练习的起始位置。

● 对手守门员接到球时的局面。

（1）当进攻方在对方半场实施高位防守，对手将球回传给守门员时，第一线队员要向守门员实施立即压迫防守，不给他调整球的时间。

（2）当对手回守半场，只留一名前锋在前场准备进攻局面时，即使守门员踢出了长传球，也会因为防守方对前锋这种以多防少的局面，而很容易就能再次获得球权。

（3）当对手的守门员要利用长传球解围时，后卫线队员要保持紧凑队形，后腰为了争夺第二点球要回撤靠近后卫线，在长传球第一落点区域形成人数优势。

（4）守门员要保护后卫线身后空当。

所有的队员都应该具备预判能力，在丢掉球权之前，提前做好防守准备。

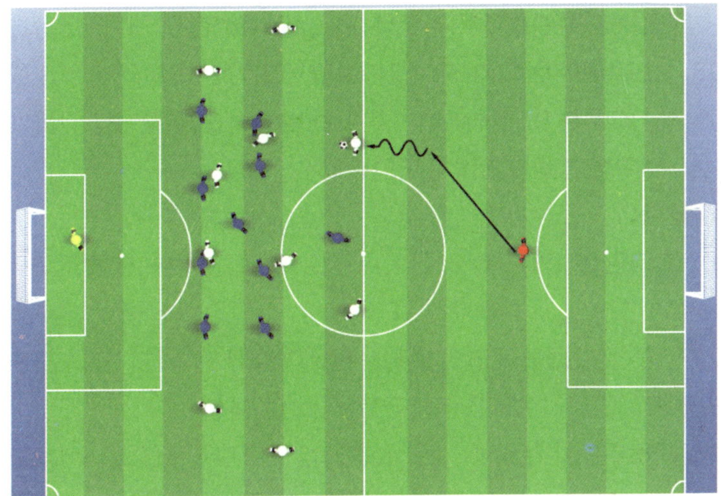

图 1-36　10 对 10+2（守门员）前场攻守练习

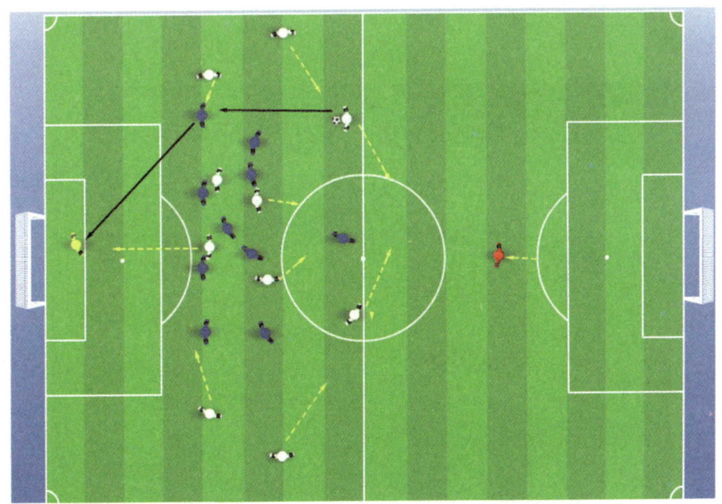

图 1-37　前场失球后的移动路线

（十九）香蕉形区域内 11 对 11 攻守练习

练习目的： 提高队员运用立即压迫防守的能力。

练习区域： 标准足球场。

器材： 球门、球、标志服。

练习方法： 练习设置如图 1-38 所示。用弧线将场地两端的罚球区一侧顶角相连，并且要沿中圈弧远侧边绕过，形成一个香蕉形区域。另外，要标示出中场区域，即中线前后各延伸 15 m 区域的范围。将队员分成进攻方和防守方，在规定的区域内做 11 对 11 攻守练习。如果球出了边线，球权方罚界外球；如果球从底线或场内的弧线出界，由球权方守门员发球门球重新开始。在中场的区域内没有越位限制。

指导要点：

（1）练习区域变窄，队员要采用包括长传球在内的有效手段，快速向纵深区域推进进攻。

（2）队员须根据情况进行预判，包括二点球的争抢，在人员密集区域一旦失去球权，要通过立即压迫防守重新抢夺回球权。

（3）队员重新抢夺回球权后，要快速摆脱离开密集区域，再次发动进攻。

（4）本练习的进攻方采用 4-2-3-1 阵型，防守方采用 4-4-2 阵型。

变化： 本练习可依据不同阵型体系，调整进攻方和防守方练习的起始位置。

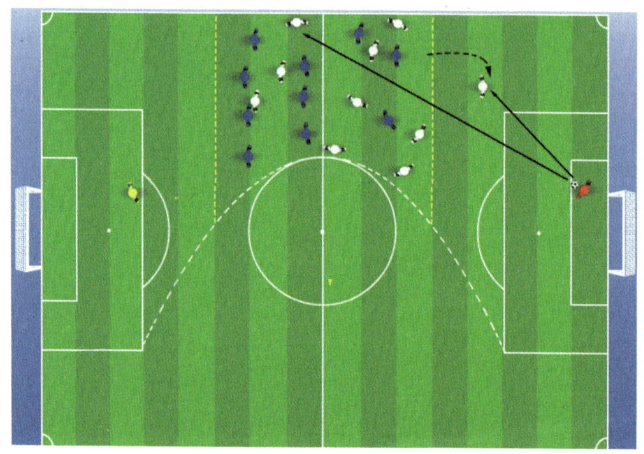

图 1-38　香蕉形区域内 11 对 11 攻守练习

（二十）沙漏形区域内 11 对 11 攻守练习

练习目的： 提高队员运用立即压迫防守的能力。

练习区域： 标准足球场。

器材： 球门、球、标志服。

练习方法： 练习设置如图 1-39 所示，先在场地中线的两侧各画一条平行于中线且长 20 m 左右的标示线，之后将场地两端的罚球区顶角用弧线连接，并且经过标示线的两端，形成一个沙漏形区域。另外，要标示出中场区域，即中线前后各延伸 15 m 区域的范围。队员在这个区域内做 11 对 11 攻守练习。球如果从弧线部分或底线出界，则由球权方以球门球方式重新开始练习。在中场区域内没有越位限制。

指导要点：

（1）练习区域变窄，队员要采用包括长传球在内的有效手段，快速向纵深区域推进进攻。

（2）队员须根据情况进行预判，包括二点球的争抢；在人员密集区域一旦失去球权，要通过立即压迫防守重新抢夺回球权。

（3）队员重新抢夺回球权后，要快速摆脱离开密集区域，再次发动进攻。

（4）本练习的进攻方采用 4-2-3-1 阵型，防守方采用 4-4-2 阵型。

变化： 本练习可依据不同阵型体系，调整进攻方和防守方练习的起始位置。

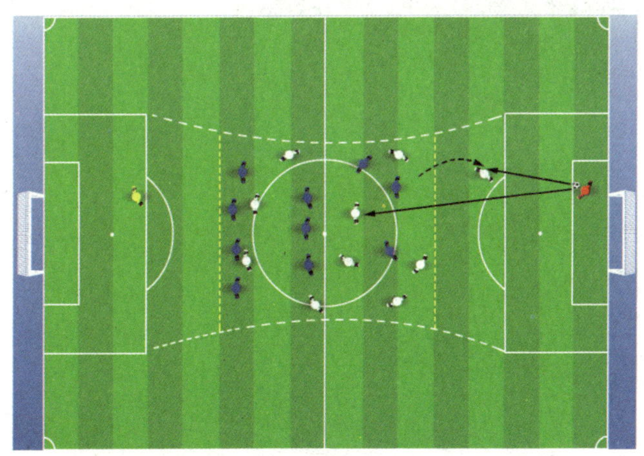

图 1-39　沙漏形区域内 11 对 11 攻守练习

第二章
反击进攻战术

● 本章提示

反击进攻战术是在夺得对手球权之后，在对手尚未形成有序防守之前，发动的快速进攻战术。

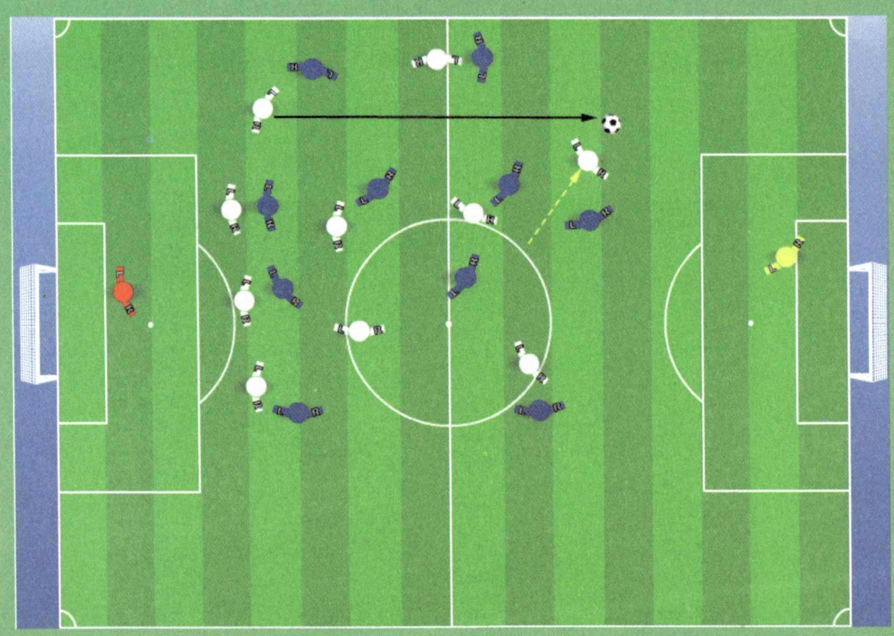

一、德国足球进攻方面的发展

——作为进攻战术手段，反击战术的重要性再次被广泛重视

与追求结构稳固和行动统一的防守战术训练相比，德国队的追求变化和创造性的进攻战术训练难度更大。在世界高水平的比赛中，如 2006 年世界杯，很多球队采用了区域防守和以四后卫为基础的防守方织形式，而面对这样的防守战术，很多球队的进攻方法并不是很多。但是 2008 年欧洲杯赛的冠军西班牙队，使用了联赛冠军巴塞罗那队的以控球为基础的组织进攻、短传配合战术，用它来攻破区域防守战术。

这种新的进攻理念在德国引起了关注。新的理念不仅在职业队伍中被重视，同时也在青少年和教练员培训领域得到了广泛重视。在近年来的世界杯、欧洲杯和冠军杯的比赛中表现出一种趋势，即以掌握控球权来达到控制比赛和攻击对手的队伍，比赛排名都比较靠前；即使是日本队也表现出采用控球型打法的趋势。

另外，作为德国足球特点之一的纵向快速进攻打法，虽然也经历过效率较低的时期，但是德国快速进攻打法的主导者在近年来表现活跃。例如，拉尔夫 · 兰尼克带领的霍芬海姆足球俱乐部（简称“霍芬海姆队”）两年时间从德国足球丙级联赛升入德甲联赛，克洛普带领多特蒙德队实现德甲联赛两连冠，勒夫带领德国队在国际赛场的表现同样不俗。这些都足以说明快速进攻作为现代足球进攻战术的重要选择越来越被人们所重视。拉尔夫 · 兰尼克曾说过，德国足球训练过去 80 % 的精力用来练习防守，而现在足球的攻守转换时刻更加关键。德国足球把其他国家足球的优点与本国优势和队员心理特征相结合，成功地发展成更具有攻击性的足球。

本章从德国足球的特点和在高水平比赛中决定胜负关系两个方面介绍快速进攻战术。

二、德国足球的进攻分类

德国足球在进行进攻主题训练时，把对手防守的状态作为标准，大致将进攻方法分为两种。

一种是对手防守处于不完整状态下的进攻方法。例如，在比赛中抢得对手球权后，由于之前对手采取的是进攻阵型，边后卫和中后卫之间距离拉开较大，丢球后他们不能立刻形成紧凑的防守阵型。因此，可以说此时是向对手防线之间或防线后空当传球的最好时机，如图 2-1 所示。

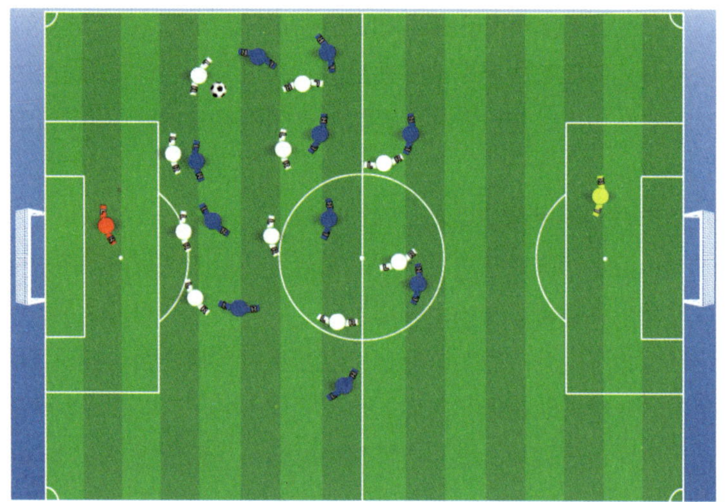

图 2-1　断球后当对手的阵型处于进攻状态时的进攻时机

此外，一边回撤布阵，一边进行盯人防守，此时对手很容易就只看球不看人，无法兼顾球、人和位置，交换盯防队员就更难了。正是这种情况才导致对手的防守线崩溃，因此在对手尚未形成完整防守阵型前发动快速进攻是效果最佳的方式，如图 2-2 所示。

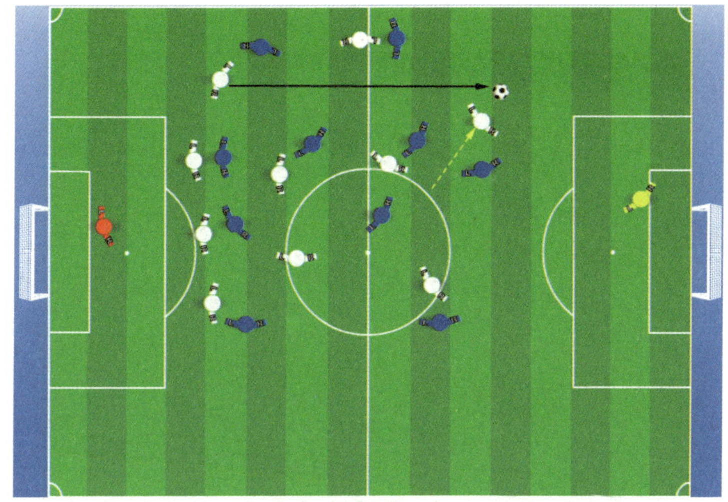

图 2-2 断球后在对手尚未形成完整防守阵型前的最佳进攻方式

在对手防守阵型尚未形成之前，未必就意味着对手人数处于劣势。其实，通过快速进攻而进球的很多情况，与对手的人数状态并没有太大关系，而是主要取决于对手防守处于无组织或不完整状态。

一般情况下，从夺得球权之后到对手重新组织好阵型需要 10 s，因此反击训练的组织设计要以此为标准。

另一种是防守阵型处于完整状态下的进攻方法。例如，在夺得球权后，本方因技术性失误或判断性失误延误了进攻的最佳时机，同时由于对手的立即压迫防守延缓了进攻速度，使对手整体形成了紧凑的防守阵型。因为对手防守阵型处于很稳固和完整的状态，如果贸然地采取无计划的进攻，那么很容易丢掉球权，如图 2-3 所示。

队伍必须掌握不同的进攻战术方法（图 2-4），对于未掌握这些方法的队伍来说，可以采用各占 50% 的机会的长传冲击型打法或快速争抢第二落点球战术。

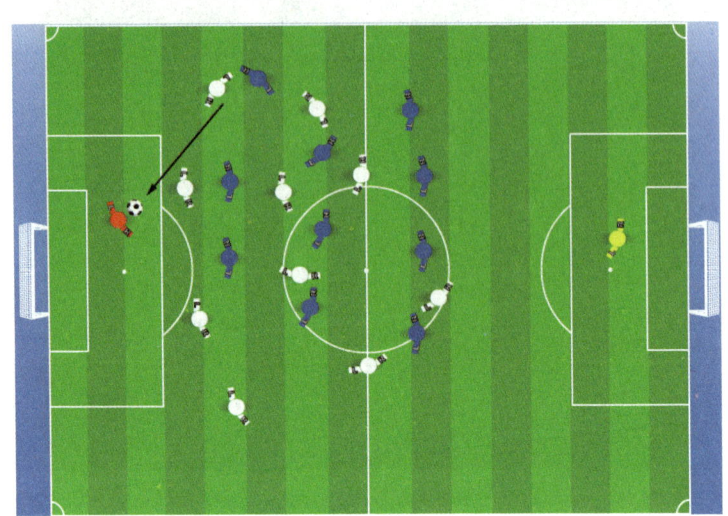

图 2-3　断球后当对手处于有序的防守状态时的进攻时机

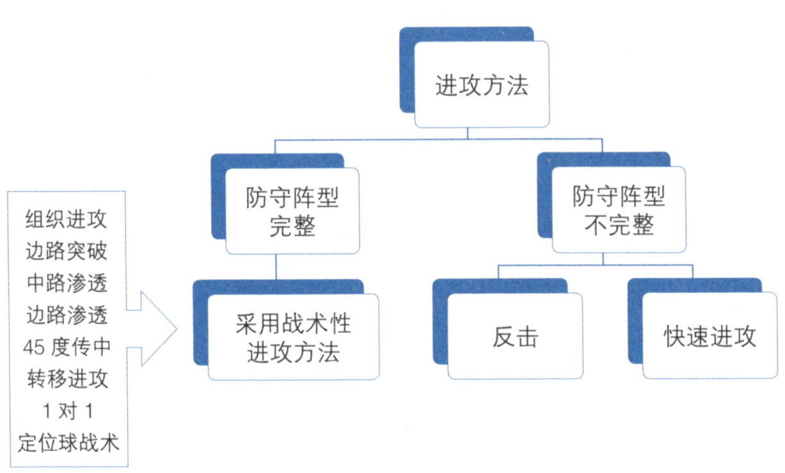

图 2-4　进攻战术方法

三、4 个时刻中的反击战术

——由守转攻的反击（移动—射门）

反击是进攻战术的一种，可以分成向球门推进阶段和完成射门阶段。依据进攻时采用的技术（如长传球、短传球和运球）、无球移动的方式和完成射门的人数，将反击进攻进行分类。

如同立即压迫战术一样，反击战术与比赛中的几个时段有密切联系，特别是与由守转攻的转换时刻联系更加密切。完整的反击战术包括由守转攻的转换—推进—射门三个联动的战术组成，并且最好是在对手还没有形成完整的防守阵型时快速、准确地完成。

从足球比赛的攻守情况来看，夺球的区域就是反击开始的区域，因此防守阶段的状态与反击战术存在密切联系。获得球权的区域（反击开始的区域）如本方半场、对方半场、前场的中路和边路等作为重要因素对反击进攻的推进手段、参与人数产生了影响。另外，抢夺球权的方法作为反击开始的基础也是重要因素。采用不犯规的正确方法、与进攻方向保持一致的抢球行为是避开对手的立即压迫，进行有效进攻的基础条件。

夺得球权之后在对手实施立即压迫之前，快速完成守转攻，并在对手形成完备防守阵型之前的短时间内，利用反击攻击对手球门。在反击过程中，队伍要保持整体阵型的跟进、后卫线的保护、平衡位置的落位。另外，如果中途丢球就会出现由进攻向防守转换，此时队员要在瞬间对采取立即压迫、回撤布阵等防守战术做出正确的判断和选择。

反击在足球比赛中 4 个时刻的表现，如图 2-5 所示。

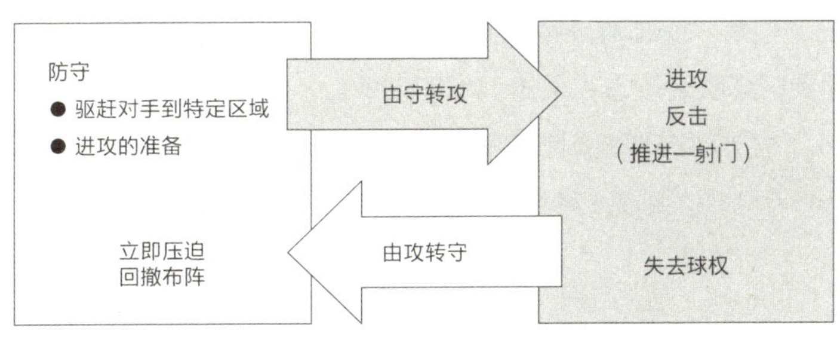

图 2-5　反击在足球比赛中 4 个时刻的表现

反击战术涉及的 4 个时刻在比赛中是紧密联系在一起的，在平时的训练中就要重视反击战术实施的前后阶段的关系。

四、反击战术影响比赛胜负

——反击战术适时而为

反击战术是对手防守尚未形成完备防守状态下以进攻球门为目的的有效进攻战术。

对于反击战术，人们常认为是一些队伍因为自身实力较弱，无法攻破对手的防守线而采用的一种进攻战术。但是在现代高水平足球比赛中，人们经常可以看到在防守方尚未形成完备防守阵型时，进攻方利用反击战术威胁对手球门或完成射门得分。

反击战术不应只是弱队采用的战术和比赛方式，而应该是可以被所有队伍采用的一种重要的进攻战术之一。例如，与以控球和短传配合为优势的巴塞罗那队比赛的对伍称："巴塞罗那队最有威胁的时刻是我们控球时，因为他们获得球权后可以通过快速的由守转攻发动反击战术。"

目前，很难将世界高水平球队的打法明确划分为反击型打法或控球型打法，因为近年来高水平球队在比赛中表现出的趋势是依据临场情况，能够适时地选择控球型打法或反击型打法。

现代足球比赛中更加重视失去球权时的防守战术行为质量，如快速地由攻转守、立即压迫等。正是这些战术行为的实施使反击进球得分概率减少了 20% 左右。但是，反击进球数依然占所有进球数的 25%。作为所有比赛胜负的重要因素，球队必须重视反击战术的训练。

2014 年世界杯进球数，比前两届世界杯进球数有所上升（2006 年 147 个、2010 年 145 个），达到了 174 个。其中，有 49 个进球来自反击进球（图 2-6）。

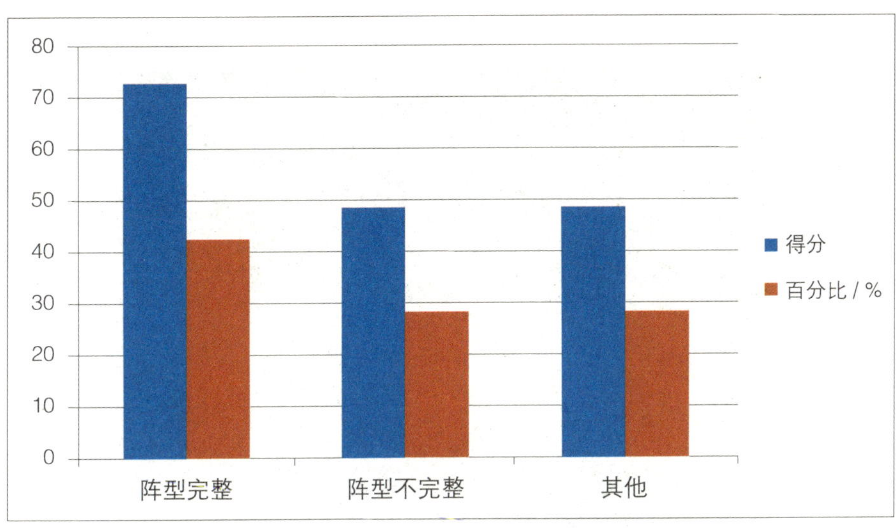

图 2-6 2014 年世界杯进球类型比例

五、反击战术的种类

——以攻击球门为最终目的，将反击分为 4 种类型

如前所述，即使对手在人数上占据优势，但是在其防守尚未形成紧凑阵型、防守队员盯人不明确时，进攻方可快速地选择正确的战术行为，这是攻击球门的最佳机会。从获得球权到对手形成完备防守阵型大概需要 10 s，在这个时间内能不能形成射门是评价反击战术质量高低的重要标准。德国队在进行反击和快速进攻练习时，会对一次进攻的时间进行设定和限制。时间长短的设定会考虑到练习内容的难易度和到球门的距离等因素。

在比赛中，因临场情况的不同，反击需要的时间也不同。由图 2-7 可以了解 2014 年世界杯不同区域反击进球数量。此外，由表 2-1 可知，2014 年世界杯的前场反击进球平均耗时 5 s，后场反击进球平均耗时 14.5 s。

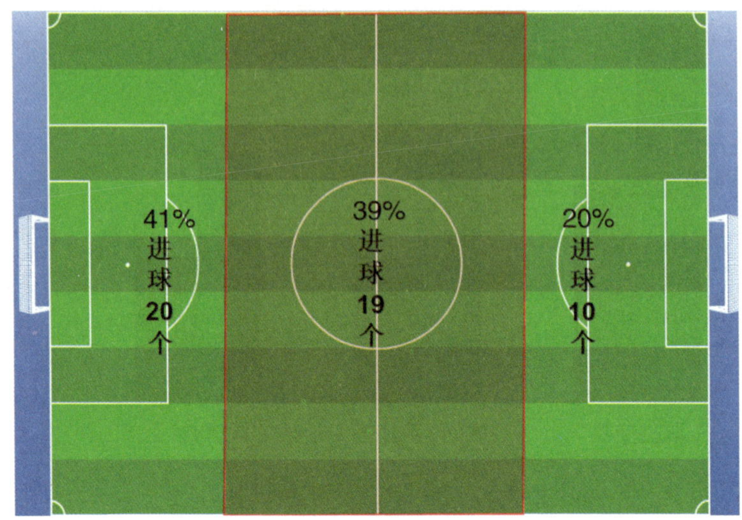

图 2-7　2014 年世界杯不同区域反击进球数量

表 2-1　2014 年世界杯反击进球耗时和传球次数统计表

区域	平均值		最小值		最大值	
	耗时 /s	传球 / 次	耗时 /s	传球 / 次	耗时 /s	传球 / 次
前场	5	2.3	2	1	8	4
中场	9.2	3.5	5	1	16	8
后场	14.5	4.8	8	3	22	9

以获得球权后快速向球门展开攻击为目的的反击，大致可分为 4 种类型。

（一）典型反击——传统型

典型反击打法一般被运用在比赛一方队伍整体实力较弱，大部分比赛时间被对手控制的球队和为了保住领先的优势，回收半场伺机发动进攻的球队。这样的球队会在前锋线放 1 名或 2 名速度较快的队员，其他队员退回到本方半场防守，在本方半场夺得球权之后，快速将球送到前场发动反击，而这种打法就是一种典型反击打法。

另外，在比赛一方因队员被红牌罚出场而少一人的情况下，也常常会选择反击打法。但是，这种打法对于拥有出色前锋的队伍来说常常是有效的进攻战术，可以起到出奇制胜的战术效果。

队伍在后场获得球权后，把对手后卫线身后的空间作为第一攻击区域，而由于队伍前后容易出现脱节现象，进攻不可能出现以多打少局面，因此，像前锋线的传球准确性、速度、护球能力、突破力、决策力就成为这种反击打法的关键因素。虽然这种打法简单，但是在高水平的比赛中它仍然可以决定胜负，所以在比赛的攻守过程中不要轻视这种打法。

图 2-8、图 2-9 是 2014 年世界杯比赛中荷兰队对阵西班牙队时，荷兰队第 5 个进球的反击过程。

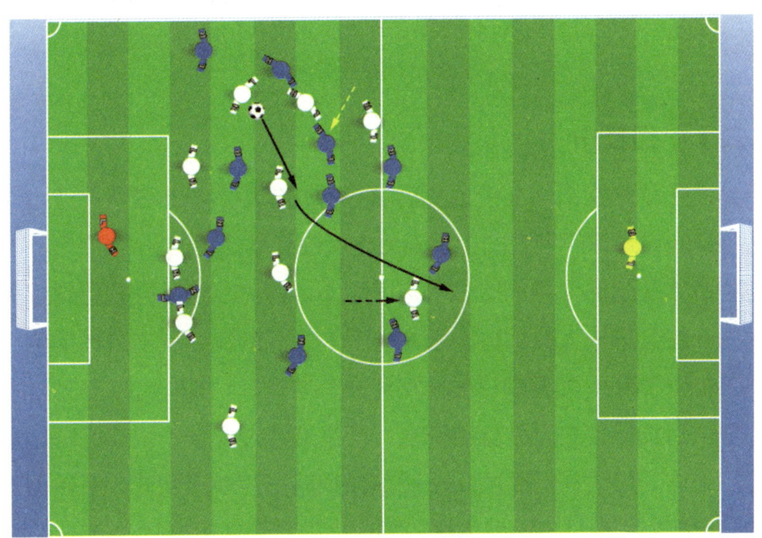

图 2-8　荷兰队利用长传球发动反击

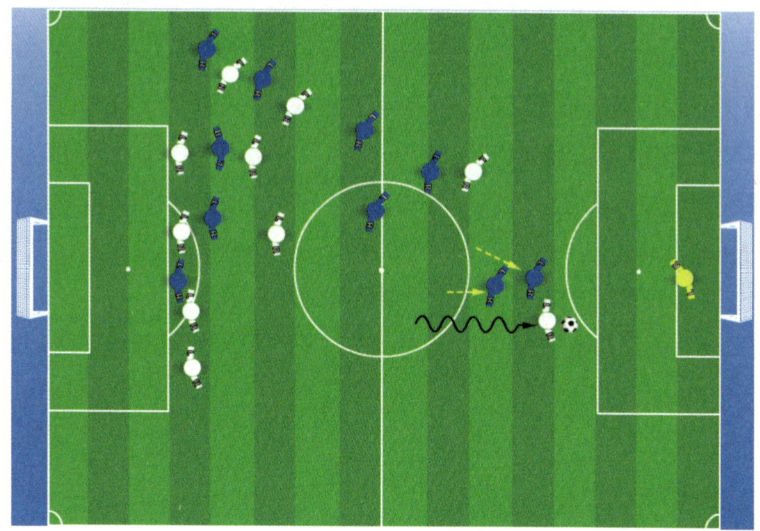

图 2-9　荷兰队前锋接球突破后完成射门得分

（二）小组反击

小组反击战术是队伍在中场或后场夺得球权后，4~5 名队员通过流畅的短传配合，向对方球门推进的小组式合作反击战术。

这种战术在全队紧凑的区域防守阵型下，通过压迫防守获得球权后，在球的周围一般会形成人数优势，因此为多人之间的快速反击战术提供了基础条件。夺球后的瞬间，如果前锋线队员还没有准备好，或对手的防守线很完整，此时不要盲目直接攻击对手身后空当，而是要通过安全、快速的短传配合向对方球门推进。如果球的周围队员和前锋线队员都能接到球，应依据对手所采取的防守行为，选择传统型反击战术或小组合作式反击战术。

相互间的传球和快节奏的推进，使对手防守线在回撤过程中很难组织有序的盯人防守和空间保护，并且很容易让对手处于动态不平衡状态。因此，这对队员在快速移动下运用技术的准确性和判断力提出了很高要求。能够结合密集防守进行快速反击的球队有很多，如 2014 年世界杯比赛中就有包括德国队在内的很多球队采用了这样的战术打法。

图 2-10、图 2-11 是 2014 年世界杯预选赛中德国队对阵阿尔及利亚队时，德国队第 1 个进球的反击过程。

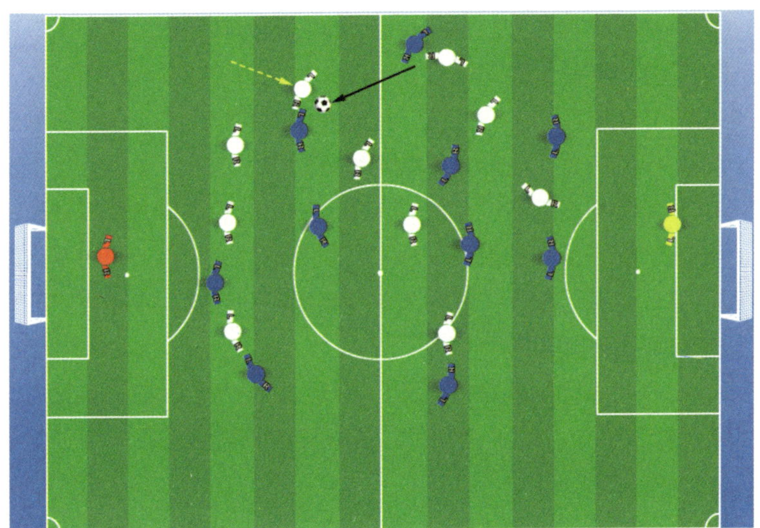

图 2-10　德国队在中场获得球权后发动反击

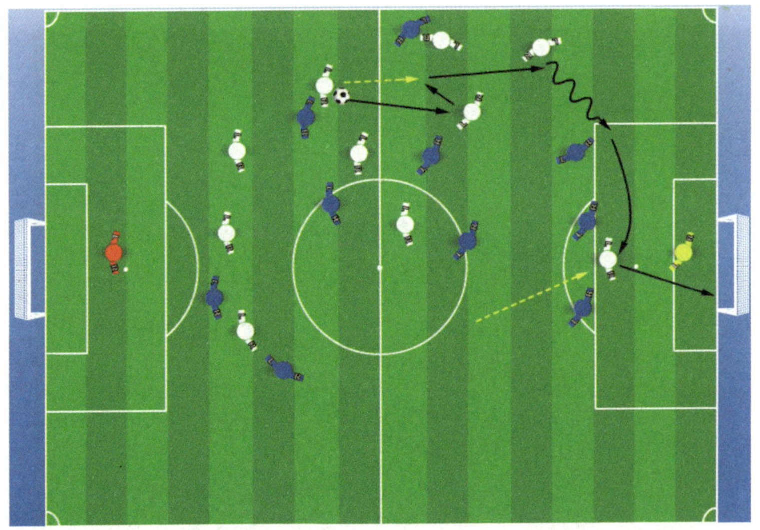

图 2-11　德国队利用小组反击完成射门得分

（三）现代式反击

现代式反击，即在对手半场的进攻三区获得球权后，2~3 名队员快速向对手球门推进的更具有攻击性的反击战术。

进攻三区不是在对手球门前来回地移动，而是在短时间内集中精力进行压迫防守。通过这种防守获得球权后，球员因为距离球门近，所以就为快速地完成射门提供了最大的可能性。但是，球队为了在前场获得球权，全场 90 min 都进行高强度压迫防守的话，从比赛体能的分配来看是很难做到的，因此，应将对手的失误、注意力不集中等行为作为信号，依据临场情况实施压迫防守。从统计数据来看，以前场作为反击起点的进球数是其他区域进球数的一半左右。对于空当的把握、预测、争夺球权的时机、短时间内的压迫防守、高质量的全队行动等，成为在对手半场抢夺球权，发动更多的现代式反击进攻的关键因素。

拜仁队、多特蒙德队就是将压迫防守线设定为从前场的进攻区域开始，如在 2014 年世界杯中，除了德国队，还有其他一些队伍也采用了这种反击战术。

图 2-12、图 2-13 是 2014 年世界杯 1/2 决赛中德国队对阵巴西队时，德国队第 4 个进球的反击过程。

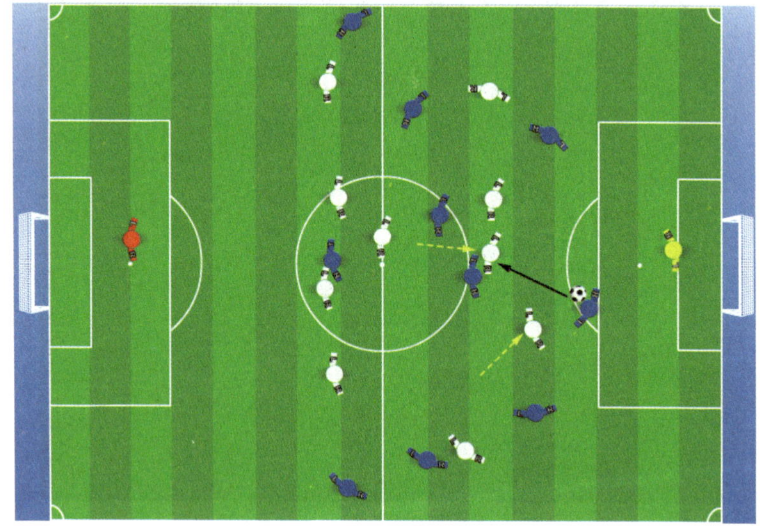

图 2-12　德国队在前场获得球权后发动反击

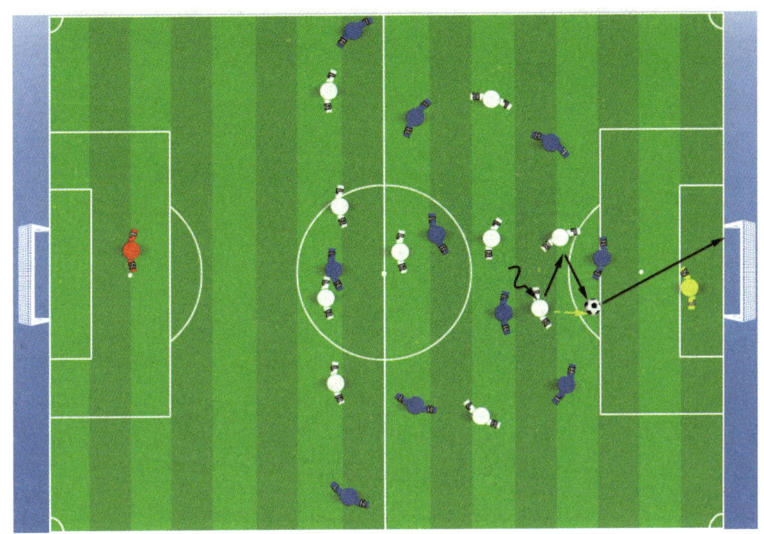

图 2-13　德国队利用现代式反击完成进球

（四）个人反击

个人反击战术是指抢夺回球权的队员自己完成射门的反击战术行为。比赛中常见的情况是，获得球权的队员经常推进到球门前时被防守队员把球抢走，或者他也会选择将球传给自己的同伴，因此依靠这种个人反击战术完成射门的行为在比赛中是不多见的。

另外，在实际的比赛中，获得球权的队员并不是依靠个人能力来突破防守并完成射门的，而更多的情况是 2 对 1 的局面。这是因为其同伴牵制了防守队员的防守行为，为其完成个人突破和射门起到了掩护进攻的作用。此外，人们常说在越靠近对手球门的地方获得球权，就越能快速地推进到对手球门。如图 2-14 所示，在比赛中一些偶然的行为就会变成非常好的进攻机会。在这种情况下，获得球权的队员要具备摆脱 2~3 人防守的运控球能力和速度素质，同时还要具备在高对抗中的射门技术、决策力和心理承受力。

图 2-14、图 2-15 是 2014 年世界杯比赛中，哥斯达黎加队对阵意大利队时，意大利队成功进球的反击过程。

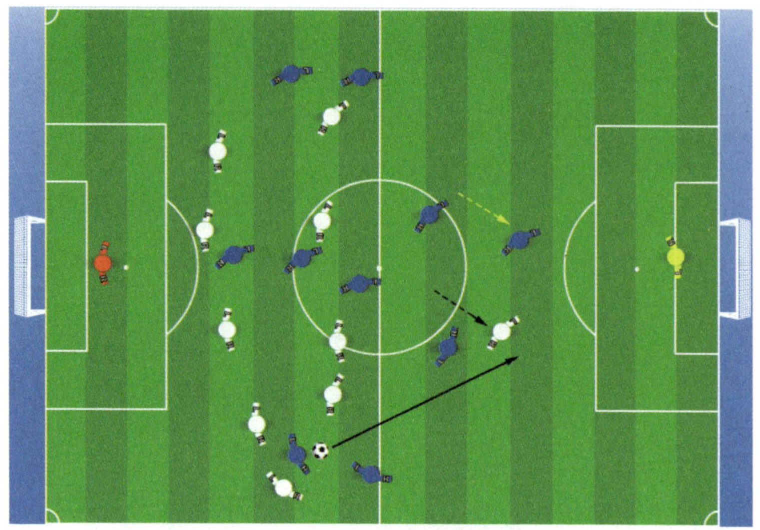

图 2-14　意大利队前锋在前场获得球权后发动个人反击

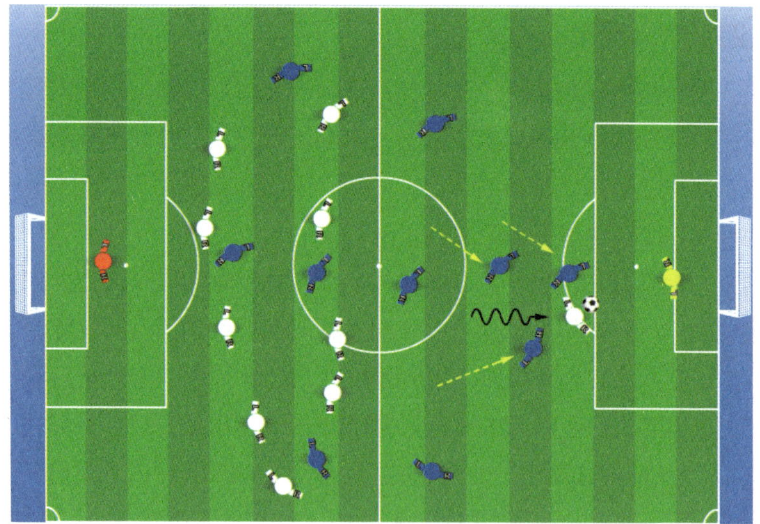

图 2-15　意大利前锋依靠个人能力完成射门得分

六、反击或控球的选择

——高水平比赛中行动选择的质量以队员能力为前提条件

在比赛中，要不要选择反击战术的判断标准之一是对手的防守线是否完整。有时即使对手的防守线不是很完整，也未必就要选择快速进攻；当考虑本方的状况，如进攻的准备情况、节奏的分配、比分情况、时间阶段等因素时，有时也会选择控球打法。

例如，在比赛中一方获得球权后，前场的队友还没有做好接球准备时，比起盲目丢球后被对手打反击，不如选择在不丢球的状态下寻找下一次进攻的时机。

此外，若比赛中本方已经处于大比分领先，那么此时队员没必要自己带球快速攻击对手防线最密集的区域，应选择一种控球战术，即一边控球，一边等待对手压上防守的时机再进攻。把以上情况作为标准，在比赛中就能够判断出是选择快速反击战术，还是选择控球战术，从而为下一次进攻做准备。

● 要不要执行反击战术的判断标准。

（1）对手的状态（防守阵型完整，还是不完整）。

（2）自己队伍的状态（已经做好攻击准备，还是尚未做好攻击准备）。

（3）比赛的状态（节奏的把握、比分情况、所处时间段）。

以巴塞罗那队和西班牙队为代表的控球打法，已经被世界足球领域所重视，同时也在顶级的足球比赛中蔓延开来。

在电视转播中，解说员一定会用到的词汇——控球率，已渗透到了日本的青少年培养阶段，并且形成了一定的趋势。目前，在欧洲冠军联赛、欧洲杯和世界杯的赛场上，那些排位较高的球队在每场比赛中传球次数达到了500次以上，可以说通过保持控球权来掌控比赛的主导权已经成为高水平比赛的趋势。

贯彻以控球为核心要素的足球打法的关键是要具有高水平的运动员，同时他们必须具备准确、灵活的短传球技术，转移进攻时的长传球技术，运控球技术，无球接应技术，保持宽视野的身体朝向，阅读比赛等实战能力。

德国队主教练勒夫认为，高水平队伍的控球能力都非常高，不会轻易失误。队伍要在高水平比赛中掌握主导权，就需要有具备这些能力的高水平运动员作为前提条件。

七、德国式的控球

——通过取长补短的方式，完善自己的控球打法

把控球打法的要素引入到擅长快速纵向进攻的德国足球领域后，无论是在德国国内的联赛还是德国队参加的国际比赛中，都可以发现这种战术带来的新的变化。但是，德国足球并不是完全模仿巴赛罗那队和西班牙队的控球打法，而是在把自己技战术特点和以民族心理特征为基础的足球哲学与其他国家足球理念做对比后，借鉴其他国家的优势对发展道路做出了一些必要的调整，以提高自身水平。

● 德国式控球战术。

由德国足球协会统计的 2014 年世界杯技术报告提出，德国队虽然采用了使巴塞罗那队和西班牙队取得成功的控球战术，但是与他们相比，其向球门进攻的意识更强，也创造出了更多的射门机会。图 2-16、图 2-17 是德国队在中场获得球权后，快速短传球控球打法。

● 德国队将其他国家的优势与自己风格相融合的典型说法——控球本身不是目的。

与观赏度高的足球相比，德国足球更倾向于实效足球，即使和日本足球相比，也是相同的情况。德国足球无论是在哪个年龄段和哪个类别的比赛中都可以看到这种战术打法。

足球比赛的目的就是通过比对手多进一个球来赢得比赛。控球型打法是不失去控球权，为寻找下一次进攻做准备，而不是直接射门得分的手段。

即使再完美的短传配合、保持控球权，如果不能射门得分也就无法赢得比赛的胜利。控球不是最终目的，它作为赢得比赛的一种进攻战术选择，是

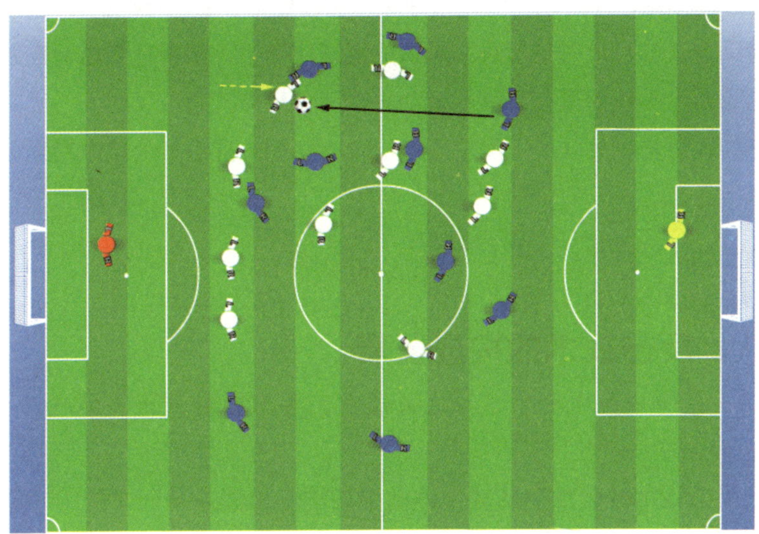

图 2-16　德国队在中场获得球权

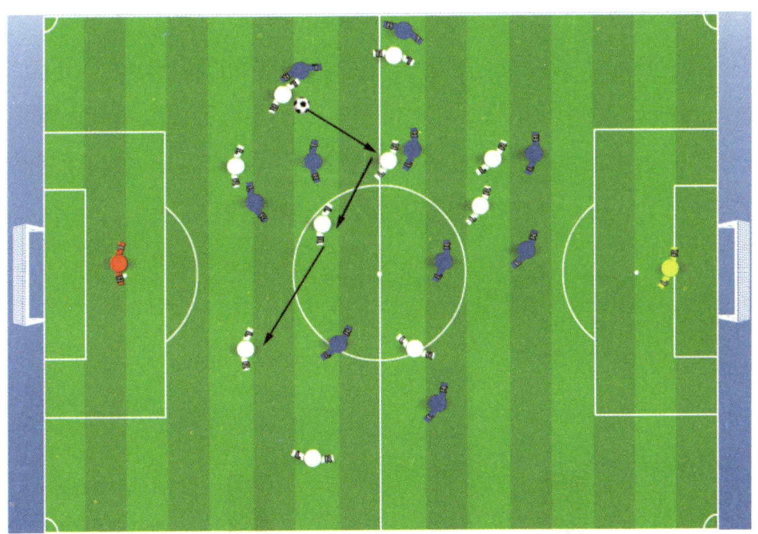

图 2-17　德国队快速短传球控球

队员在比赛中依据临场情况而采用的战术打法。

德国足球领域普遍认为，控球型打法虽然不是直接射门得分的手段，但是可以通过保持控球权来掌握比赛的主动性，起到增强队伍自信、消磨对手士气的心理作用，还可以起到调整呼吸、保存能量、节省体能的作用。

特别是在当今攻守速度越来越快的足球比赛中，队员在有球时控制比赛节奏的能力，不仅为其在高强度运动中快速恢复体能争取了时间，同时也是保持这种高质量、高强度下反复实施进攻行为的前提条件，这也是顶级球队的比赛特征。

八、反击战术的构成要素

——在什么区域抢夺球权次数最多，要有针对性地去演练

把反击战术定位在全队战术体系中的哪个位置以及在比赛中如何运用它，必须考虑到俱乐部的理念、国家及地域的特征、队员的能力、对手的水平及队伍所处的位置等因素，并最终在主教练的带领下和队员一起创造队伍的技战术打法风格。

时任霍芬海姆队主教练的拉尔夫·兰尼克选择把反击定为队伍首要的进攻击战术，并成功地使队伍在 2 年时间里从德国足球乙级联赛升入德甲联赛，甚至在当年的德甲联赛前期还处于靠前位置（年终排名第 7）。他们的比赛结果也反映出了队伍对反击战术的重视程度，如图 2-18 所示。

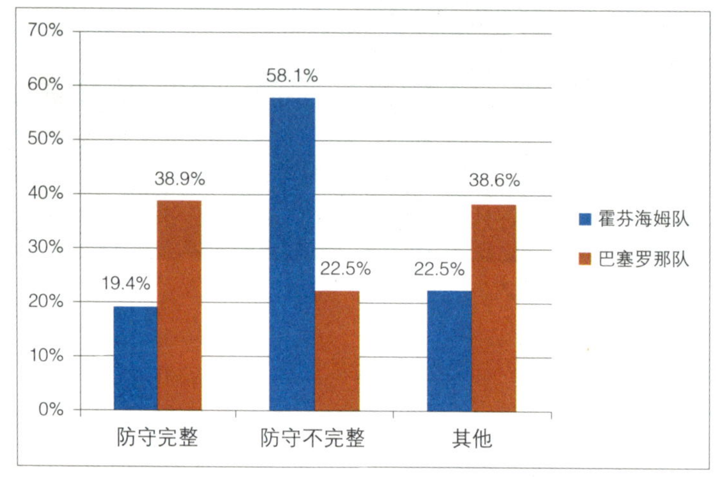

图 2-18 2008 赛季巴塞罗那队和霍芬海姆队的进球类型对比

另外，与保持 15 s 以上的控球相比，从前场压迫得球后更容易制造射门得分机会，所以霍芬海姆队将这种战术定为自己的打法风格。2008 赛季得分的 50% 都是通过前场的反击制造出来的进球。

对任何队伍来说，反击都是进攻中的一种重要战术选择；而自己队伍适合什么样类型的反击，分析对手后要清楚选择什么样的反击最有效是前提条件。

如果主教练不能表达明确的战术理念、制订和安排详细的训练计划，队员就不可能具备统一的战术思想和意识，在比赛中就有可能出现混乱的局面。相反，如果队伍明确了详细的战术理念，并将这种理念作为指导思想融入训练中，队员就会明确战术选择。这样队员也就更容易形成队伍共有的战术理念和思想。

如前所述，反击战术大体上分为 4 种类型，其中哪些方面是影响构成的主要因素呢?

第一是反击开始的区域，也是夺得球权的区域。球队通过分析夺得球权最多的区域以及模拟比赛的方法，去考虑和发现适合自己队伍的反击战术或哪种战术更容易执行。

欧洲足球协会联盟的分析表明，大约 75% 的反击从本方半场开始。在本方半场获得球权后，通过经典反击战术或小组反击战术更容易攻击对手背后的空当。但是由于到达对手球门存在一定的距离，因此反击战术要成功推进到球门区域不仅时间长而且难度大。

第二是反击中的传球次数和所耗时间。2014 年世界杯比赛，从后场防守三区开始反击创造的得分中可知，得分前平均需要完成 4.8 次传球和 14.5 s 的进攻时间。相反，在前场获得球权后，由于距离对手球门近，通过现代式反击战术和个人反击战术，可为快速、简练地完成射门提供更多的可能性。在 2014 年世界杯比赛中，从前场开始的反击战术在得分前，平均要完成 2.3 次传球和 5 s 的进攻时间。最快的进球来自 1 次传球和 2 s 以内的快速进攻。

但是，要注意队伍整体压上在前场抢夺球时，会使本方队伍防守线后暴露出更大的空间。虽然可以依靠压迫防守和协防保护战术很好地弥补这个不足，但是当本方体能下降或协同配合上出现失误时，对手摆脱前场压迫防守后攻击本方身后空当的风险就会增大。

九、反击战术开始的位置——中路和边路

——有策略性抢夺球时，应该考虑反击开始区域的不同特点

比较在边路和中路开始的反击时，虽然在边路可以利用边线更容易形成对对手的压迫，但是当获得球权后本方开始进攻时边线同样也限制了进攻方向，减少了进攻路径的选择；而如果在场地的中路获得了球权，因为有了中路或两个边路进攻途径的选择，所以对手就不容易形成密集压迫夹击的防守状态。

国际足球联合会的统计资料显示，2014 年世界杯从中路和边路攻进球的数量较为接近，但是从中路开始的进攻，平均完成 15.1 次的进攻可以攻进一球；而从边路开始的进攻，平均完成 68.3 次进攻才能攻进一球（表 2-2）。正是因为球门前的中路区域是对手防守最严密的地方，所以要求队员在实施压迫防守时，在时间和空间上能够采取正确、快速和灵活的战术行为。对于很多的球队来说，他们依靠自己的能力很难推进到中路内实施进攻，他们会选择空间比较大、防守压力较小的边路开展进攻。因此，利用边路的传中球战术越过对手防守线，直接将球传到中路区域进攻球门的情况就会增多。

表 2–2　2014 年世界杯中路与边路进攻次数比较

<table>
<tr><th rowspan="2">状态</th><th colspan="2">进球数 / 个</th><th colspan="2">进攻次数 / 次</th><th colspan="2">进球前平均进攻次数 / 次</th></tr>
<tr><th>中路</th><th>边路</th><th>中路</th><th>边路</th><th>中路</th><th>边路</th></tr>
<tr><td>对手防守有序</td><td>35</td><td>38</td><td rowspan="2">934</td><td rowspan="2">4 099</td><td rowspan="2">15.1</td><td rowspan="2">68.3</td></tr>
<tr><td>对手防守无序</td><td>27</td><td>22</td></tr>
<tr><td>合计</td><td>62</td><td>60</td><td colspan="4">5 033</td></tr>
</table>

队伍应充分考虑前面的因素，再决定自己队伍理想的压迫夺球区域，即反击开始区域，而不是随着球的发展随机地压迫，抢夺球权。只有这样才有可能实施具有战略性的压迫防守行为。

例如，从前场哪个区域开始压迫防守？是驱赶到边路还是在中路围堵？对手哪个队员最弱，更容易被抢到球？只有调整阵型和队员的移动路线，才能够把对手控制到预先设计好的压迫防守夺球区域。

在战略性夺球时还要考虑自己和对手的阵型体系。由于阵型攻守体系的不同，执行抢球的队员和发动反击的队员会有所变化。例如，队伍如果采用回撤半场布阵防守，前锋线只留一人的战术打法，那么选择传统型的反击战术的机会就多；如果采用在中场进行积极防守，夺球发动反击的战术打法，那么选择 4~5 人的小组反击战术的机会就多。

另外，比赛的临场情况也是对反击战术产生影响的因素之一。比赛中，在本方半场的低位防守时间段或在对方半场的高位防守时间段，随着比赛情况的变化，夺球的区域也会发生变化。此外，比分和天气也是队伍抢球区域发生变化的重要影响因素。

一场比赛只采用一种反击战术也是不合理的，比赛的临场情况也会对反击战术的选择产生影响，根据临场情况而采取相应的战术行为是反击战术实施的关键。但是到底采用什么类型的反击战术、能够执行什么类型的反击战术，最终还是要取决于队员的能力。例如，在传统型的反击战术实施中，就需要有准确的长传技术和速度快的前锋；在小组反击战术中，队员就必须具备在压力下也能正确和快速执行战术行动的能力。

在更加重视结果的职业和成年人足球队伍中，很多时候可以选择符合自己队伍战术打法的队员或者围绕着关键队员设计相应的战术打法体系。但是，在青少年的训练时期，学习基本的战术要素，应从基础开始训练，并逐步发展和提高实战能力，使其在不同的情景下都能发挥他们的能力。

● 影响反击战术实施的因素。

（1）抢夺球权的区域（场地纵向的位置：后场、中场、前场）。

（2）抢夺球权的区域（场地横向的位置：中路、边路）。

（3）抢夺球权的方法（偶然的还是有计划的）。

（4）战术体系（己方和对手）。

（5）临场情况（时间段、比分、天气等）。

（6）队员的能力。

十、反击战术的能力要求

——最重要的是速度和准确性

为了成功地运用反击战术，队伍必须在对手尚未形成完备的防守阵型前，快速和正确地执行由守转攻的转换—推进—射门这一个过程。为了比对手更快地进入这个过程，队伍防守时的临场情况判断和预测就显得非常重要。如果能判断出本方能不能抢到球，并正确地预测出下一步球的发展情况的话，就有可能从防守时已经 开始进行进攻性选位，为反击进攻做准备。

养成对不同情况判断和预测的习惯，创造出更多的、可供选择的进攻途径，这不仅是对球周围位置队员的要求，对球异侧远端的队员来讲也是同样重要的。

如图 2-19 所示，球异侧的中场队员如果能够预测到本方可能获得球权，在反击开始前就能选择更靠前一点的位置，这样他就能更多地参与和协助前场的反击战术。在对手比分领先时，异侧的边路队员如果提前分析了因抢不到球而造成的威胁，为了本方反击战术的开展，可以选择与目前球关系不大的更靠前一点的位置。这也是队员判断临场情况的一种战术选择。

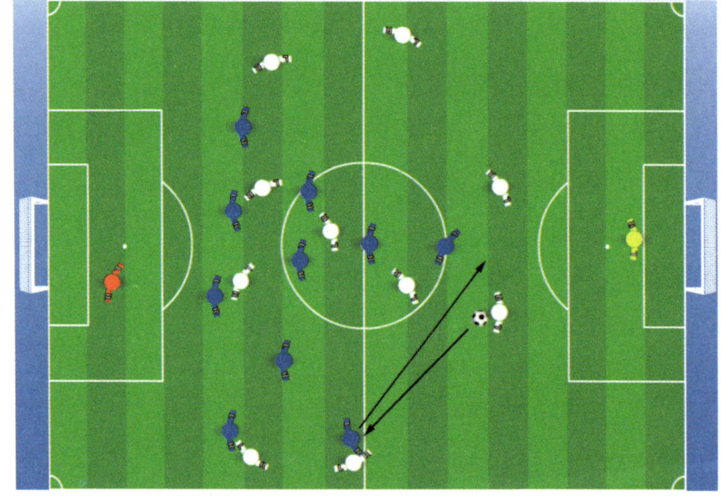

图 2-19　获得球权后，对手未形成完整防守阵型前向纵深传球

在本方夺得球权的瞬间，掌握了对手防守情况、本方情况和比赛的临场情况，队员能够瞬时决策是利用快速反击来攻击球门，还是以稳为主来控制球权非常重要。盲目地反击不仅会给对手抢球发动进攻的机会，而且也会无谓地消耗体能和心理能量。为了抓住对手的失误，把握住这难得的进球得分机会，也是为了队伍能够选择更好的进攻途径，每个队员的战术理解水平，相互指挥、相互交流是非常重要的。

另外，为了能够发动进攻首先要抢夺到球权，抢球的队员必须具备不犯规、熟练的抢球能力。如果抢夺球权的次数增加了，那么也就相应地提高了发动快速反击的机会。

如果从反击战术执行的过程来看，最重要的是速度和准确性，只有提高各要素的质量，才能提高反击战术整体进攻的速度。相反，如果不能满足这些要素的话，反击的速度就会减慢，就会留给对手重新组织防守的时间。

（1）首先是要提高由守转攻的转换时刻速度。这个方面不仅是体能方面的速度，思维意识上的转换速度也很重要。在训练中就要培养队员养成快速转换的习惯、意识和注意力。

（2）反击开始之后，队员应尽量选择能够在最短时间内到达对手球门区域的行为。队员很多时候会选择采用渗透性传球给最有可能射门的同伴，也就是直接穿透对手中场区域，采用纵向传球将球传给前场同伴（图 2-19）。尽量向对手后方的纵深区域传球，首选向中路传球或向中路切入，这是快速和直接型进攻的特征。1~2 次触球的纵向直线传球，可防止对手通过立即压迫重新夺回球权，并能够快速地组织本方队员开始反击战术。

此外，不仅仅是利用灵活、准确的纵向传球，有的时候队员还需要具备能够观察到纵深情况的习惯和视野。如果抢到球权的队员最有可能完成射门，那么一定要坚决选择个人运球突破攻击球门。

（3）如果持球队员传球时，发现向前场传球的路线被封堵或前线的队员有可能会被抢断球，应尽量避免进行无意义的横传球，可以利用灵活、准确的短传球或运带球向对手球门推进。特别是在队友被对手紧盯，而持球队员处于无压力的情况下，不要着急而盲目地给队友传球，要观察对手的情况，如果有必要也可以选择自己运控球（图 2-20、图 2-21）。

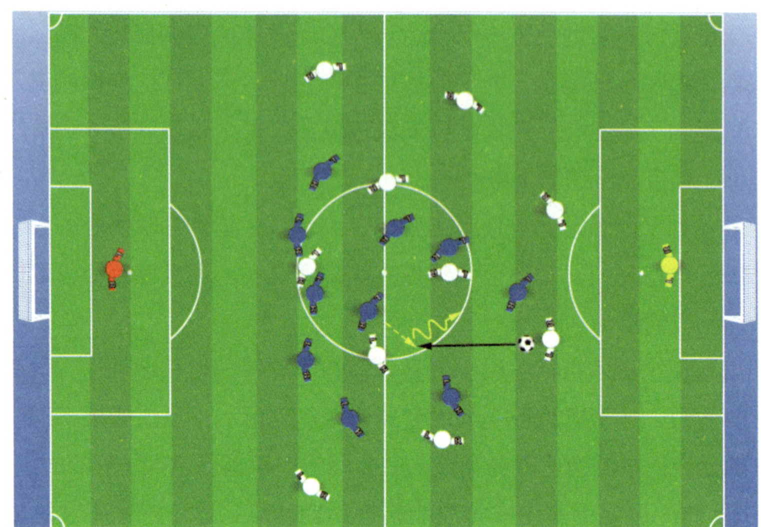
图 2-20　中场区域防守抢断球

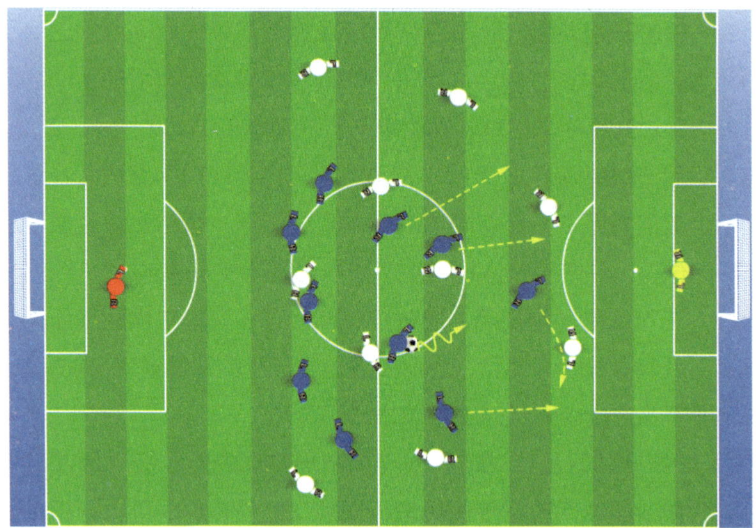
图 2-21　获得球权的队员运球发动反击的行为

（4）如果接球队员把身体展开，面对进攻方向，应尽量朝向对手的球门方向运球和推进。如果接球队员处于背对防守队员的状态，那就需要把球权控制好，为同伴争取时间来支援。因为临场情况不同，有的时候也要求队员具备个人突破的能力。

（5）球向纵深方向移动的同时，无球队员快速地压上参与进攻也非常重要。只有更多的队员参与进攻，才能制造出更多的进攻选择，同时当失去球权时，在那一瞬间才有可能成功实施立即压迫。

还有，为了争夺对手破坏出来的二点球和弥补中路区域暴露出的空当，后场和中场队员的位置、防守线压上就显得非常重要。

反击战术对队员的能力要求如图 2-22 所示。

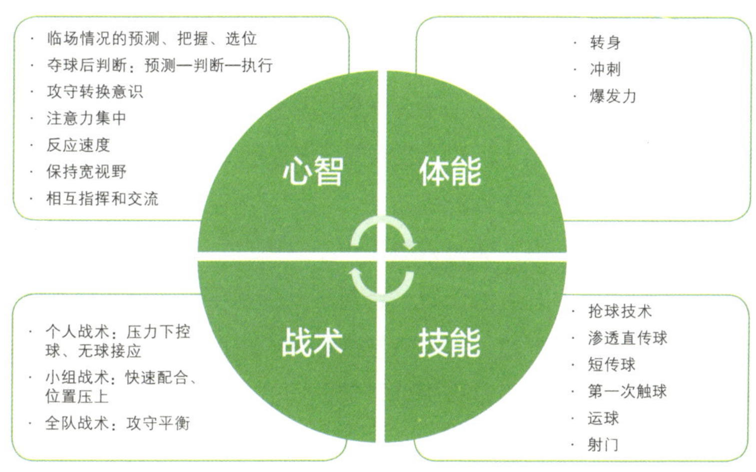

图 2-22　反击战术对运动员的能力要求

十一、反击战术训练实践

——在分析失误的原因后，给予正确的指导非常重要

当两支队伍进行攻守转换练习时，一支队伍可练习摆脱立即压迫发动反击，另一支队伍可练习通过立即压迫防守阻止对手发动反击进攻。

如果用立即压迫防守来应对反击战术的话，从攻守角度来看，它们是一体两面的关系。在训练中，用相同的训练内容对反击和立即压迫进行训练的情况很多；而且，可以根据训练的主题制定相应的指导要点。但是，有的时候并不能因为要提高反击能力的训练，就完全忽视立即压迫防守的训练，而应该依据反击战术掌握的不同阶段，对立即压迫或防守行为提出一定要求，即使防守被轻易地突破也没有关系，可以通过调整防守方面的要求，控制训练的难度，并提高训练的质量。

在训练中为了提高进攻的水平，队伍需要相应地提高防守水平，只有把高水平的防守作为对手进行训练，才能提高进攻水平。

下面是将反击作为主题的训练方法介绍。它将队员必须具备的各种能力作为重点进行反复的训练，通过人数较少、简单的训练，学习基本概念，逐步地接触和熟悉比赛中发生的情景；针对不同的水平，改变每个训练的设置（练习区域大小、防守人数、限制触球次数），进而调整训练的难易度。反击训练的指导非常重要，通过积极地发现队员的失误，全面分析失误原因，以提高队员的实战能力。

特别是当队员的传球被早已经判断出进攻意图的对手抢断球权时，教练员不要过于强调此时要选择安全的控球战术，一旦过分指责队员的失误，他们有可能就不会选择踢可以创造射门机会的直传渗透球了。

在顶级的比赛中，即使有 1 m 的空当且这个空当可能只存在 0.5 s 的时间，队员也有可能将球传过去。因此，队员不怕失误、敢于冒险的这种意识也是非常重要的。

十二、反击战术训练方法

● 反击战术训练要点。

（1）防守时对周边情况的观察、判断和预期（提前选位）。

（2）抢球后对周边情况的观察、预测、判断和执行。

——反击（直传渗透、短传、运带球）。

——控球（不失球权、寻找机会）。

（3）调整身体方向，保持好的视野、相互指挥和交流。

（4）攻守转换意识和保持注意力集中。

（5）速度（无球移动速度和运球跑速度）。

（6）个人战术（压力下的控球和判断、无球接应）。

（7）小组战术（小组配合、位置跟进和防守线压上）。

（8）核心技术（抢球技术、直传渗透球、短传球技术、一次触球、运球和射门）。

（一）1 对 1+1（第二防守人）练习

练习目的： 培养队员由守转攻时的快速进攻意识。

练习区域： 20 m × 30 m 的区域。

器材： 球门、球、标志服。

练习方法： 练习设置如图 2-23 所示。将队员分为攻守 2 组，在规定区域内进行 1 对 1 练习，并加 1 名回防队员。练习由守门员把球传给同伴开始，进攻队员想办法快速突破对手。当守门员将球发出的一瞬间，第 2 名防守队员快速加入防守。如果防守方将球抢断，应在 5 s 内完成射门。当完成一次射门或规定时间用完，表示一次练习结束，下一个小组开始练习。练习结束后，攻守 2 组计算进球数，多者为胜。

指导要点：

（1）进攻队员在第 2 名防守队员参与防守之前，应快速开始 1 对 1 的进攻，并尽量完成射门。

（2）为了提高进攻的速度，练习可以限制进攻时间（如 5 s 以内）。

（3）防守方夺得球权后（包括守门员），尽量不要做无谓的横穿和控球，应快速完成由守转攻，向对手球门进攻。

（4）如果可以预测到局面的发展趋势，队员可以提前做好进攻准备（更靠近对手球门、向前选位，保持更有利于进攻的身体朝向）。

变化：

（1）本练习在没有守门员时，可以用小球门代替。

（2）本练习也适用于立即压迫防守练习。

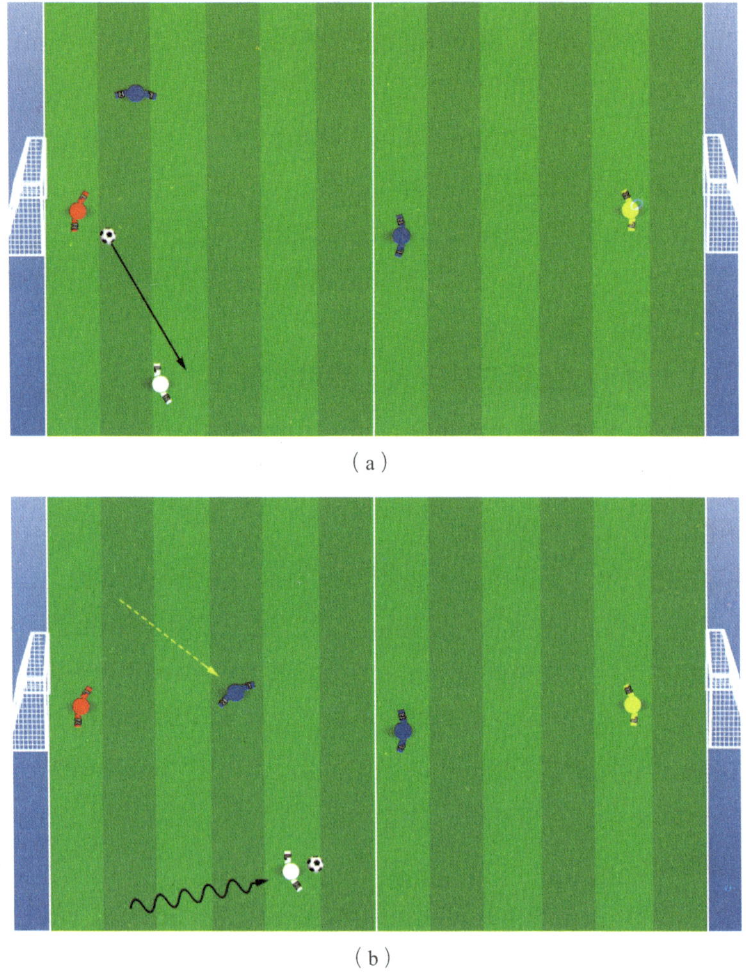

（a）

（b）

图 2-23　1 对 1 + 1（第二防守人）练习

（二）2 对 1+1（第二防守人）练习

练习目的：培养队员由守转攻时的快速进攻意识。

练习区域：20 m × 30 m 的区域。

器材：球门、球、标志服。

练习方法：练习设置如图 2-24 所示。将队员分为攻守 2 组，在规定区域内进行 2 对 1 练习，并加 1 名回防队员。练习由防守方守门员把球传给进攻方队员开始，进攻方尽量快速完成 2 对 1 的进攻。当守门员将球发出的一瞬间，第 2 名防守队员快速绕过对手球门，之后加入防守。如果防守方将球抢断，应在 5 s 内完成射门。当完成一次射门或规定时间用完，表示一次练习结束，下一个小组开始练习。练习结束后，攻守 2 组计算进球数，多者为胜。

指导要点：

（1）进攻方队员尽量不要做无谓的横传、假动作和慢速的运球，在第 2 名防守队员回防到位之前，快速进攻对方球门。

（2）在进攻中，当第 1 名防守队员一边回撤，一边选位防守时，进攻队员要选择面向防守队员运球，将对手吸引后，将球传给同伴；如果对手识破了传球意图，那么可以尝试突破。

（3）防守方夺得球权后（包括守门员），快速完成由守转攻，在对手组织起有序防守之前，向对手球门进攻。

（4）如果可以预测到局面的发展趋势，队员可以提前做好进攻准备（更靠近对手球门、向前选位，保持更有利于进攻的身体朝向）。

变化：

（1）本练习在没有守门员时，可以用小球门代替。

（2）本练习也适用于立即压迫防守练习。

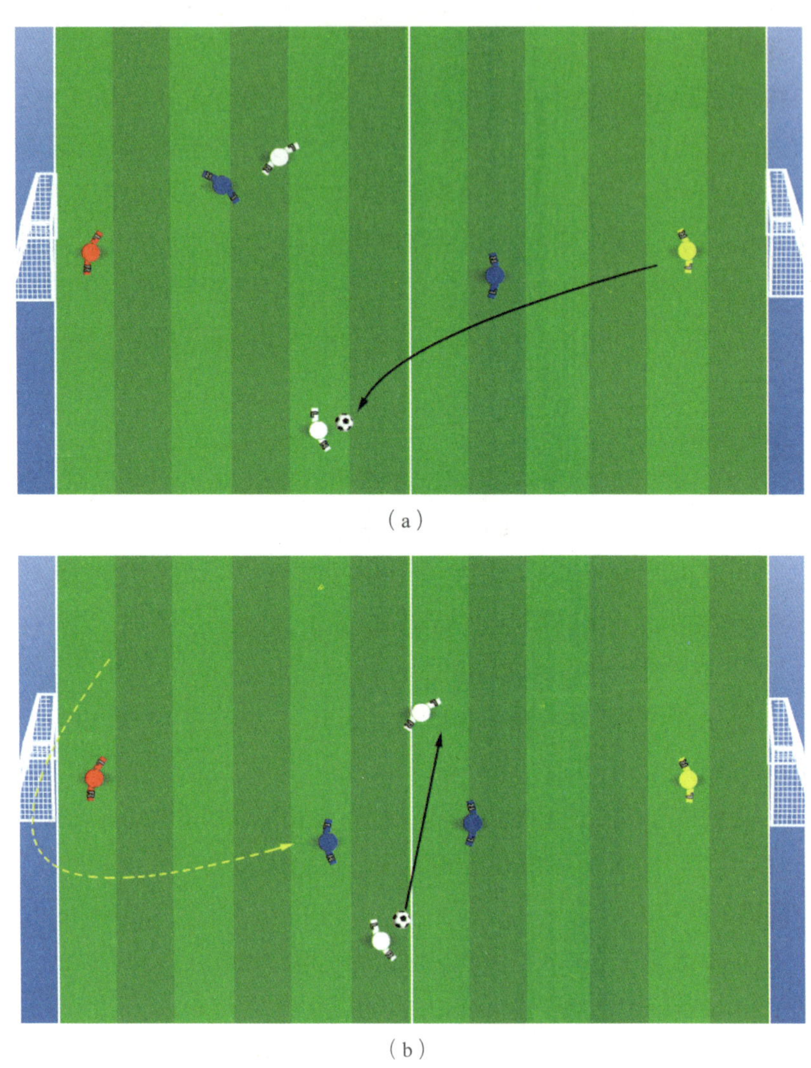

（a）

（b）

图 2-24　2 对 1 + 1（第二防守人）练习

（三）3 对 2+1（第三防守人）练习

练习目的：培养队员由守转攻时的快速进攻意识。

练习区域：25 m × 35 m 的区域。

器材：球门、球、标志服。

练习方法：练习设置如图 2-25 所示。将队员分为攻守 2 组，在规定区域内进行 3 对 2 练习，并加 1 名回防队员。练习由防守方守门员把球传给进攻方队员开始，进攻方尽量快速完成 3 对 2 的进攻。当守门员将球发出的一瞬间，第 3 名防守队员快速绕过对手球门，之后加入防守。如果防守方将球抢断，应在 7 s 内完成射门。当完成一次射门或规定时间用完，表示一次练习结束，下一个小组开始练习。练习结束后，攻守 2 组计算进球数，多者为胜。

指导要点：参照本章练习（二）的指导要点。

变化：

（1）本练习可以通过改变场地大小和时间长短，调整练习难易度。

（2）本练习也适用于立即压迫防守练习。

（a）

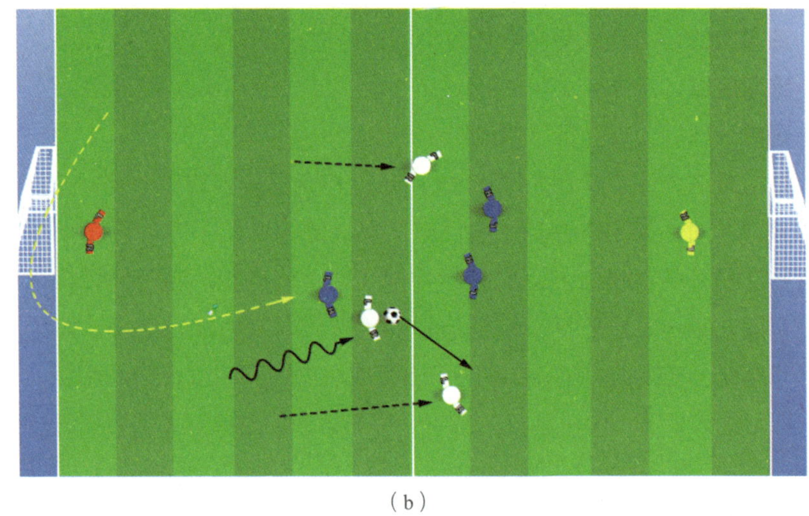

（b）

图 2-25　3 对 2 + 1（第三防守人）练习

（四）3 对 2 变 3 对 4 练习

练习目的： 培养队员由守转攻时的快速进攻意识。

练习区域： 25 m × 35 m 的区域。

器材： 球门、球、标志服。

练习方法： 练习设置如图 2-26 所示。将队员分为攻守 2 组，在规定区域内进行 3 对 2 练习，并加 2 名回防队员。练习由守门员把球传给进攻方队员开始，进攻方尽量快速完成 3 对 2 的进攻。当守门员将球发出的一瞬间，在场地底角的 2 名防守队员快速加入防守。如果防守方将球抢断，应在 7 s 内完成射门。当完成一次射门或规定时间用完，表示一次练习结束，下一个小组开始练习。练习结束后，攻守 2 组计算进球数，多者为胜。

指导要点： 参照本章练习（二）的指导要点。

提示： 即使在对手的防守压力下，进攻方也应尽量通过准确的局面判断，采取快速、合理的进攻方式。

变化：

（1）本练习可通过改变场地大小和时间长短，调整练习难易度。

（2）本练习可改变进攻方开始练习时的位置，运用不同的变化进行练习，如图 2-26（b）。

（3）本练习也适用于立即压迫防守练习。

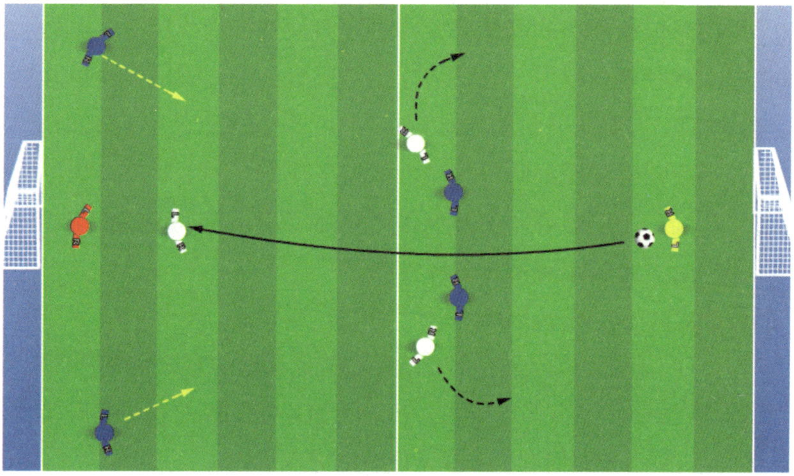

（a）

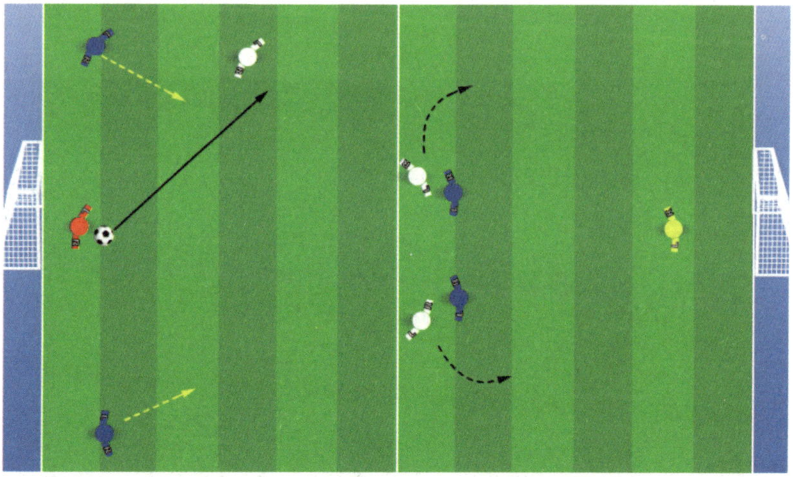

（b）

图 2-26　3 对 2 变 3 对 4 练习

（五）3 对 2+2 对 3 练习

练习目的：培养队员由守转攻时的快速进攻意识。

练习区域：25 m × 40 m 的区域。

器材：球门、球、标志服。

练习方法：练习设置如图 2-27 所示。将队员分成攻守 2 组，每组 2 人为防守队员，3 人为进攻队员，在规定的区域内做 5 对 5 攻守练习。由一方守门员将球传给前场的同伴开始，进攻方快速完成 3 对 2 的进攻。防守队员或守门员获得球权后，立即将球传给前场同伴，发动同样的 3 对 2 进攻。当断球后，如果防守队员不能传球，也可以选择运球到前场发动进攻，此时要有 1 名同伴回撤到防守区域，保持进攻的 3 对 2 状态。如果球出界或完成了射门，由对方守门员发球重新开始练习。在规定的练习时间（如 5 min）结束后，计算进球数，多者为胜。

指导要点：

（1）在前场进攻的队员，尽量快速地选择合理的方式完成射门。

（2）队员在后场获得球权后，在对手重新抢到球之前，将球准确地传给前场同伴，或者依据情况，选择运球发动进攻。

（3）前场的进攻队员，时刻注意调整选位和身体朝向，为进攻提前做好准备。

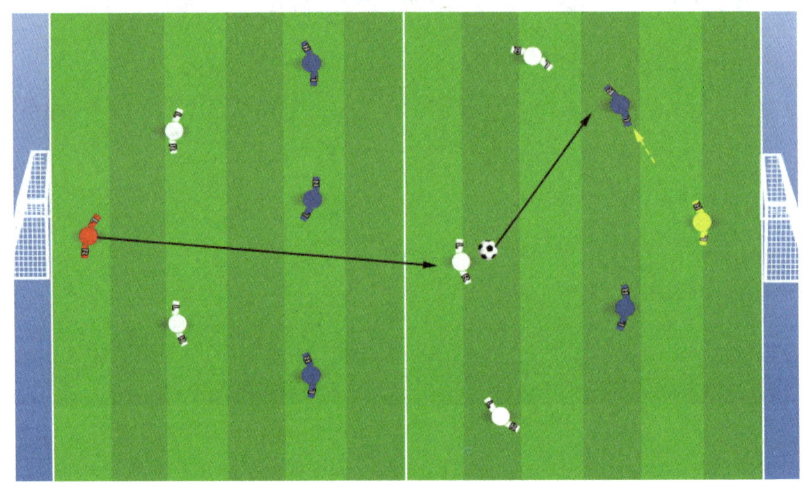

图 2-27　3 对 2 ＋ 2 对 3 练习

变化：

（1）本练习可限制进攻队员的进攻时间，如 5 s 以内完成射门，如果超过了这个时间，另一方可以有 1 名队员回撤到本方半场进行防守，此时就变成了 3 对 3 局面。

（2）本练习也适用于立即压迫防守练习。

（六）4 对 2+2（转换场区）练习

练习目的：培养队员由守转攻时的快速进攻意识。

练习区域：8 m × 16 m 的区域。

器材：球、标志服。

练习方法：练习设置如图 2-28 所示。练习主题是“夺球—转移—接应”。队员 4 人 1 组，分成 2 组，在规定的一侧区域内做 4 对 2 练习。当防守方将球抢断后，立即将球传回到另一侧同伴。此时，失去球权的队伍中的 2 名队员进入另一侧区域，完成 2 对 4 防守。连续完成 10 次传球的一方得 1 分，在规定的练习时间（如 2~3 min）结束后，计算得分，多者为胜。

指导要点：

（1）防守的 2 人要通过有效的沟通，进行协作抢球防守。

（2）为了获得球权时能够更快地完成转移，应将球向中线的方向驱赶，在尽量与进攻方向保持一致的情况下，完成抢夺球权；如果选择在距离转移区域的远端或背向转移区域状态下抢球的话，因为转身和转移需要更多的时间，所以被对手立即压迫抢断球的风险会增加。

（3）在另一侧区域接球的队员，一边判断球的发展趋势，一边选择更容易接球的位置（避免与对手形成一条直线，并躲开对手的封堵线路）。

（4）如果将球转移到了同伴脚下，要快速移动，选择更加容易接球的位置（夺球—转移—接应），为进攻提前做好准备。

变化：

（1）本练习如果人数较多，可以 5 人 1 组，分成 2 组，变成 5 对 2+3 练习。

（2）本练习也适用于立即压迫防守练习。

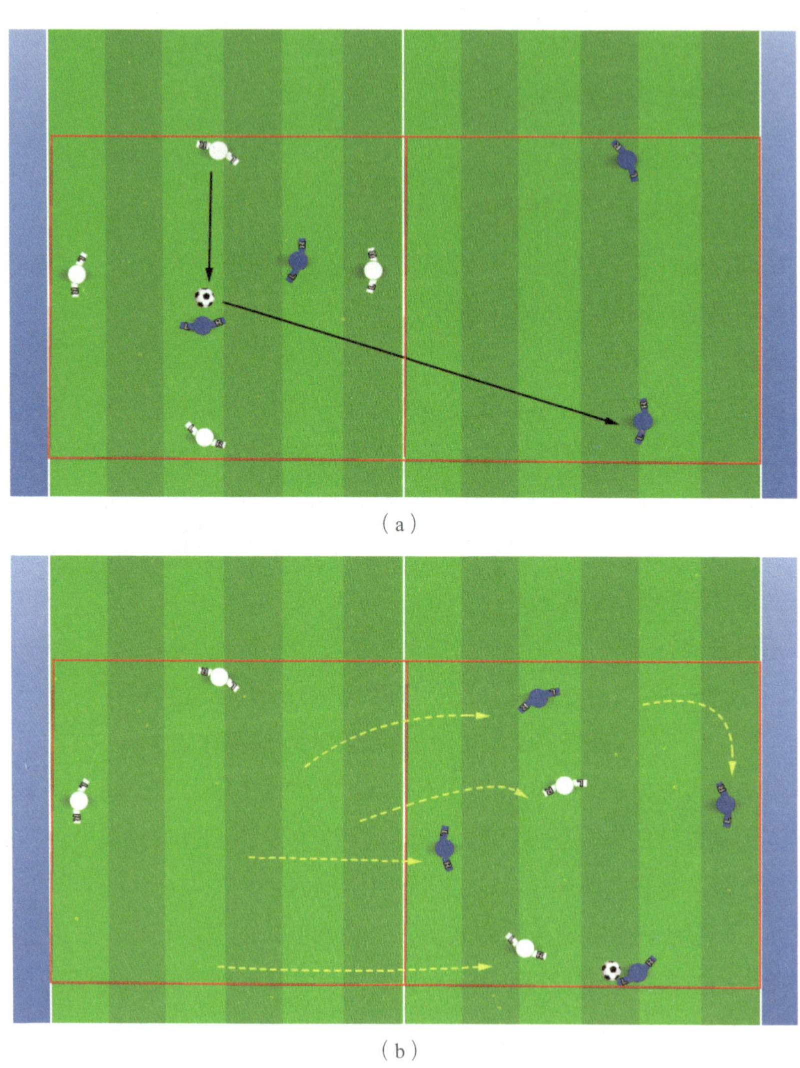

（a）

（b）

图 2-28　4 对 2 + 2（转换场区）练习

（七）6 对 3+3（转换场区）练习

练习目的： 培养队员由守转攻时的快速进攻意识。

练习区域： 12 m × 12 m 的区域。

器材： 球、标志服。

练习方法： 练习设置如图 2-29 所示。队员 6 人 1 组，分成 2 组，在规定的一侧区域内做 6 对 3 练习。当防守方将球抢断后，立即将球传给另一侧同伴，此时失去球权的队伍中的 3 名队员进入另一侧区域完成 3 对 6 防守。连续完成 10 次传球的一方得 1 分，在规定的练习时间（如 2~3 min）结束后，计算得分，多者为胜。

指导要点：

（1）防守的 3 人要通过有效的沟通，进行协作抢球防守。

（2）为了获得球权时能够更快地完成转移，将球向中线的方向驱赶，尽量与进攻方向保持一致的情况下，完成抢夺球权；如果选择在距离转移区域的远端或背向转移区域状态下抢球的话，因为转身和转移需要更多的时间，所以被对手立即压迫抢断球的风险会增加。

（3）在另一侧区域接球的队员，一边判断球的发展趋势，一边选择更容易接球的位置（避免与对手形成一条直线，并躲开对手的封堵线路）。

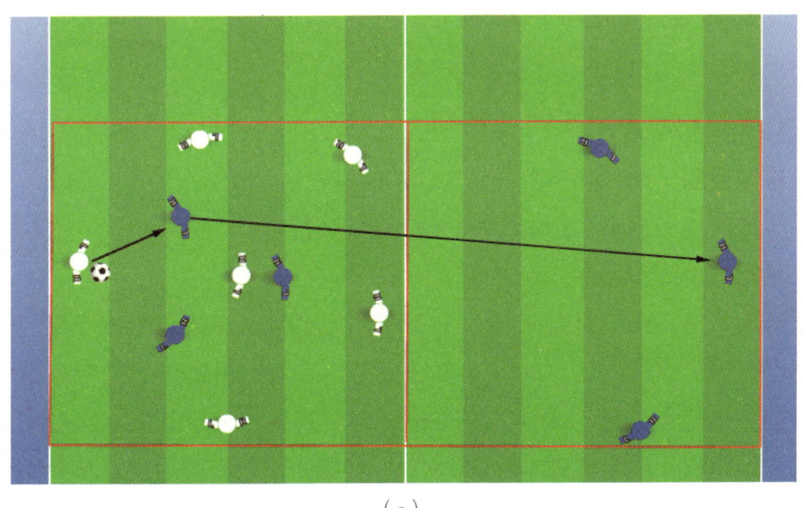

（a）

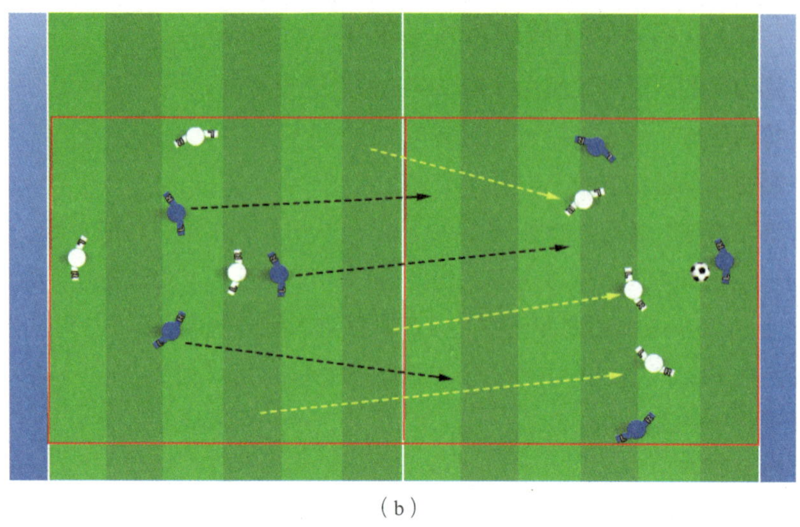

（b）

图 2-29　6 对 3 ＋ 3（转换场区）练习

（4）如果将球转移到了同伴脚下，要快速移动，选择更加容易接控球的位置（夺球—转移—接应）。

变化：

（1）本练习如果人数较少，可以 5 人 1 组，分成 2 组，完成 5 对 3+2 练习。

（2）本练习也适用于立即压迫防守练习。

（八）4 对 2 变 4 对 4 练习

练习目的：培养队员由守转攻时的快速进攻意识。

练习区域：25 m × 30 m、7 m × 7 m 的区域。

器材：小球门、球、标志服。

练习方法：练习设置如图 2-30 所示。队员 4 人 1 组，分成 2 组，分别在 2 个区域完成 4 对 2 和 4 对 4 攻守练习。练习的主题是“抢夺球权—移动接应—射门”。练习由小方块内的 4 对 2 开始，控球队员 2 次触球，尽量保持控球权，练习传球 10 次得 1 分；如果防守方获得球权，与外圈边线上的同伴合作进攻任意 1 个小球门，如果踢进得 1 分。如果球在小圈内，

外围队员只能在外圈的边线上移动，如果球出了圈，外围队员就可以自由移动。如果 4 对 4 时射门得分或者球被踢出界外，那么改变双方攻守角色，回到小方块内重新开始练习。在规定的练习时间（如 7 min）结束后，攻守队伍交换，计算得分，多者为胜。

指导要点：

（1）小圈内防守的 2 人要通过相互交流，协作进行防守，抢夺球权。

（2）夺得球权后，在对手实施立即压迫防守之前，队员应快速摆脱出小圈（向外圈队友传球、向没有对手的空当运球等）。

（3）在外圈线上接应的队员，要依据同伴的身体朝向、球的位置，一边采取相应的行动，一边移动选位，尽量选择更加容易接球的位置。

（4）如果从小圈摆脱了出来，在对手形成防守阵形之前，快速向小球门方向移动，完成射门。

变化： 本练习可通过加大或缩小从小圈到小球门的距离，调整难易度。

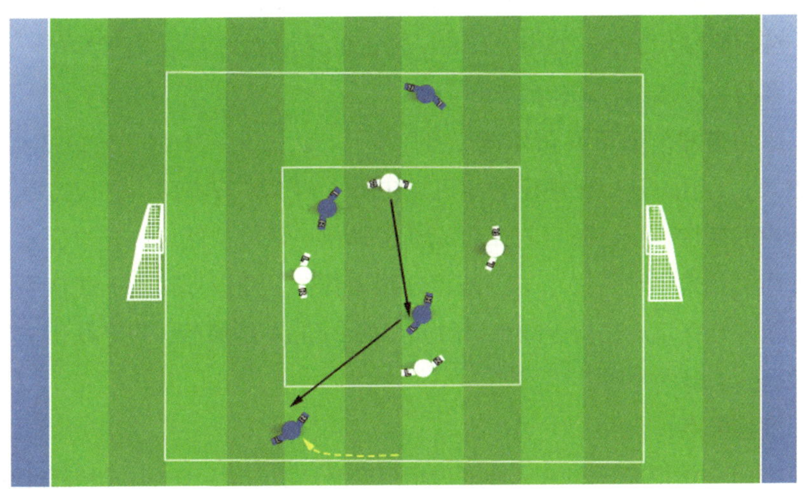

（a）

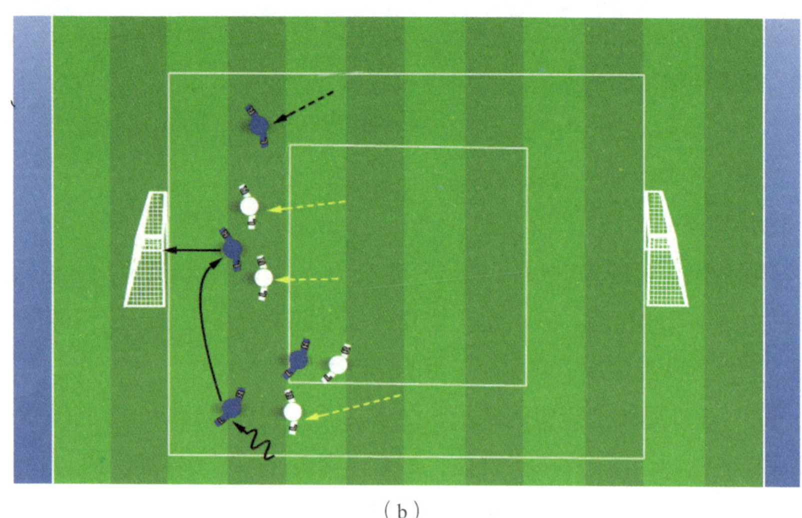

（b）

图 2-30　4 对 2 变 4 对 4 练习

（九）6 对 3+4（小球门）练习

练习目的：培养队员由守转攻时的快速进攻意识。

练习区域：25 m × 25 m、12 m × 12 m 的区域。

器材：小球门、球、标志服。

练习方法：练习设置如图 2-31 所示。队员 3 人 1 组，分成 3 组，2 组进攻，1 组防守，在规定的小区域内做 6 对 3 攻守练习。进攻方尽量在区域内保持控球权，防守方如果抢断了球权，可以从区域内进攻任意 1 个小球门。如果将球踢进小球门或将球踢出界外，应以 6 对 3 形式从小区域内重新开始练习。在规定的练习时间（如 2 min）结束后，攻守队伍交换，计算得分，多者为胜。

指导要点：

（1）小圈内防守的 3 人要通过相互交流，协作进行防守，抢夺球权。

（2）队员尽量在容易发动进攻的区域或在面向小球门的方向抢夺球权（小球门前、面向外圈时抢球）。

（3）如果队员能预测出球的发展趋势，在夺回球权之前就要做进攻的准备（更靠近小球门的位置选位、更加适合进攻的身体方向）。

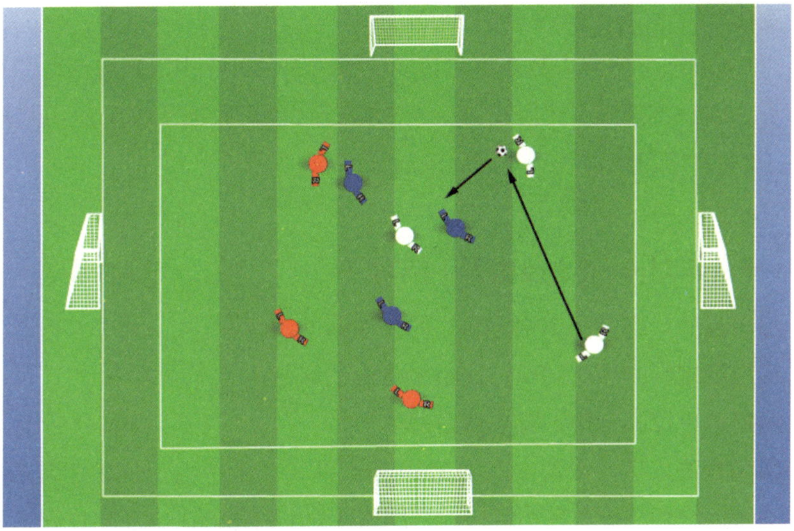

（a）

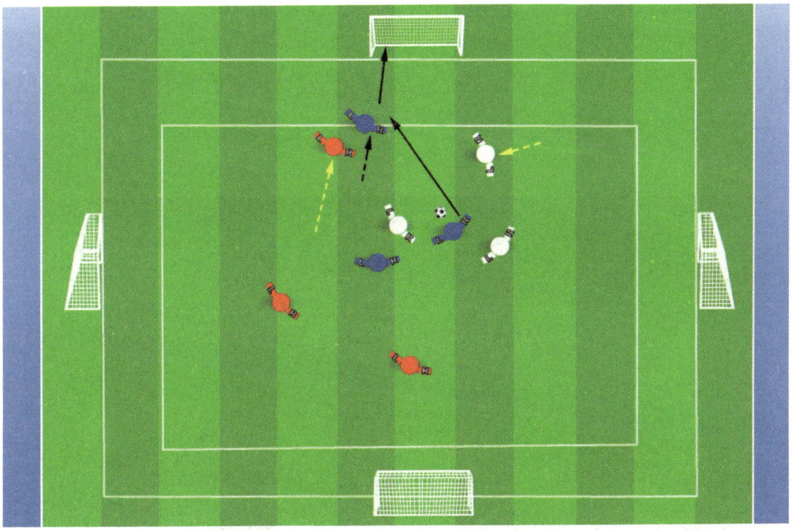

（b）

图 2-31　6 对 3 + 4（小球门）练习

（4）如果队员从小圈摆脱了出来，在对手实施立即压迫防守封堵之前，快速向小球门方向发动进攻（射门、向同伴传球、个人突破）。

变化：

（1）本练习如果人数较少，可变成 3 对 3+2（自由人）练习，即 3 对 5 练习；如果人数较多，可以安排成 8 对 4 练习；也可以选择放置 2 个小球门。

（2）本练习也适用于立即压迫防守练习。

（十）4 对 4+4（自由人）练习

练习目的：培养队员由守转攻时的快速进攻意识。

练习区域：30 m × 30 m、15 m × 15 m 的区域。

器材：小球门、球、标志服。

练习方法：练习设置如图 2-32 所示。队员 4 人 1 组，分成 3 组，分别穿不同颜色的标志服。在小区域内 2 组做 4 对 4+1（自由人）的攻守练习。进攻方连续传球 5 次以上得 1 分。防守方获得球权后，将球传给任意 1 名外圈的自由人，并在接到自由人回传的球后完成射门，如果进球可得 2 分。自由人只能 1 次触球。在规定的练习时间（如 2 min）结束后，攻守队伍交换，计算得分，多者为胜。

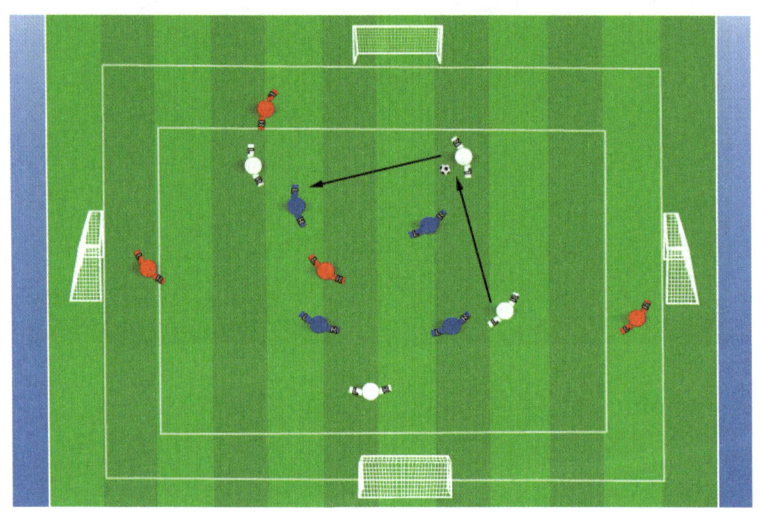

（a）

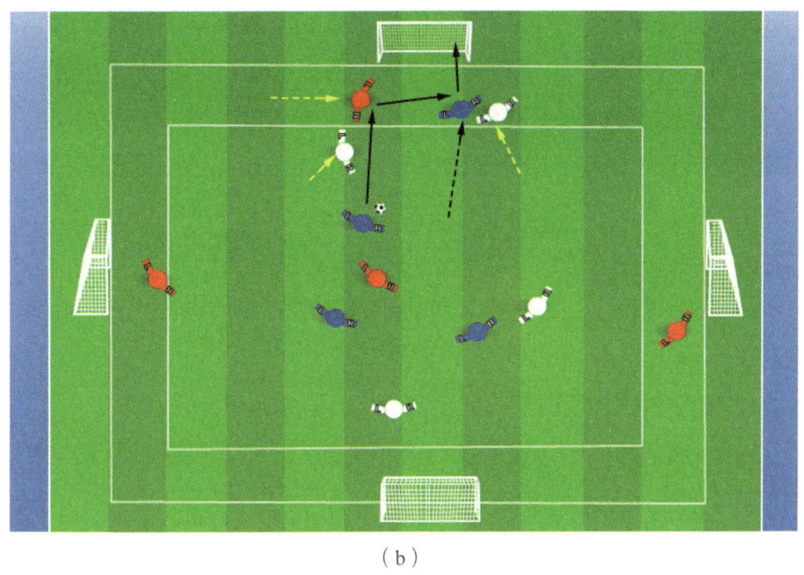

（b）

图 2-32 4 对 4+4（自由人）练习

指导要点：

（1）自由人应该一边判断球的发展趋势，一边在外圈移动，选择更容易接到球的位置。

（2）不仅是自由人需要判断球的发展趋势，其他的队员也要时刻判断球的发展趋势，通过第 3 人的移动接应，接自由人的回传球完成射门。

变化：

（1）本练习可通过改变小圈和大圈场地的大小，调整训练难易度。

（2）本练习方法也适用于立即压迫防守练习。

（十一）4 对 4+1（自由人）练习

练习目的： 培养队员由守转攻时的快速进攻意识。

练习区域： 30 m × 30 m、15 m × 15 m 的区域。

器材： 小球门、球、标志服。

练习方法： 练习设置如图 2-33 所示。队员 4 人 1 组，分成 2 组，在规定的区域内做 4 对 4+1（自由人）的攻守练习。进攻方连续传球 5 次，得 1 分。

如果防守方获得球权，从内圈将球传给了跑到外圈接球的同伴，并且将球踢进小球门，得 2 分。如果在传球之前，反击队员已经跑出了小圈将被判越位，练习回到小圈内重新开始。进球得分后或球被踢出界，攻守队伍交换，从小圈内重新开始练习。在规定的练习时间（如 3 min）结束后，计算得分，多者为胜。

指导要点：

（1）获得球权后，在对手实施立即压迫防守封堵进攻之前，快速完成渗透传球。

（2）接球队员必须注意前插接应时机，避免越位犯规。

（3）当前插队员因为对手的防守不能射门时，其他反击队员也要到外圈来接应创造射门机会。

变化：

（1）本练习可依据人数多少变成 3 对 3+1 练习或 5 对 5+1 练习，也可以只设置 2 个小球门。

（2）本练习也适用于立即压迫防守练习。

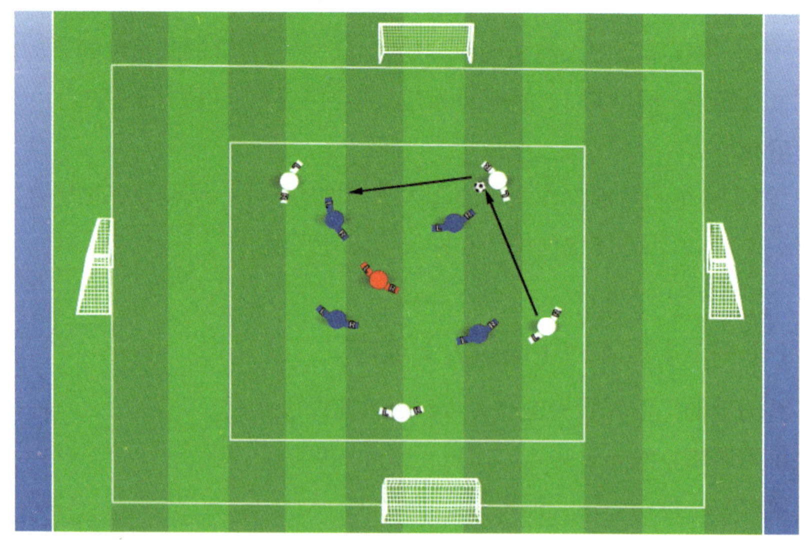

（a）

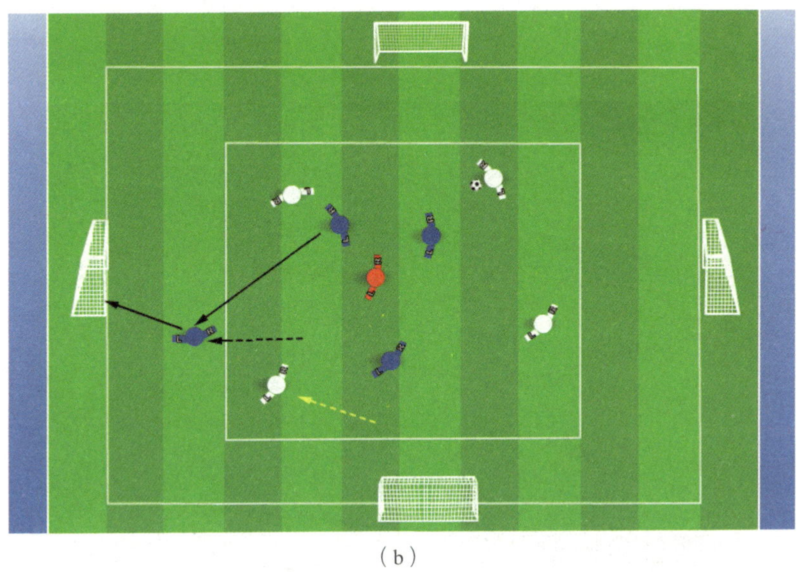

（b）

图 2-33　4 对 4+1（自由人）练习

（十二）球门前 4 对 4+4（自由人）练习

练习目的：培养队员由守转攻时的快速进攻意识。

练习区域：30 m × 30 m 的区域。

器材：球门、球、标志服。

练习方法：练习设置如图 2-34 所示。队员 4 人 1 组，分成 3 组，分别穿不同颜色的标志服。在规定的区域内 2 组做 4 对 4 攻守练习，第 3 组在区域外做接应自由人，辅助进攻方控球。接应方只能一脚触球，并且不允许接应人之间传球。进攻方连续传球 10 次得 1 分。防守方断球后，进攻球门（加入越位规则），如果进球可得 3 分，如果将球破坏可得 1 分。在规定的练习时间（如 3 min）结束后，交换进攻球门的队伍，练习结束后，计算得分，多者为胜。

指导要点：

（1）获得球权后，在对手实施立即压迫防守封堵进攻之前，快速完成渗透传球。

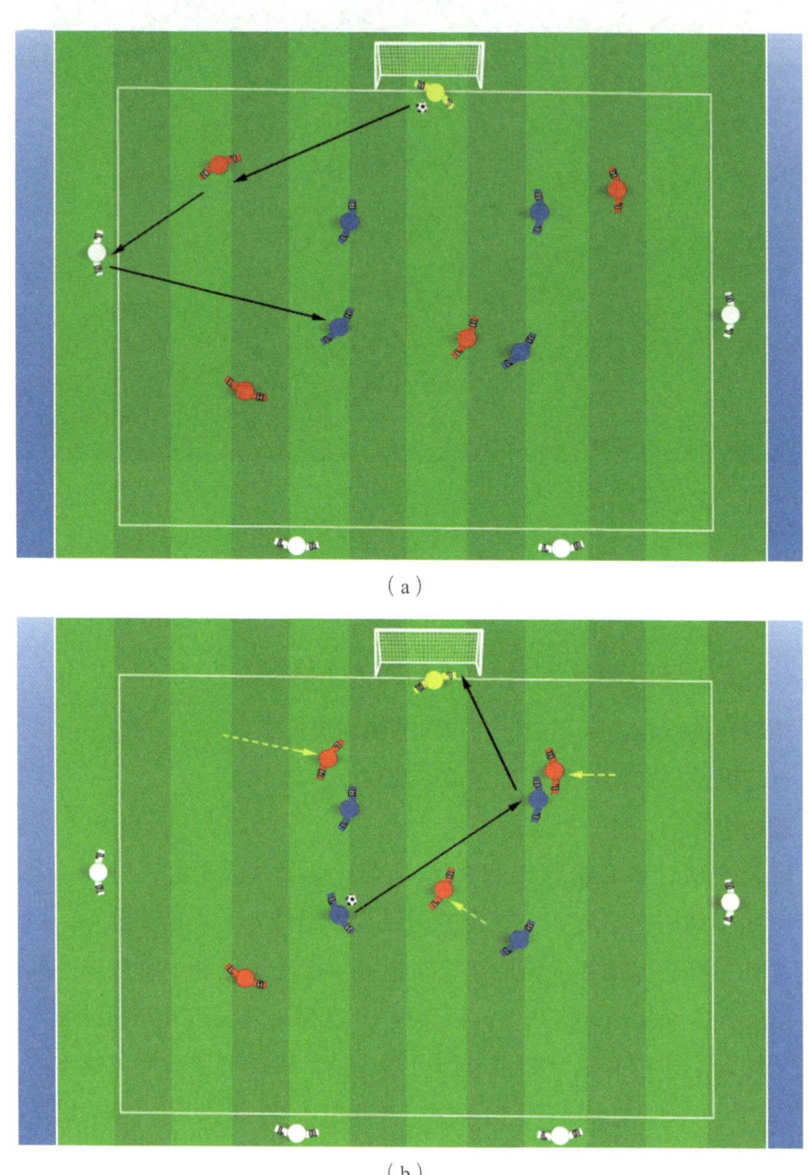

图 2-34　球门前 4 对 4+4（自由人）练习

（2）接球队员必须注意前插接应时机，避免越位犯规。

（3）当前插队员因为对手的防守不能射门时，其他队员也要接应，并创造射门机会。

（4）当进攻球门时球被抢断，队员要通过立即压迫防守夺回球权，重新组织进攻。

变化：

（1）本练习可依据队员人数和技术水平，调整场地的大小。

（2）本练习也适用于立即压迫防守练习。

（十三）4 对 4+4（接应人）练习

练习目的：培养队员由守转攻时的快速进攻意识。

练习区域：20 m × 30 m 的区域。

器材：球门、球、标志服。

练习方法：练习设置如图 2-35 所示。队员 4 人 1 组，分成 3 组，在规定的区域内做有攻防的 4 对 4 小场地比赛。每支队伍在进攻球门的两侧安排 1 名接应人，在进攻的时候协助场内队员完成进攻。进球得分时，进攻队伍的全体队员必须越过中线。接应人最多触球 2 次。在规定的练习时间（如 4 min）结束后，交换接应人。最后计算得分，多者为胜。

指导要点：

（1）队员获得球权后，利用直传球向远端接应人传球，从人员密集区域摆脱。

（2）给接应人传球后，全体人员快速跟进压上，制造射门机会。

（3）在快速跟进时，队伍应尽量保持紧凑队形，这样一旦失去球权，能够实施立即压迫防守。

变化：

（1）本练习可依据队员人数和技术水平，调整场地大小。

（2）本练习可以增加守门员［参照第一章练习（十三）的方法］。

（3）本练习也适用于立即压迫防守练习。

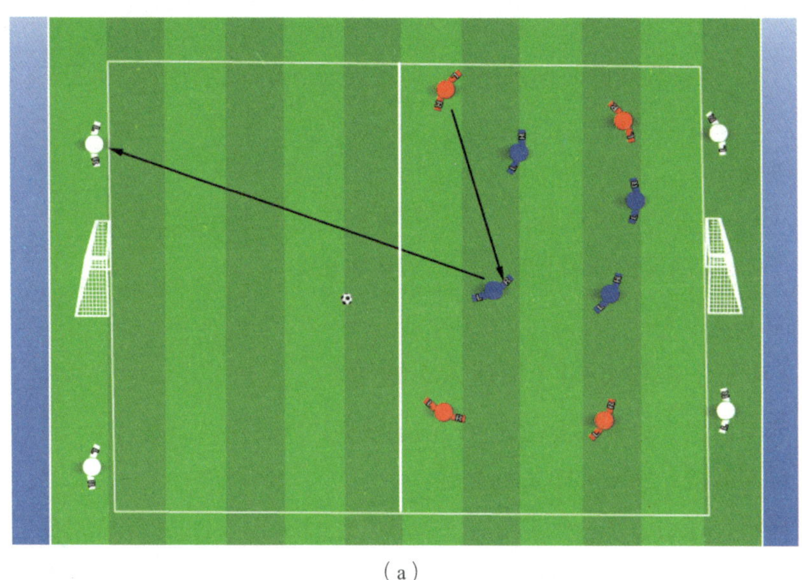

（a）

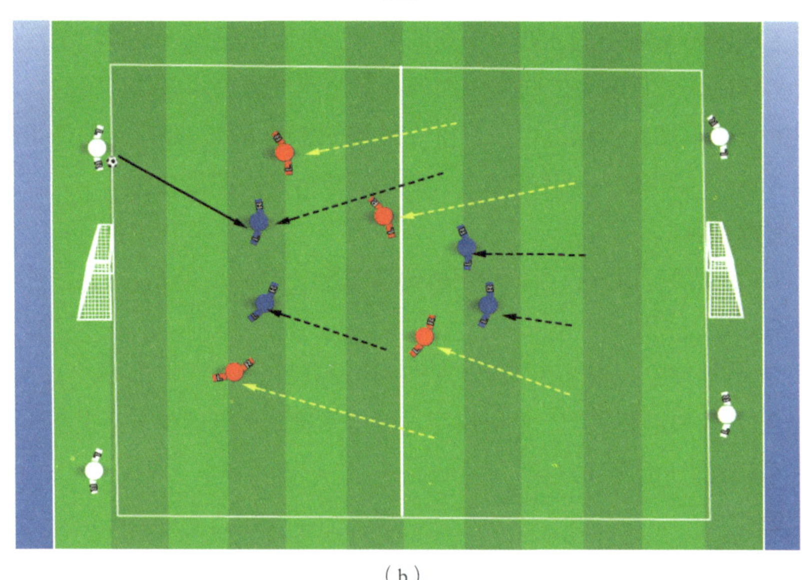

（b）

图 2-35　4 对 4+4（接应人）练习

（十四）边路传中情景下的 3 对 3+1（守门员）练习

练习目的： 培养队员由守转攻时的快速进攻意识。

练习区域： 1/2 足球场。

器材： 球门、球、标志服。

练习方法： 练习设置如图 2-36 所示。将队员分成攻守 2 组，4 人进攻、4 人防守，双方队员在距离球门 25 m 左右的中路区域做 3 对 3 攻守练习；另外在边路区域安排 2 人，相距 3 m 做 1 对 1 攻守练习。在边路的 2 名队员做连续一脚传球，当进攻队员接球向前时，防守队员应立即跟进防守；边路进攻队员在对手拦截和封堵传球路线之前，完成传中球进攻。

指导要点：

（1）中路向前推进的队员，应注意前插时的时机和层次。

（2）当队员进入球门前区域准备包抄时，可以采用突然加速的方式摆脱防守，寻找只看球的防守队员身后的空当（前点、后点、第二空当、守门员与后卫之间的空当）前插。

（3）传球队员尽量传平快球，因为对于一边回撤，一边防守的后卫来说，如果注意力集中在球上，那么就很难盯住人。

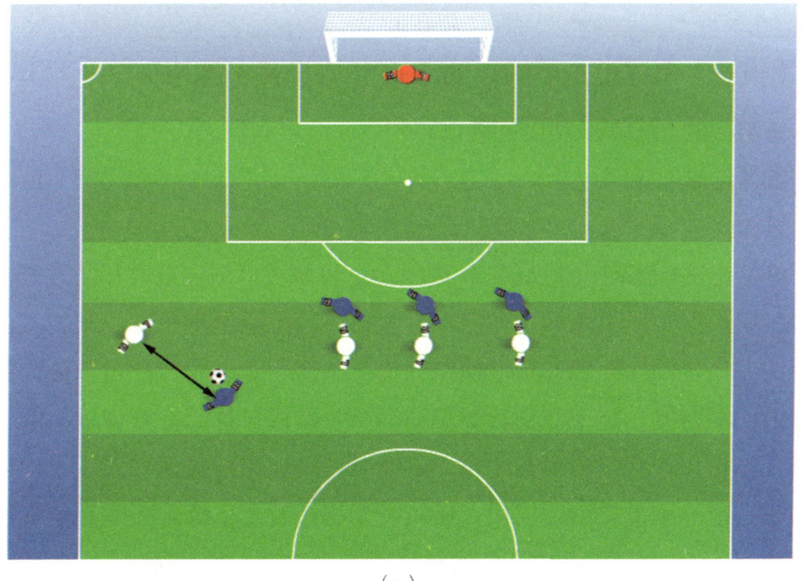

（a）

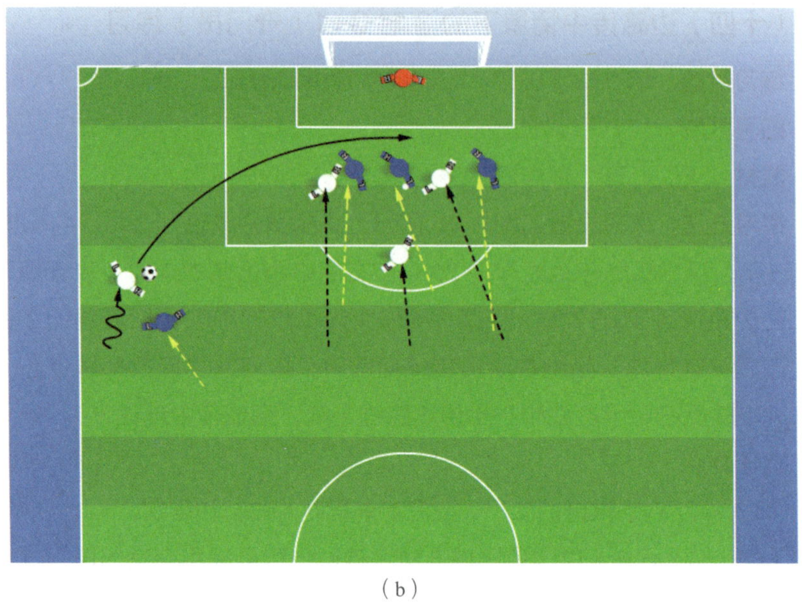

（b）

图 2-36　边路传中情景下的 3 对 3+1（守门员）练习

变化：本练习可通过改变防守队员（边路和中路队员）人数（1 对 0 变 3 对 2、1 对 1 变 2 对 3 等），调整难易度。

（十五）角球反击中的 3 对 3+2（守门员）练习

练习目的：培养队员由守转攻时的快速进攻意识。

练习区域：足球场。

器材：球门、球、标志服。

练习方法：练习设置如图 2-37 所示。将队员分成进攻方和防守方，在一侧禁区内做 3 对 3 角球攻守练习。这个练习在运用于角球反击战术训练的同时，也可以作为足球专项体能训练方法使用。进攻方在角球进攻中以包抄射门为目的，防守方的队员和守门员协作保护球门，获得球权后立即发动反击进攻。练习要有备用球，以便于在角球传球失误或对手完成射门的时候，能马上提供给守门员，使其发动快速反击。练习应规定一次反击进攻时间（如 0.5~1 min），练习结束后计算总分，多者为胜。

指导要点：

（1）队员可通过争夺二点球发动快速反击进攻。

（2）如果能够判断出守门员在获得球权会发动反击时，队员要提前向纵深空当前插，这样就能比对手更快地靠近对手球门。

（3）当反击开始后，无球队员要向纵深前插，这样就可以超过持球队员，并吸引防守队员注意力；而此时持球队员可以选择传球或快速运球向对手球门推进。

变化：

（1）本练习可变化对抗人数。

（2）本练习可以设置从边路的任意球开始发起反击进攻。

（3）本练习也适用于立即压迫防守练习。

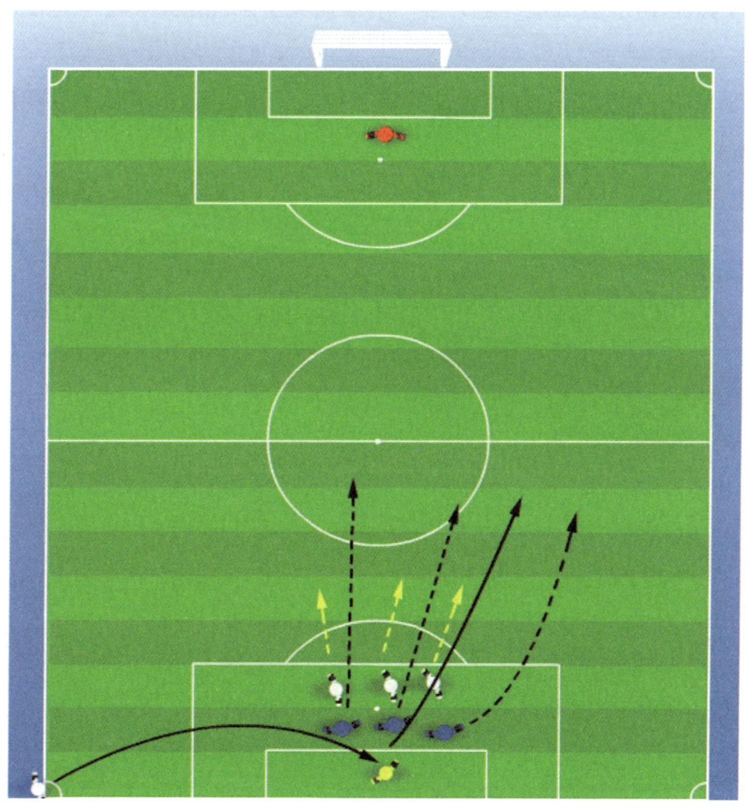

图 2-37 角球反击中的 3 对 3+2（守门员）练习

（十六）3 对 1 变 3 对 3+1（守门员）练习

练习目的： 培养队员由守转攻时的快速进攻意识。

练习区域： 1/2 足球场中路罚球区与中线之间的区域，另外在距离中线 10 m 的地方画一条平行线，作为进攻 3 对 1 区域。

器材： 球门、小球门、球、标志服。

练习方法： 练习设置如图 2-38 所示。练习由 3 对 1 攻守开始，持球队员可以选择纵向传球给前锋、从该区域前插接应的队员，也可以选择运球出区参与进攻。只要球离开这个区域，在前场就变成了 3 对 3 加 1 名守门员的攻守局面。进攻方以射门为目标，防守方如果成功断球，可以选择进攻小球门或者连续传球 5 次。

指导要点：

（1）在 10 m 区域控球的时候，前锋避免全部向前插，注意跑动的时机和层次。

（2）如果发现了由前锋创造的第二空当，那么 10 m 区域的队员应立即前插接球。

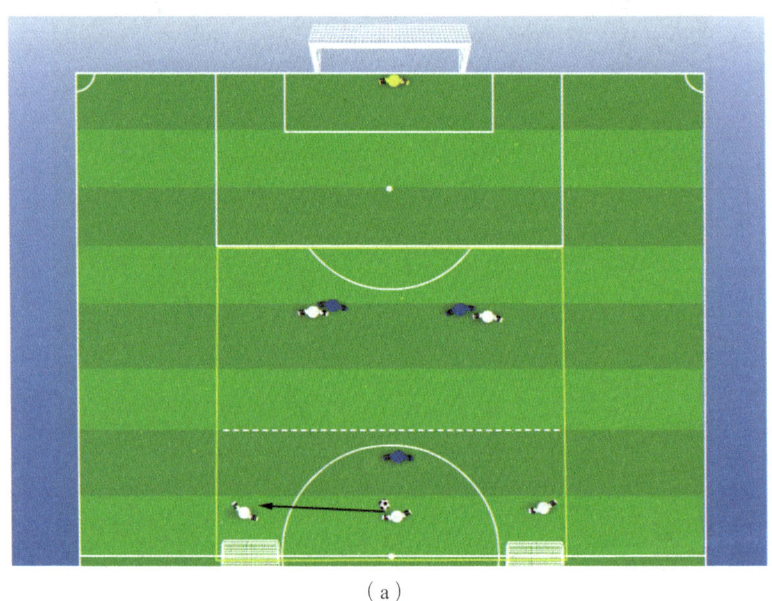

（a）

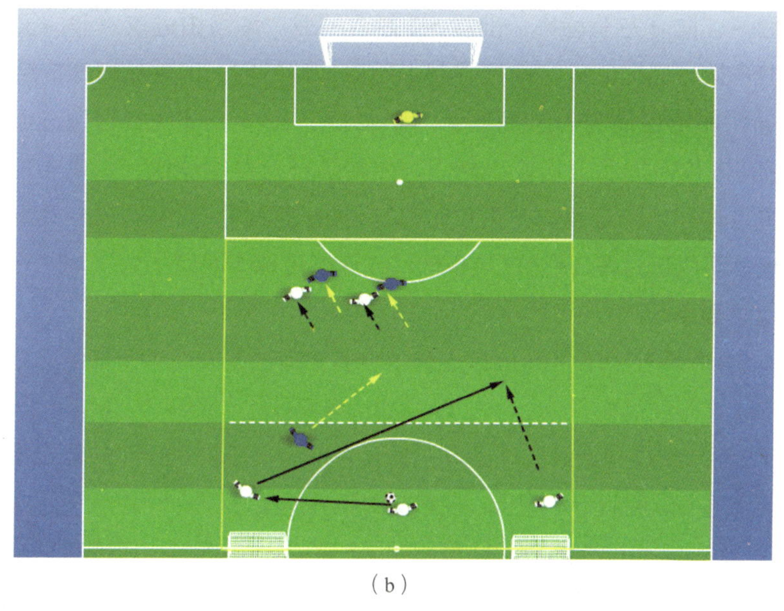

（b）

图 2-38　3 对 1 变 3 对 3+1（守门员）练习

（3）一旦球出了 10 m 区域，队员应避免横传球和慢速运球，尽量快速运球或向防守队员身后传球，创造进球机会，完成射门。

（4）前锋利用斜向移动（斜线跑），选择恰当的时机，向防守队员的身后前插，快速接近球门。

（5）防守队员夺球后，依据临场情况做出判断，可以选择发动快速反击，或者采用更加稳妥的控球战术。

变化：本练习可改变要求，让所有人都进入前场区域参与攻守。

（十七）2 对 1 变 4 对 3+1（守门员）练习

练习目的：培养队员由守转攻时的快速进攻意识。

练习区域：1/2 足球场，在边线与中线之间的夹角处画一个 10 m × 10 m 的区域，并放置小球门。

器材：球门、小球门、球、标志服。

练习方法：练习设置如图 2-39 所示。进攻方有守门员、2 名中卫和 1

名边后卫；防守方有前锋、前腰、2 名边前卫。练习由进攻方守门员传给中后卫开始，此时防守方前锋限制中后卫传球方向，迫使其将球传给在中场 10 m × 10 m 区域内的边后卫后，前锋继续向回施压进入此区域进行 2 防 1 练习。进攻方边后卫进攻小球门，如果防守方获得球权，则以 4 对 3 的形式进攻球门。防守反击方进攻时有越位规则限制。如果进攻方又重新获得球权，可以选择在 5 s 内进攻小球门或连续传球 5 次以上。

指导要点：

（1）如果在 10 m × 10 m 区域夺得球后，首选是向对手两名中卫之间的区域传球。

（2）如果纵向渗透传球困难，那么夺球队员应快速运球向球门推进，或者利用短传球给附近的同伴，使其向对手球门推进。

（3）前锋和边路的进攻队员不要同时跑向一个区域，应该向空当区域前插，在对手形成防守阵型之前，接同伴传球并向对手球门进攻。

（4）防守方如果可以预测到球的发展趋势，在夺球前就要做好进攻准备。

（5）进攻方重新夺回球后，应依据临场情况做出判断，可以选择发动快速反击，或者采用更加稳妥的控球战术。

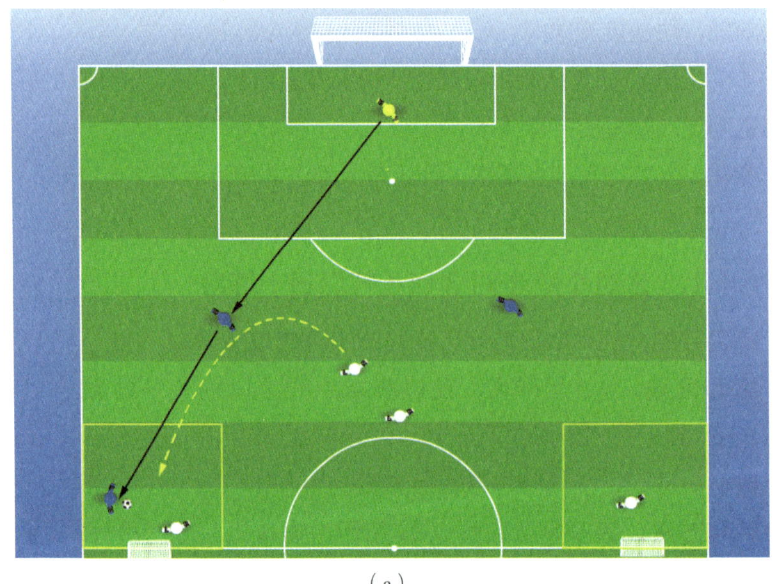

（a）

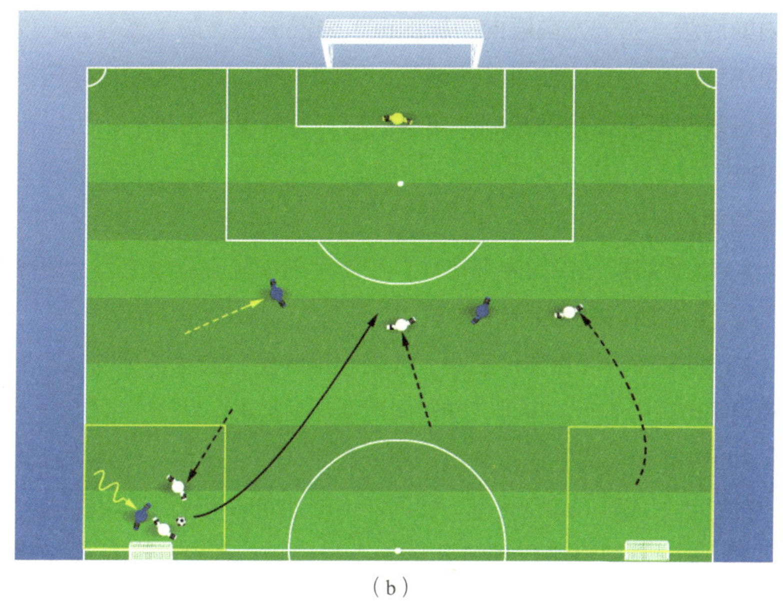

（b）

图 2-39　2 对 1 变 4 对 3+1（守门员）练习

变化：

（1）本练习可通过给进攻方增加边后卫或后腰（4 对 4+ 守门员，4 对 5+ 守门员），调整练习难易度。

（2）本练习可以与本章练习（十八）合并使用。

（3）本练习可增加人数，并依据实战形式进行。

（十八）2 对 1 变 5 对 5+1（守门员）练习

练习目的：培养队员由守转攻时的快速进攻意识。

练习区域：1/2 足球场。

器材：球门、小球门、球、标志服。

练习方法：练习设置如图 2-40 所示。将队员分成进攻方和防守方。进攻方由守门员、2 名中后卫、2 名边后卫和 1 名后腰构成；防守方由前锋、前腰、2 名边前卫和 1 名后腰共 5 人构成。练习由进攻方守门员传给中后卫开始，此时防守方前锋限制进攻方中后卫传球方向，迫使其将球传给在中圈内的后腰，防守方前腰向回施压进入中圈进行 2 防 1 练习。进攻方后腰进攻小球门，防守方如果获得球权，则以 5 对 5 的形式进攻球门。防守反击方进攻时有越位规则限制。如果进攻方又重新获得球权，可以选择在 5 s 以内进攻小球门或连续传球 5 次以上。

指导要点：

（1）队员如果在中圈内夺得球，在对手形成防守阵型之前，应尽量向纵深区域（4 名后卫之间空当）传球。

（2）如果纵向渗透传球困难，那么夺球队员应快速运球向球门推进，或者利用短传球给附近的同伴，使其向对手球门推进。

（3）前锋和边路的进攻队员不要同时跑向一个区域，应该向空当区域前插，在对手形成防守阵型之前，接同伴传球并向对手球门进攻。

（4）防守方如果可以预测到球的发展趋势，在夺球前就要做好进攻准备。

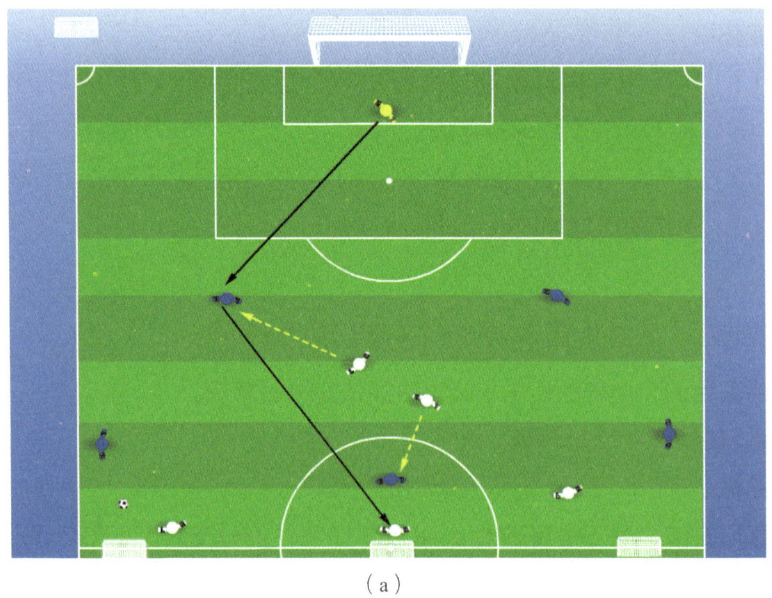

（a）

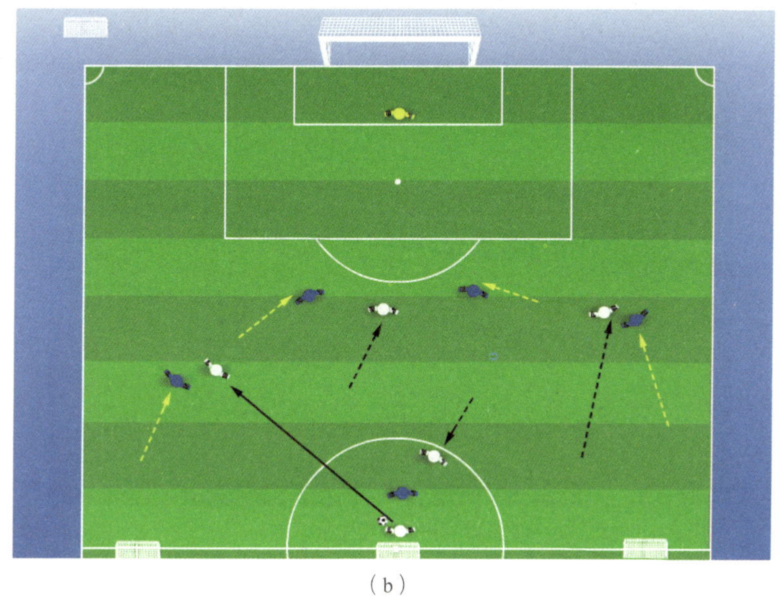

（b）

图 2-40　2 对 1 变 5 对 5+1（守门员）练习

变化：

（1）本练习可通过给进攻方中后卫之间增加后腰（5 对 6+ 守门员），调整练习难易度。

（2）本练习可以与本章练习（十七）合并使用。

（3）本练习可增加人数，并依据实战形式进行。

练习（十七）与练习（十八）的变化：7 对 6（半场攻守）

1. 现代式反击战术练习

现代式反击战术练习如图 2-41 所示。

（1）队员在前场中路高位夺球，应抓住一瞬间的空隙，向防守线后面纵深传球。

（2）前锋在向看球后卫的身后前插时，尽量采用斜线跑方式。

（3）队员尽量在中路抢夺球权，因为在这种状态下，队员具备了左右两种进攻路线的选择条件。

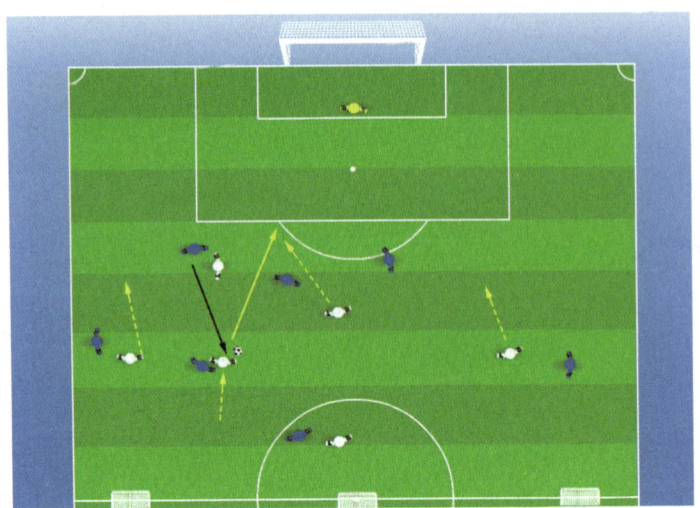

图 2-41　现代式反击战术练习

2. 小组反击战术练习

小组反击战术练习如图 2-42 所示。

（1）队员夺得球权后，不是直接进攻对手身后空当，而是通过诱使对手防守线向中路靠拢后，边路队员向出现的空当前插进攻。

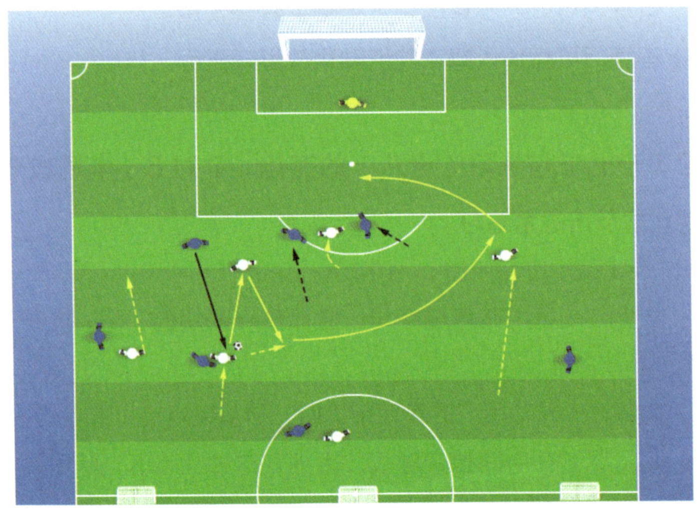

图 2-42　小组反击战术练习

（2）在参与进攻的人数多时，个人应尽量减少触球次数，应一边快速短传，一边向前推进，这样对手不容易形成密集包夹的防守状态。

3. 个人反击战术练习

个人反击战术练习如图 2-43 所示。

（1）在前场没有特别好的传球路线时，夺得球权的队员应采用快速运球的方式向对手球门进攻。

（2）在运球过程中队员须随时观察有没有传球的机会，因为同伴的行动可能吸引防守队员的注意力，所以可能为个人运球突破进攻创造机会。

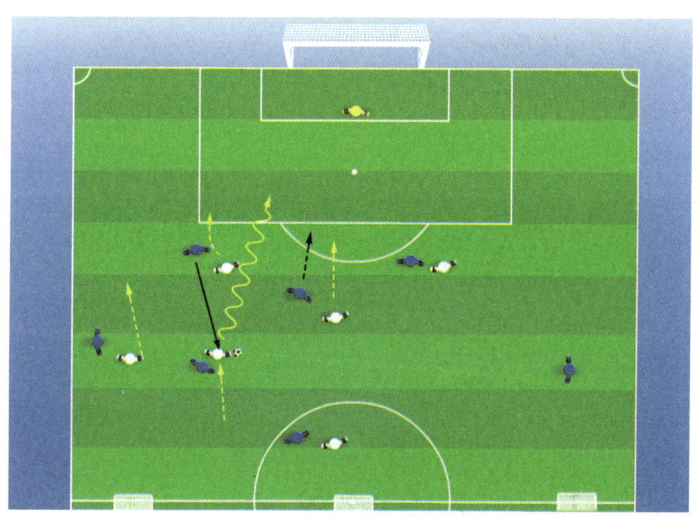

图 2-43　个人反击战术练习

（十九）9 对 8+1（守门员）练习

练习目的： 培养队员由守转攻时的快速进攻意识。

练习区域： 2/3 足球场。

器材： 球门、小球门、球、标志服。

练习方法： 练习设置如图 2-44 所示。在中线的前后延伸 15 m 处各画一条平行线，两条线之间构成一个中场区域。进攻方由守门员、中后卫、边后卫、后腰、边前卫和前腰构成；防守方由边后卫、后腰、边前卫、前腰和前锋构成。练习由守门员发球给中后卫开始，向 3 个小球门方向进攻。一旦球进入中场区域，就不能再回传守门员了。只要球进入中场区域，防守方就可以开始实施防守，在防守反击进攻时有越位规则限制。

指导要点：

（1）中场开始的反击进攻训练，攻守双方都使用 4-2-3-1 阵型。

（2）其他要点参照本章练习（十七）和练习（十八）。

变化：

（1）本练习可依据阵型体系不同，调整进攻方和防守方队员的练习起始位置。

（2）11 对 11 的比赛，可在中场区域设置反击战术练习。

（3）本练习可依据队伍整体防守战术，确定反击战术。

（4）本练习也适用于立即压迫防守练习。

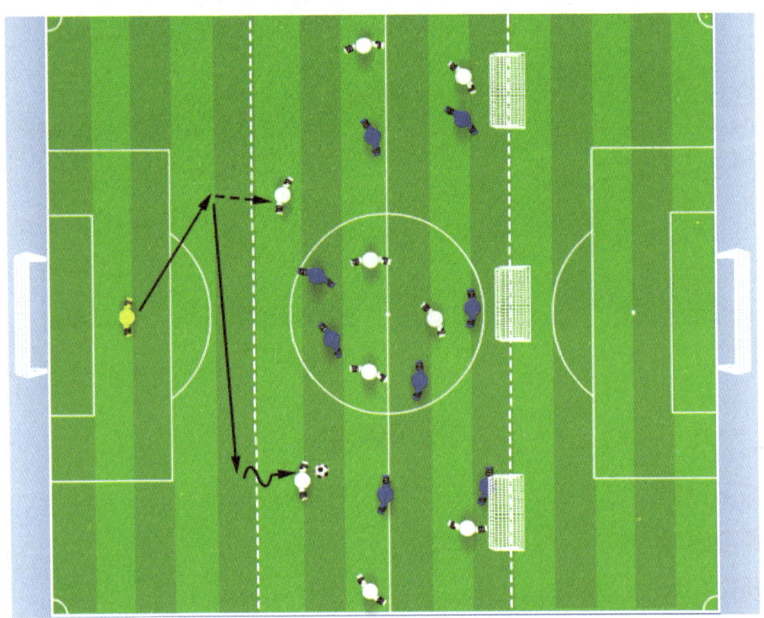

图 2-44　9 对 8+1（守门员）练习

（二十）6 对 6（后场反击进攻）练习

练习目的： 培养队员由守转攻时的快速进攻意识。

练习区域： 足球场。

器材： 球门、球、标志服。

练习方法： 练习设置如图 2-45 所示。从防守方半场开始练习反击战术。练习以防守方边后卫将球传给进攻方边后卫开始，以 6 对 6 形式进行。练习有越位犯规限制。

指导要点：

（1）进攻方采用 4-2-3-1 阵型，防守方采用 4-4-2 阵型。

（2）依据临场情况和队伍战术，双方分别使用传统反击战术和小组反击战术，并确定在实际比赛中采用的战术形式。

（3）场地的左右两侧都进行练习。

变化：

（1）本练习的防守方可以增加 1 名后腰，以 6 对 7 形式进行练习。

（2）两队可增加练习人数，最终按照 11 对 11 进行练习。

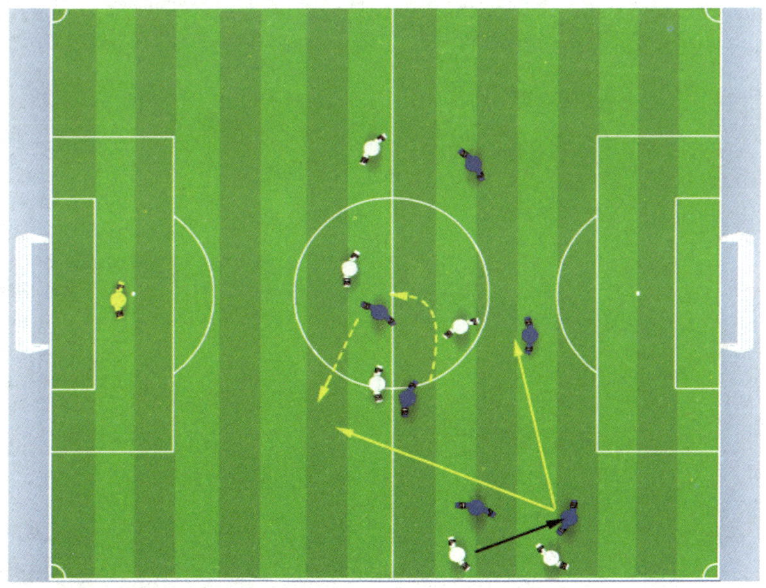

图 2-45　6 对 6（后场反击进攻）练习

第三章
压迫防守战术

● 本章提示

通过限制对手活动区域、在有球区域形成人数优势或在有球区域创造更多的 1 对 1 局面，来实施以抢球为目的且更加积极的防守战术。

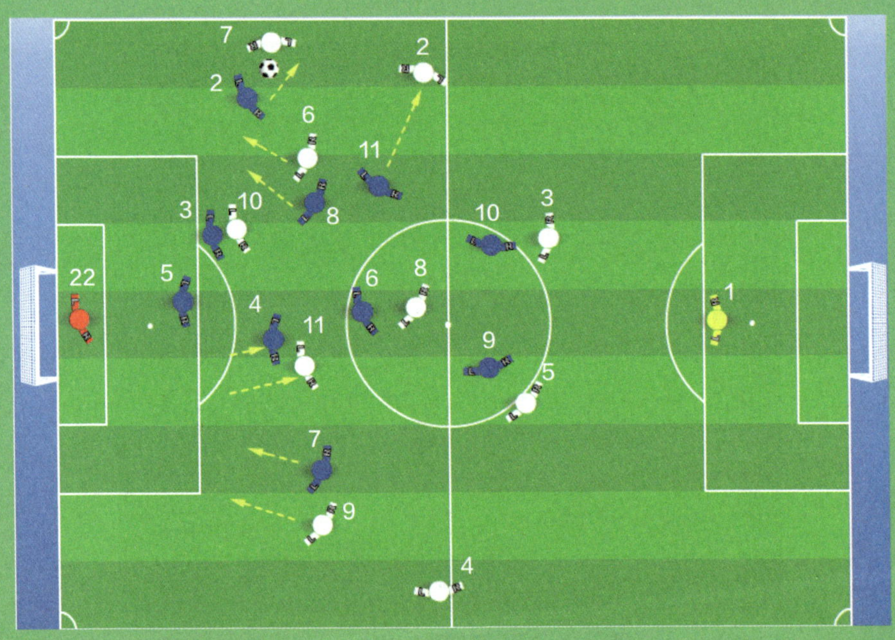

一、国际足球比赛趋势的演变

——随着时代变迁，防守战术在不断地发展，它与进攻战术相互制约、相互促进

以自由人和人盯人为核心的 3-5-2 阵型，使德国队获得了世界杯和欧洲杯冠军。但是在 1998 年的世界杯和 2000 年的欧洲杯上，德国队却在小组赛阶段就被淘汰。以这次失败为契机，德国足球界进行了各种改革方案的讨论。在技战术方面，德国队从其他竞争对手身上吸收了早已经不是最新战术的区域防守和四后卫防守战术。以不安和低迷的状态参加 2002 年日韩世界杯的德国队被迫进行了改变，放弃了以自由人和人盯人为核心的防守战术。虽然是在应急状态下的选择和改变，但是鲁迪 · 沃勒尔作为主教练却带领德国队取得了世界杯亚军的成绩。

区域防守是战术发展历史中的革命性举措。当然，防守体系的变化，也促进了进攻的发展。即使是现代足球比赛，防守和进攻也是相互制约、相互促进地持续发展，从国际大赛所表现的趋势中也能够看到这种发展变化的存在。

在 2004 年欧洲杯比赛中，利用与区域防守和四后卫防守趋势相反的自由人防守方式的希腊队虽然获得了冠军，但是当时的主教练却是德国人奥托·雷哈格尔。在 2006 年德国世界杯比赛中，区域防守的概念才被真正明确，前 4 名的球队（意大利队、法国队、德国队、葡萄牙队）都采用了以区域防守为基础，配备双后腰的战术体系。冠军球队意大利队选择在离本方球门 20~30 m 的区域，形成密集的防守阵型。这种在后场进行压迫防守的方式变成了后来比赛的防守战术趋势。在 2008 年的欧洲杯比赛中，很多球队都使用了这样的战术。

到了 2010 年南非世界杯，回收己方罚球区前沿，形成密集防守阵型的队伍又变少了。为了阻止对手在后场组织短传进攻，很多队伍使用了全队推进到中线附近后，在形成密集防守阵型的基础上进行压迫防守，以及依据临场情况进行前场高压防守的战术。另外，西班牙队的立即压迫防守被认为是后来比赛的防守趋势。在 2012 年波兰 · 乌克兰欧洲杯比赛中，很多

队伍都使用了这种防守战术。为了阻止当时已形成进攻趋势的后场组织进攻战术，很多队伍在对手发球门球时，都尽力阻断其后场传球路线，迫使对手踢长传球。

在 2014 年世界杯比赛中（表 3-1），虽然很多球队又开始采用三后卫和后场深度防守打法，但是冠军德国队却使用了在中场实施压迫的基本防守战术，并被认为是在比赛的攻守过程中防守成功率最高的球队。

表 3–1 德国足球协会对 2014 年世界杯前 4 名队伍的防守特征分析

队伍	防守特征
德国队	· 防守战术是以中场压迫防守为主，伺机实施前场高压和后场深度防守。 · 全体队员参与防守。 · 缩短队员之间的距离，保持密集的防守阵型。 · 采用立即压迫防守战术。 · 守门员的清道夫作用。
阿根廷队	· 防守战术是后场压迫防守，更多的是由 8 名队员完成防守。 · 梅西和伊瓜因几乎不参与防守。 · 个人短时间的立即压迫。
荷兰队	· 防守战术是五后卫和双后腰组成的密集防守体系。 · 后场低位的防守阵型。 · 对梅西进行人盯人防守。 · 五后卫跟人的人盯人防守。 · 伺机采用前场高压防守（在对阵哥斯达黎加队的比赛中采用）。
巴西队	· 防守战术思想和结构不明确。 · 双后腰的中场防守体系不成功。 · 纵深和横向宽度控制不好，不能保持密集防守阵型，容易出现空当。 · 防守纪律性不足。 · 经常采用战术性犯规。

二、人盯人与区域防守战术的比较

——相对于人数相等的人盯人防守，能够创造局部人员优势是区域防守的优点

人盯人防守和区域防守最大的不同，就是实施防守战术标准不同。人盯人是以对手的位置为基础的防守理念，区域防守是以球的位置为标准的防守理念。

以对手的位置为基础的防守战术，依据自己盯防队员的位置移动，自己也要相应调整位置，这种战术在比赛中常常被用于对特定队员的盯防。举个极端的例子，如果在比赛中除了守门员，场上所有的队员都去执行人盯人防守的话，那么场上就变成了 10 组 1 对 1 的局面。以前德国队非常执着地执行人盯人防守，甚至有的教练员会说“如果你盯防的队员上卫生间的话，你也要一起跟过去”，而且，当时的中后卫被称为“盯人中卫”。

即使在现在的比赛中，人盯人战术仍有被采用的时候。例如，对梅西这样的关键队员的防守，为了限制他的活动，对手常常会安排一个防守能力好的队员进行盯防。还有在角球、球门前的任意球防守时，为了明确盯防的对手，常常运用人盯人防守战术。

人盯人防守使每个队员更加明确自己的防守角色和任务，这是它的最大优势。但是，一旦被对手的行为吸引而离开自己的位置，他原来的位置就会露出空当，这也就有可能给对手提供了进攻的机会。另外，当转换成进攻时，本来应该在前锋线的队员，由于位置后撤距离过大而不能直接参与进攻，也有时会从自己不擅长的位置上开始参与进攻等，这些情况都会使队伍的整体平衡（战术体系）被破坏，因此也很难从理想的战术阵型下开始进攻。这也是人盯人防守战术的缺点之一，如图 3-1 所示。

（一）以人盯人防守为基础的防守

防守方采用 3-5-2 阵型，进攻方采用 4-4-2 阵型。

图 3-1 中的中场队员因为进行盯人跟防离开了自己的位置，被迫回到了后卫线，这种局面下防守方的防守失去了协防保护的平衡。

（1）蓝队有球侧后腰（8 号）：跟防对手前插的后腰（6 号）离开位置。

（2）蓝队右盯人中卫（4 号）：被对手回撤接球的前锋（11 号）吸引离开了位置，此时后卫线出现了空当。

（3）蓝队异侧右前卫（7 号）：被对手跑空当的左边前卫（9 号）吸引离开了位置，回撤到了防守线的位置。

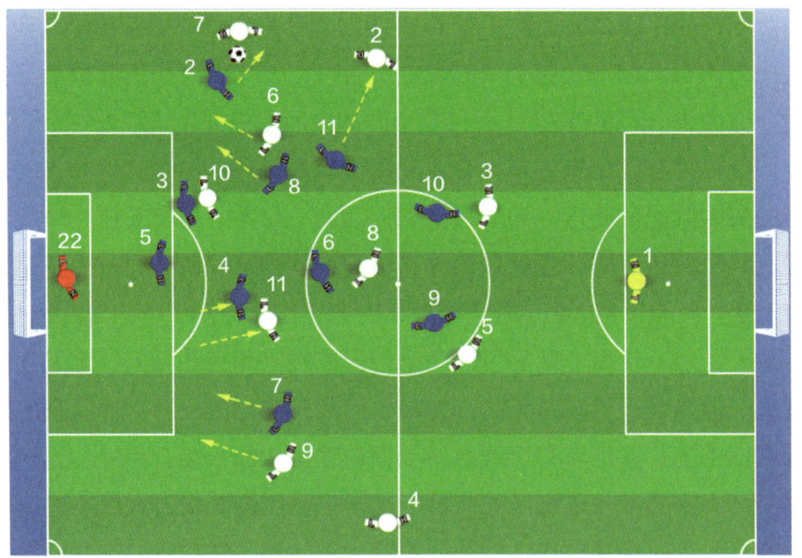

图 3-1　人盯人防守战术移动图

（二）以球的位置为基础的防守

以球的位置为基础的防守就是全队形成密集的防守阵型，它是依据球的位置来调整和移动的，并保持密集防守阵型（图 3-2）。

在防守阵型内每名防守队员都被分配了防守区域，每个人要负责防守自己的区域。近年来，在定位球（角球、任意球）的防守过程中，也能看到采用区域防守的队伍。

图 3-2　4-4-2 区域防守战术阵型

在人盯人防守中，如果自己眼前的对手进行了移动，那么自己必须也要进行跟随移动。在区域防守中，如果对手离开了自己负责的区域，原则上是将这名队员交给负责盯防该区域的队友来防守；即使在对手反复进行位置交换时，也应尽量通过交换防守队员来保持防守阵型内的队员位置不变。区域防守不会出现队员位置混乱的情况，这种防守在阵型尽量保持平衡的状态下将进攻变成了可能（表 3-2）。

表 3–2　人盯人防守与区域防守的优势与不足对比

	人盯人防守	区域防守
优势	· 防守任务分工明确。 · 防守针对性、计划性强。 · 有效限制核心队员。	· 防守以密集防守阵型为主。 · 通过合理的位置调整形成协防保护。 · 通过交换防守人，保持阵型完整。 · 通过交换防守人，减少无效跑动。 · 通过整体阵型移动，形成局部人员优势。 · 由守转攻时，避免了位置混乱。
不足	· 行动具有很大的被动性。 · 容易失去防守位置，暴露防守空当。 · 由防守转为进攻时位置容易混乱。	· 防守线之间的防守容易出现分工不清。 · 交换防守人时，容易出现漏人。 · 主动抢球的意识变弱。 · 防守线外围边路空间较大。 · 对于快速地来回传球，阵型变化容易跟不上球的移动速度。

但是，队伍由于形成紧凑防守阵型时会在防守线外围暴露很大的空间，所以对手可以采用长传转移，利用这些外围空间发动进攻；而且当对手进入防守线之间接球时，也会出现这个队员谁来负责盯人的犹豫和不明确的局面（图 3-3）；此外当对手频繁地进行位置交换并进攻时，由于交换防守的次数增加，所以同伴之间的信息交流就变成了非常重要的因素。

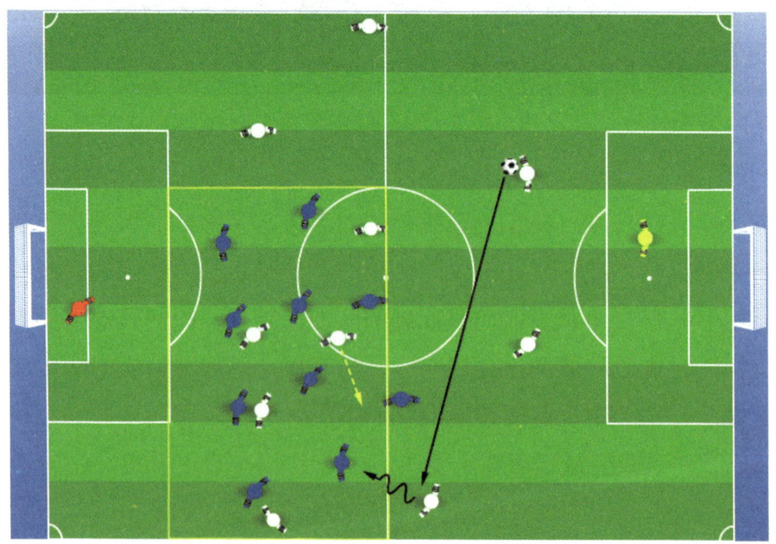

图 3-3　4-4-2 边路区域防守战术阵型

阵型内每名队员负责防守的区域，常常是有相互交叉和重叠的地方，因此可以在彼此之间形成相互协防保护的联防状态。例如，当有球区域的同伴依据球的位置进行位置移动时，就会缩短他与附近同伴间的距离，也就增加了彼此防守区域的重叠范围。如果有对方队员处于这个重叠防守的区域，那么就会制造出 2 对 1 的人数优势局面（图 3-4、图 3-5 ）。

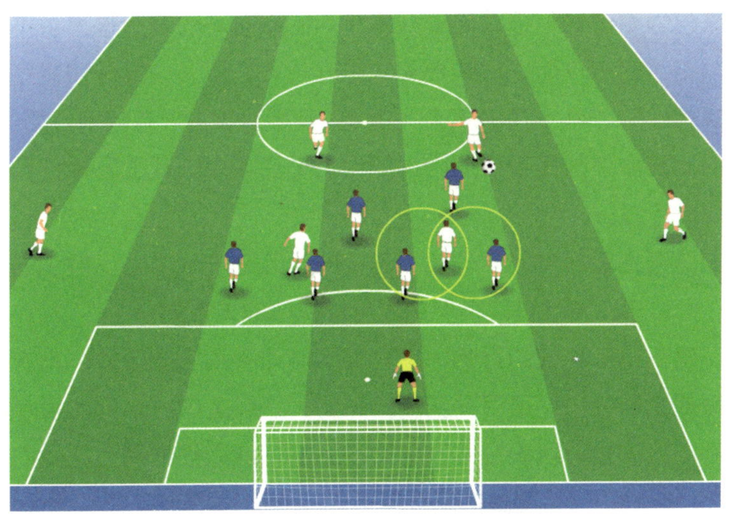

图 3-4　禁区前区域防守形成 2 对 1 局面

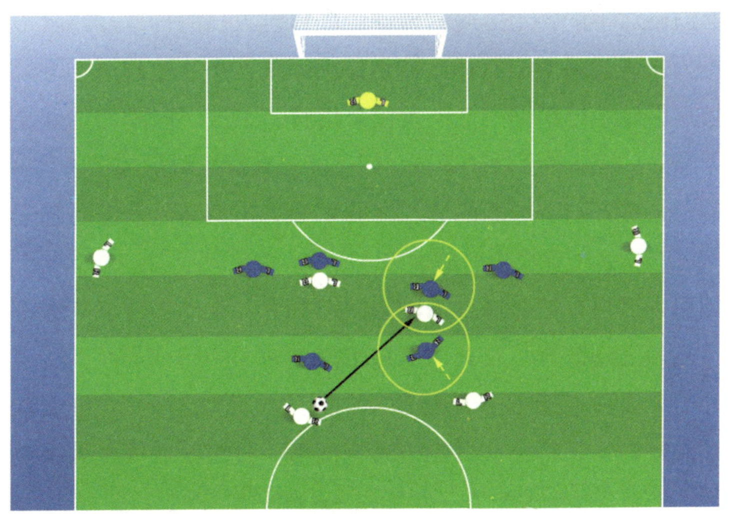

图 3-5　中路区域防守形成 2 对 1 局面

三、压迫防守的程序与任务分工

——限制对手活动区域、形成人数优势、围抢球权

以区域防守作为基础的现代全队防守战术大致可分为以夺球为目的的压迫防守和以不失分为目的的回撤布阵防守。在比赛中，压迫防守表现出以抢夺球权为首选的积极式防守战术；而回撤布阵防守则是为了不失分，设法化解对手的进攻而采取的被动式防守战术。在主动抢球和避免失分这个对立战术行为之间，还有限定对手行动、延缓对手进攻等战术行为的存在。在实际的比赛中，队员会依据临场的比赛局面和攻守状态选择性地使用这些防守战术行为。

压迫防守是以区域防守理念为基础的全队防守战术。虽然它的目的是要尽快夺回球权，发动进攻，但是也可以有效地防止失分。

为了达到抢夺球权的目的，首先要限制对手的活动区域，其次要在有球区域形成人数优势，最后是实施抢球行为。以上这一系列的程序需要全体队员都十分清楚。要限制对手的活动区域，就必须把队员之间的横向和纵向距离控制好，保持密集的防守阵型。

做好了防守，还要把能够变成压迫防守机会的行为作为开始行动的信号，包括迫使对手向特定区域的传球、向特定人员的传球及对手传球技术失误等行为。通过球周边队员（特别是前锋线队员）驱赶对手进入防守阵型内的特定区域，缩小他们活动范围，这样就形成了时间和空间立体面的压迫防守局势。缩小对手活动范围，如果能在有球区域形成了 1 对 1 局面，最理想的是形成 2 对 1 局面的话，就要积极地对持球队员进行防守，这也是抢夺球权的机会（球权争夺的区域）。

队伍可通过直接抢夺球或由周围队友截断对手的传球，来进行以抢夺球权为目的的压迫防守。在有球区域形成 2 对 1 的防守局面，在德国足球界被称为“夹击”，它是压迫防守战术中的关键行为之一。全队要想成功地实施压迫防守战术，每名队员的位置、任务、分工就变得尤为重要。下面举例说明。

（一）压迫防守的组织者

压迫防守的组织者就是压迫防守开始的指挥人。当发现可以实施压迫防守的机会时，也就是对手在比赛中出现了向特定区域的传球。压迫防守的组织者就是在向特定队员传球、自己的传球出现失误时，立即发出“向前”“靠近”等压迫防守信号的队员。该名队员一般由在有球区域、能够把握临场状态或有经验的队员担任，如组织型前卫（后腰）、中后卫。

（二）做驱赶的队员

做驱赶的队员也就是压迫防守开始的第一防守人。他的主要任务是对传球路线或运球方向进行限制，诱导和驱赶对手进入防守阵型内的特定区域，如前锋、边前卫。

（三）执行 1 对 1 施压的队员

执行 1 对 1 施压的队员就是给防守阵型内的持球队员制造抢球压力的队员。他可以进行 1 对 1 抢球，或是阻止对手向特定方向（特别是向前）推进，如边前卫、组织前卫（后腰）。在比赛中，如果这样的队员阵型区域意识过强（该做靠近实施抢球压力时仅仅是向有球区域做了移动，而没有向前制造抢球压力），那么一旦出现向持球队员抢球的速度慢或防守压力不够，就会给对手留下活动空间，使其从压迫的局面中摆脱出来。

（四）抢球的队员

抢球的队员就是指在抢球地点与执行 1 对 1 防守的队员一起夹击（2 人防守）持球人的队员。例如：边前卫与内侧进行保护的后腰之间形成的夹击，后腰与中后卫之间形成的夹击，前锋与进攻型前卫之间形成的夹击。

四、压迫防守的分类

——不同的压迫防守战术都存在部分区域重叠，交界线会随着临场情况的不同发生动态变化

如第一章所述，除了立即压迫防守外，压迫防守战术依据实施压迫防守的区域，分成前场压迫、中场压迫和后场压迫三种防守战术（图 3-6 至图 3-8）。

图 3-6　前场压迫防守区域

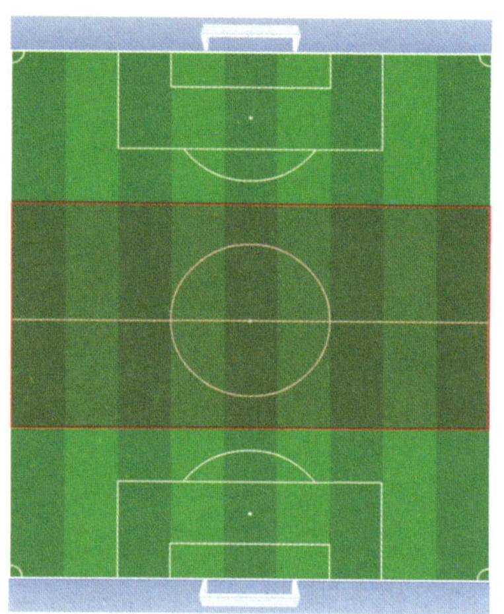

图 3-7　中场压迫防守区域

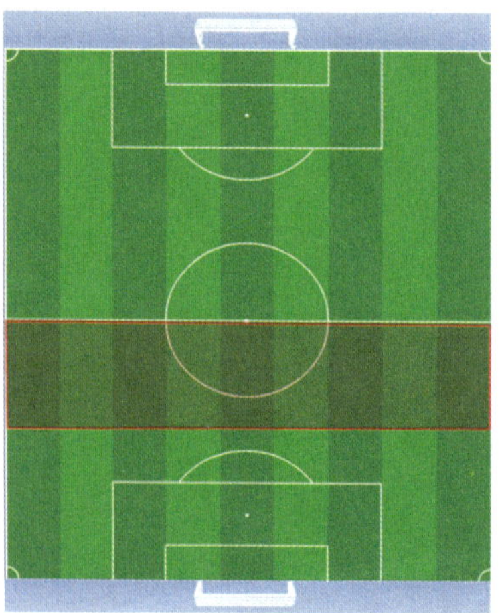

图 3-8　后场压迫防守区域

压迫防守的区域作为实施不同类型压迫防守战术的标志，有助于全体队员形成队伍攻守的整体战术。在每个压迫防守战术实施中，都包括了限制对手活动区域—在有球区域形成人数优势—抢夺球权这个过程，为了成功完成这个过程，实施压迫防守队伍的全体队员都应该进入压迫区域，并参与压迫防守过程。

各个压迫防守的区域由于存在部分区域相互重叠、界限不明确的情况，所以常常处在一个动态变化和相互交叉的状态。

后场压迫防守区域是指从中线开始到本方半场球门前20~25 m的区域。全体队员回到本方半场，后卫线的队员在本方半场罚球区稍微靠前的区域落位布阵，可以称之为压迫防守战术。

中场压迫防守比起后场压迫防守，整体防守阵型稍微向前。中场压迫防守的区域就是足球场上的中场区域。前锋线的队员一般在对方半场内，距离中线 10~15 m 的位置选位，后卫线的队员一般会在距离本方球门前 35 m 左右的区域选位。

前场压迫防守是在接近对手球门区域实施的最具攻击性的压迫防守，运用区域涉及对方整个半场。场上的全体队员都要进入对方半场，前锋线的队员通过识别做出压迫防守的行为，并从阵型前面就开始实施压迫防守。

另外，前文中曾提到过的回撤布阵战术，是全体队员回撤到本方球门前落位，形成防守阵型的一种战术。它不是以抢夺球权为目的的主动式防守战术，是一种依据对手攻击方式而采取相应对策，耐心等待对手自己失误的一种被动式防守战术。以上的战术行为表现被认为是与压迫防守战术最大的区别。

在实际的比赛中，队伍往往不可能在一个区域里进行防守，它会把基本战术的区域作为基础，依据临场的情况进行前后移动，甚至有的时候也会采用回撤布阵的防守方法。

五、中场压迫防守

——很多球队将它作为基本防守战术，那么它的基本要素是什么呢？

全场队员都应该在中场区域内选择落位位置，在中场形成以密集防守阵型为基础的压迫防守，这种防守作为主要防守战术被很多球队所采用。中场的压迫防守的基本要素与其他类别的压迫防守的基本要素一样。

（1）前锋线队员在对方半场内，距离中线 10~15m 的位置选位。他作为防守的驱赶队员应依据全队战术（在哪个区域抢夺球权），将对手的进攻向边路或中路区域驱赶。

（2）中场队员应在前锋线队员身后 10~15m 的位置落位，后卫线队员应在距离中场队员身后 10~15m 的位置落位，这样就可以在防守阵型内建立防守层次。

当球在压迫防守区域以外的区域活动时，队伍应在保持密集防守阵型的状态下，随着球的移动而调整阵型位置。如果球进入了压迫区域内特定的位置，队员一定要去积极地抢夺球权。如果对手的持球队员将球传给了防守阵型内的同伴，那么球所到达的区域内的队员就变成了新的第一防守人，而其应选择立刻靠近持球队员进行防守。此时球周围的队员应该以球为目标进行位置移动，并保持紧凑的防守阵型。

压迫防守并不仅仅是在压迫区域等着对手进攻时抢夺球权，还可以通过有计划性地靠近持球队员或提前将对手隔离等行为，将对手的进攻驱赶进入防守阵型内特定的区域（抢球的地点），有意地创造出在以多防少的状态下，积极性的抢球机会。

驱赶的队员要采用什么样、有计划的靠近办法呢？组织者把什么样的行为作为机会，发出开始压迫防守的信号呢？以 1 对 1 形式压迫的队员应该在什么时机、对什么样的队员进行隔离包围呢？谁是夹击防守时的抢球队员呢？这些行动都会因为自己和对手的战术体系、活动方式等方面的不同而发生变化。甚至是在什么区域夺球这样的全队战术策略或主教练的判断也都会对靠近对手或盯人的方法产生影响。

从下面开始，本书以进攻方、防守方都采用 4-4-2 阵型为例，解释在中场区域进行压迫防守的策略（表 3-3）。这里介绍的例子和指导要点也适用于对手半场和本方半场的压迫防守战术。分析对手的战术体系和活动方式，更加有利于发展适合自己队伍的战术策略和思想。

表 3-3　中场压迫防守战术实践中的策略及优缺点对比

策略	·在场地中路（对手的球门前面）抢夺球权，发动进攻。
优点	·可以更快地开始阻止对手后场组织进攻。
	·能够在更接近对手球门的区域抢夺球权，发动进攻。
	·因为是在中路抢夺球权，所以一旦发动进攻，可以选择左右两边和中路方向。
缺点	·虽然对手被逼近中路区域，但是一旦被突破，对手就有可能从中路发动进攻。
	·对手常常通过快速转移、长传球，来利用密集防守阵型外围留下的空间（边路、后卫线身后空当）。
	·采用后场压迫防守时，一旦驱赶对手进入中路压迫圈时，这时也会让对手更接近本方球门。

（一）场景 1：中场形成紧凑的防守阵型

守门员利用给中后卫的传球开始后场组织进攻。压迫防守战术：稳固中路，将对手进攻驱赶向边路（图 3-9）。

（1）依据球的位置，整体防守阵型稍微向左侧移动。

（2）如果对手中后卫接近压迫区域，本方前锋（驱赶的队员）从内侧向外侧以弧线跑位一点一点地靠近对手。

（3）另一名前锋在第一名前锋内线侧后方选位，切断对手后腰的传球路线。

（4）球异侧边后卫为了预防对手斜线长传球转移，不要过于靠近中路。

（5）有球侧边前卫向内线靠拢，阻断对手将球传给进入内线的右边前卫。同时其与对手的右边后卫也要保持一定距离，甚至让他处于自由的状态，诱使中卫把球传给他。如果从一开始就过于靠近右边后卫，对手为了确保安全就不会给他传球了。此时本方阵型内要有意地做出一个空当，让对手内切进中路的边前卫能够接到球。若对手没有出球路线，可能会选择向防守线身后踢长传球进攻，这样也就不能诱使对手进入压迫区域了。

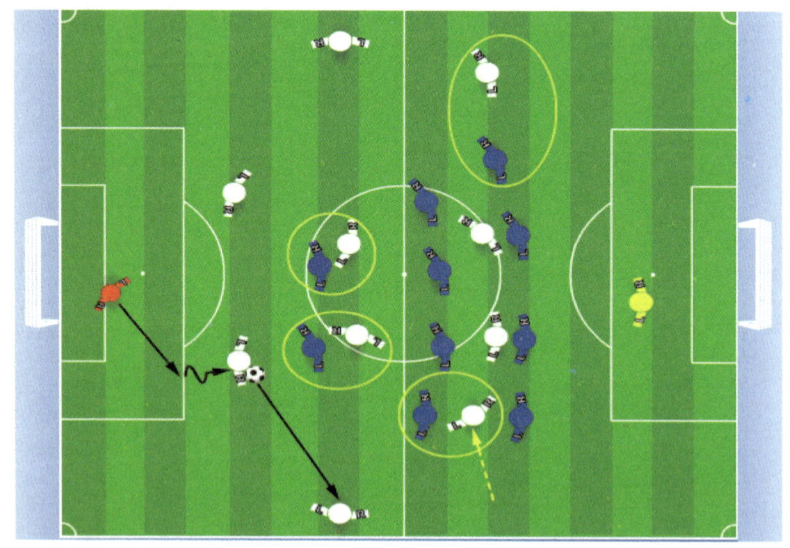

图 3-9　中场形成紧凑的防守阵型

● **场景 1 失误的例子。**

前锋线与中场队员防守移动不统一。紧凑的防守阵型没有保持好，给了对手传球的空间（图 3-10）。

（1）当对手进入压迫区域之前，若只有本方前锋线队员向对手中后卫实施压迫防守，就会扩大与前卫线队员之间的距离，留给对手传球的空间；而对手中卫可以选择给后腰传球或者给另一名中卫传球，轻易地就可摆脱 2 名前锋的防守。

（2）为了保持紧凑的防守阵型，队伍就要控制和避免前锋线单独行动，应该采取与前锋线移动相符合的行动策略，如前卫线和后卫线队员一起向前压上。

（3）为了统一全队的战术意图，全体队员的行动应在压迫防守方组织者的指挥下，保持相互之间的交流。

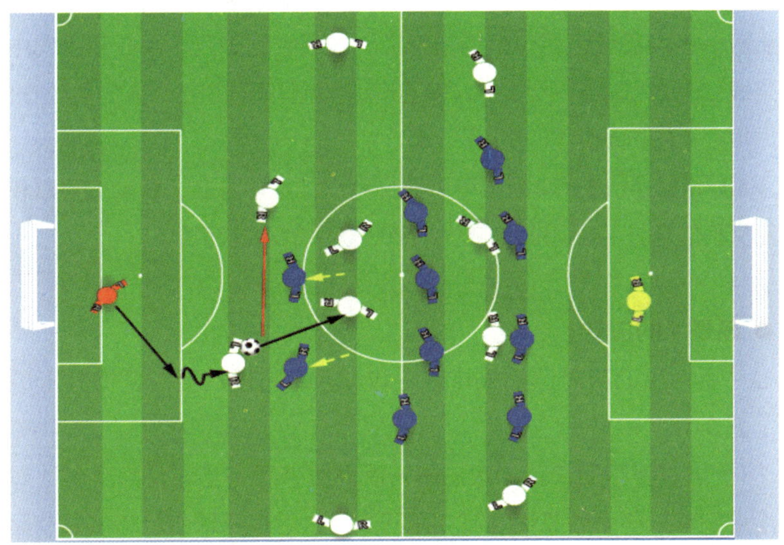

图 3-10　防守移动不统一

● **场景 1 正确的行动。**

对手中卫将球横传给另一名中卫，本方的 2 名前锋可通过合理的移动封堵，来平均跑动距离（图 3-11）。

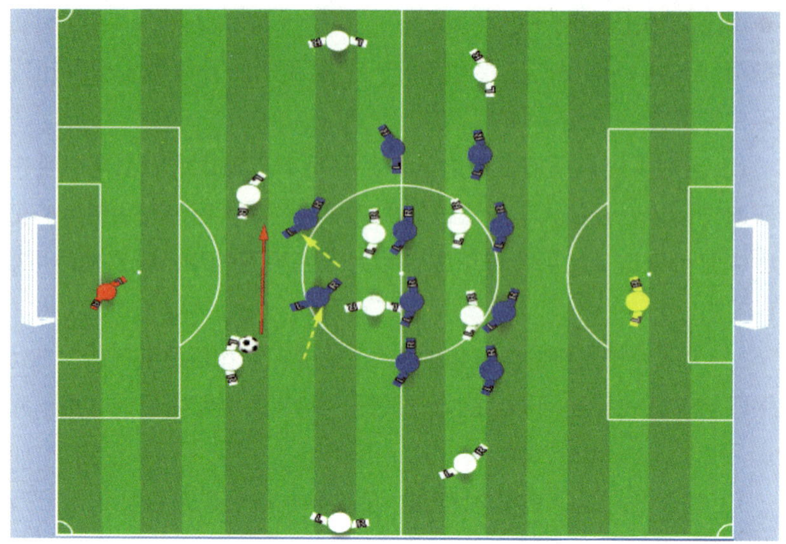

图 3-11　前锋线合理的移动方式

（1）如果在压迫区域外对手的 2 名中卫相互传球的话，本方距离球近的队员应一点点靠近，另一侧的前锋应斜线回收到中路，阻断对手向中路的传球路线。前锋线队员不要 1 个人来回追球，而是应通过 2 个人变换防守任务，来缩短每个人的跑动距离。

（2）4-2-3-1 防守阵型也可以选择另一种移动方式，如前锋可以和进攻型前卫交换防守任务，以此来减少前锋线队员的跑动距离。

● 场景 1 的应变。

当对手中后卫突然选择长传球进攻时，本方四后卫应回撤并形成防守三角（图 3-12）。

（1）当对手利用长传球攻击本方后卫线身后空当时，为了不让对手进入空当接到球，整个后卫线应该立即回撤，之后根据球的状态做好前后移动争夺球的准备。

（2）后卫线回撤时机的判断标准是当持球队员将球向前轻推出，并抬头观察前方情况后，进入踢球助跑阶段时。相反，当持球队员把球控制在身体重心下方时，因为很难踢出长传球，所以这个阶段后卫线可以保持在原来的位置上。

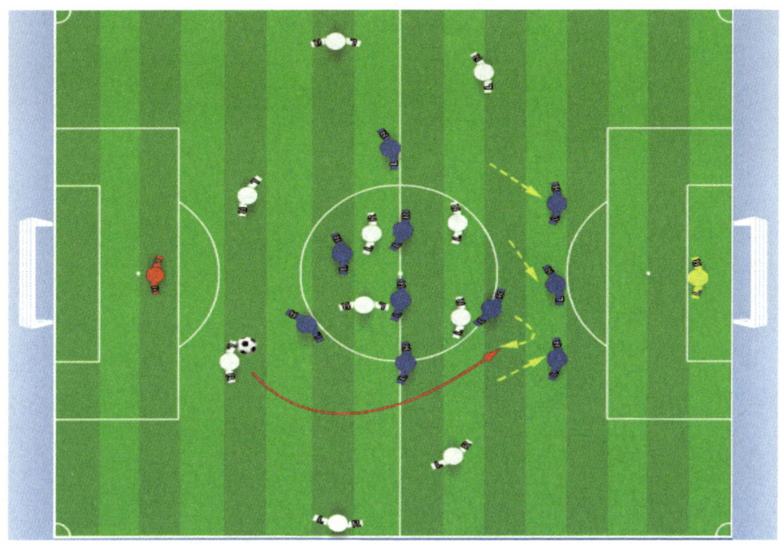

图 3-12　四后卫回撤形成防守三角

（3）当后卫线中的一名队员在争夺球时，剩下的队员要向球的位置靠拢，并对抢球人形成保护。特别是在中路防守时，防守队员要在第一防守人的左右两侧斜后方选位，形成防守三角。

（4）为了更好地控制长传球的第二落点，中场的前卫队员要快速回撤，缩短与四后卫之间的距离。

（5）守门员要时刻注意保护和防守后卫线身后空当。

（二）场景 2：驱赶对手向中路传球

进攻方中后卫将球传给边后卫，防守方阻断对手纵向传球路线，并向中路驱赶对手（图 3-13）。

（1）当进攻方中后卫将球传给边后卫时，防守方整体防守阵型应该进一步向有球侧移动。

（2）防守方左边前卫（进行 1 对 1 的队员），利用弧形跑动路线靠近对手，这样就可以切断对手向前传球的路线。这个时候如果防守方左边前卫靠近速度和距离把握不好，就会给进攻方边后卫留下时间来观察周围情况，而此时他就有可能选择长传球给异侧的中后卫，以摆脱压迫圈。所以，为了迫使进

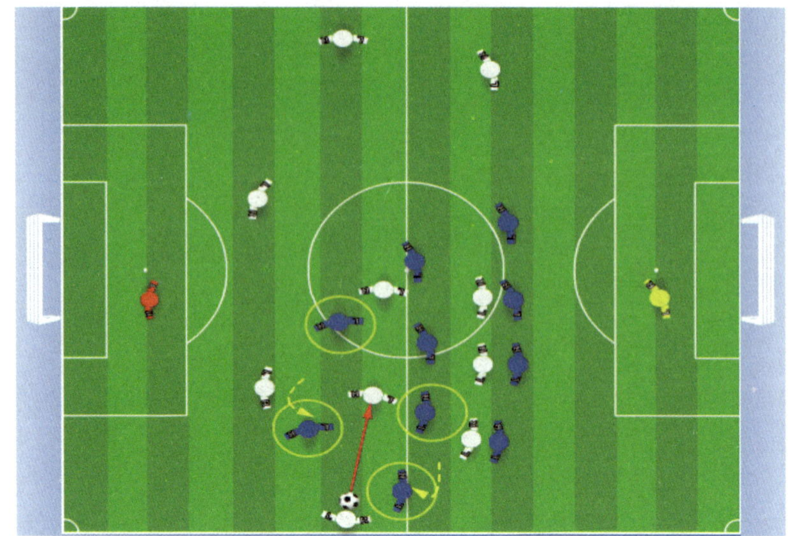

图 3-13　驱赶对手向中路传球

攻方盲目地选择运球或横传球，防守方队员就必须缩短距离进行压迫围抢；当然，如果有机会也可以队员独自抢夺球权。

（3）防守方靠近球侧的前锋阻断进攻方队员回传中后卫的传球路线，根据临场情况，和边前卫 2 人进行夹击抢球，而另一名前锋要向中路移动。

（4）防守方有球侧的后腰（进行 1 对 1 的队员）切断对手给前锋的传球路线；同时，防守队员可以一点点靠近对手后腰，但应注意如果过于靠近对手的后腰，对手的边后卫为了安全可能就不会将球传给他了，所以，应让他先处于相对自由的状态（防守方可以先隔离后腰），诱使边后卫把球传给他。

（5）无球侧的边后卫向中路靠拢，4 个后卫要保持好后卫线的落位。

●场景 2 失误的例子。

进攻方边后卫踢出纵向直传球，直接进攻防守方后卫线身后空当（图 3-14）。对手的行为直接导致对手的进攻更加接近防守方球门，即使防守方抢断了球权，但到对手球门的距离也相应变得更大了。

当进攻方右边后卫控球后，防守方左边前卫一边从内侧做封堵，一边给对手施压，这种由内向外的防守封堵方式可直接导致进攻方边后卫传出

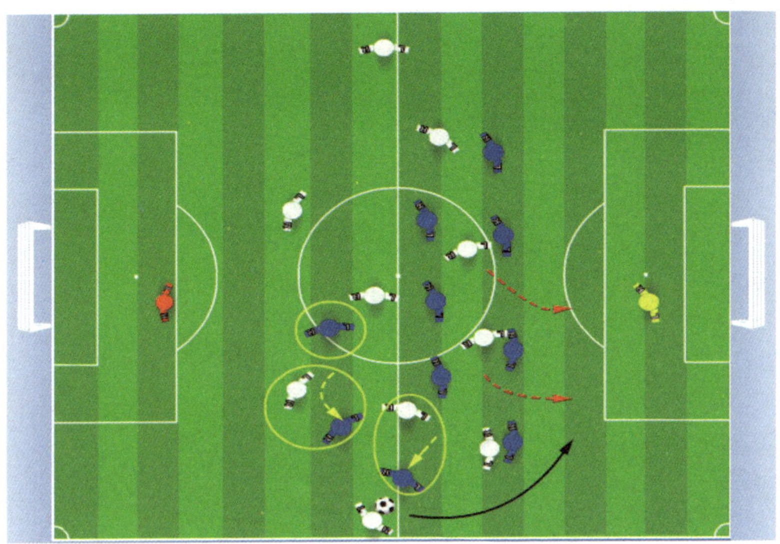

图 3-14 对手直传后卫线身后空当

纵向渗透球。结果就是进攻方进攻更接近防守方的球门。尤其应注意的是，当进攻方拥有 2 名出色前锋时，一定不能让其传出身后渗透球。

（三）场景 3：驱赶对手向后腰传球

当进攻方将球传给后腰时，防守方应制造局部人数优势，抢夺球权。

（1）如果进攻方将球传给了后腰，那么这就成了抢球的区域。防守方有球侧的后腰与中路的前锋前后夹击抢夺球权（图 3-15）。这个时候防守方后腰（进行 1 对 1 的队员）一定要注意，当向前靠近对手时，不要跟对手交换位置（封堵他向前的路线）；如果对手要强行转身，那么一定要上前抢球。前锋（抢球的队员）可以更凶猛一些进行压迫。这个场景应该是后腰在防守时一边做压迫，一边阻止对手转身向前；前锋靠近并抢夺球权。

（2）防守方的另一名后腰和前锋一定要向有球侧移动，形成对压迫队员的保护。如果球传到了远端进攻方后腰的脚下，那么防守方的另一名后腰和前锋就可以进行夹击围抢。

（3）如果防守方队员判断出有可能将球权抢回来时，最前线的前锋可以跑到对手的两名中卫之间，异侧的边前卫可以向前移动，做好反击准备。

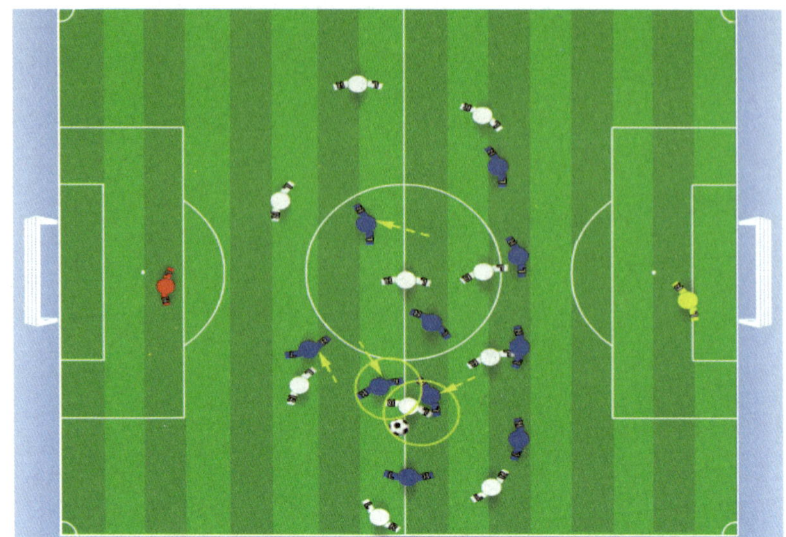

图 3-15　防守方中路夹击防守

六、后场压迫防守

——全部队员回到自己半场，形成防守阵型

后场压迫防守就是队伍的全部队员回到自己半场形成防守阵型，比中场压迫防守时更接近自己球门的区域进行防守的战术行为。虽然这种战术也是以抢夺球权为目标，但是依据实际情况的不同，也会被队伍考虑在特殊情况下采用。如实力弱于对手时，被迫把不失球作为第一目标而采用这种战术；当本方队员被罚出场，处于人数劣势时或为了守住领先的局势时，也会考虑采用后场压迫防守战术。

前锋线队员在中线附近落位，等待对手的进攻进入该区域，此时作为驱赶的队员，一定要选择符合队伍防守策略的驱赶方式。如为了封堵住直接面向本方球门的路线，很多的时候队员会采用从中路向边路的驱赶方式。

前卫线队员在前锋线队员身后 10~15 m 的区域选位，后卫线队员在前卫线队员身后 10~15 m 的区域选位（也就是距离本方球门 20~25 m 的区域），通过以上三条线的落位，队伍可在防守阵型内创造出防守层次。

后场压迫防守与中场压迫防守相比较，因为后卫线更接近本方球门，身后的空间小，所以守门员也更加容易断掉对手的纵向传球。另外，夺球之后，由于对手半场留下了较多的空间，所以此时也是发动传统型反击和小组反击的最好机会。但是，如果攻入到对手球门前丢掉了球权，为了再次形成队伍的防守阵型，进入前场的队员就必须被迫撤回到本方半场防守，而这也导致了队员跑动距离的增加。

另外，因为这种战术不能在更早的阶段阻止对手后场的进攻，所以当对手推进到前场后，他们会通过向防守阵型外的转移（斜线长传）发动边路进攻，这样就有可能制造出球门附近的 1 对 1 局面，甚至制造出射门的机会。

下面，本书介绍后场压迫防守的实例。从中场开始的压迫防守，主要的战术思想是从场地中路开始发动快速反击。因此，本书前面列举了把对手进攻向场地中路驱赶的主动性防守实例。但是，本部分列举一个让对手远离本方球门的压迫防守实例。本部分以防守方采用 4-4-2 阵型、进攻方采用 4-3-3 阵型为例，解释在后场区域进行压迫防守的策略（表 3-4）。本部分介绍的实例，如果把防守区域向前推进，也适合中场压迫防守战术的运用。

表 3–4　后场压迫防守战术实践中的策略及优缺点对比

策略	· 让对手远离本方球门，利用边线限制对手的活动，从而抢夺球权。
优点	· 可以利用边线限制对手活动的区域。
	· 因为对手的 4–3–3 阵型在中路安排了较多的队员，向边路的驱赶更容易孤立持球人，所以这种防守方式也适用中场压迫防守。
	· 可以有效地缩小后卫线身后的空间。
	· 由守转攻时，利用反击来攻击对手半场内的空间。
缺点	· 阵型前后移动距离长，所以使队员（特别是前锋线队员）跑动距离增多。
	· 进攻方利用斜线转移战术攻击边路，可以更容易形成边路传中战术和制造射门机会。
	· 夺得球权后，距离对手球门距离增大。另外，如果在边路夺得球权，也会限制进攻方向。
	· 如果在中路运用这种防守战术，对手可能会选择从边线附近向防守线身后起长传球，使其进攻更加接近本方球门。

（一）场景 1：4-4-2 阵型后场深度防守

进攻方守门员发动后场组织进攻，将球传给中后卫，稳固中路向边路压迫对手（图 3-16）。

（1）依据球的位置，防守阵型要稍微向左侧移动。

（2）如果进攻方中后卫接近了压迫区域，那么防守方的前锋（驱赶的队员）一边从内侧向外侧驱赶，一边靠近持球人。

（3）防守方的另一名前锋在驱赶人的内侧斜后方选位，切断向后腰传球的路线。

（4）防守方无球侧边后卫为了应对斜线长传球进攻，不要过于靠近中路。

（5）防守方有球侧边前卫内收，阻断对手内切进中路接球的路线。同时与对手边后卫保持一定距离，甚至可以先不施压，确保其能接到来球；如果一开始就过于接近对手边后卫，那么对手中卫为了安全就不会传球给他；同时防守阵型内要留出一个让对手边前卫能接到球的空间，否则对手没有传球路线，可能会选择长传球来进攻后卫线身后空当，这样也就不能将对手驱赶进入压迫区域了。

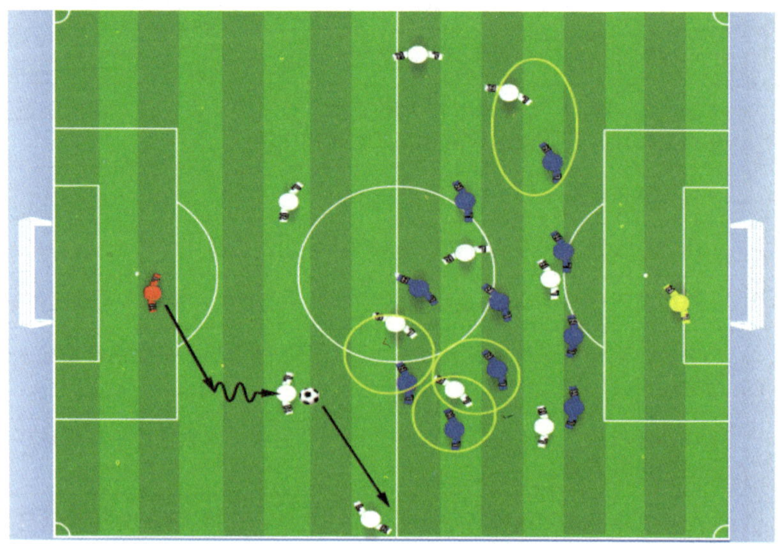

图 3-16　4-4-2 阵型后场深度防守

（二）场景 2：诱使对手沿边路进攻

进攻方中后卫将球传给边后卫，切断向中路的传球，驱赶进攻沿同侧边路进行（图 3-17）。

（1）当中后卫给边后卫传球后，防守阵型应随着球的位置向左侧移动，并保持紧凑的阵型。

（2）防守方边前卫（1 对 1 的队员）快速靠近进攻方边后卫，并且切断向中路的传球，把进攻向边路驱赶；有时可以在 1 对 1 局面下队员独自抢夺球权。

（3）防守方有球侧边后卫要时刻准备截断对手直线的传球。

（4）防守方无球侧边后卫向中路靠近，中后卫和守门员要做好准备应对进攻方踢向后卫线身后空当的传球。

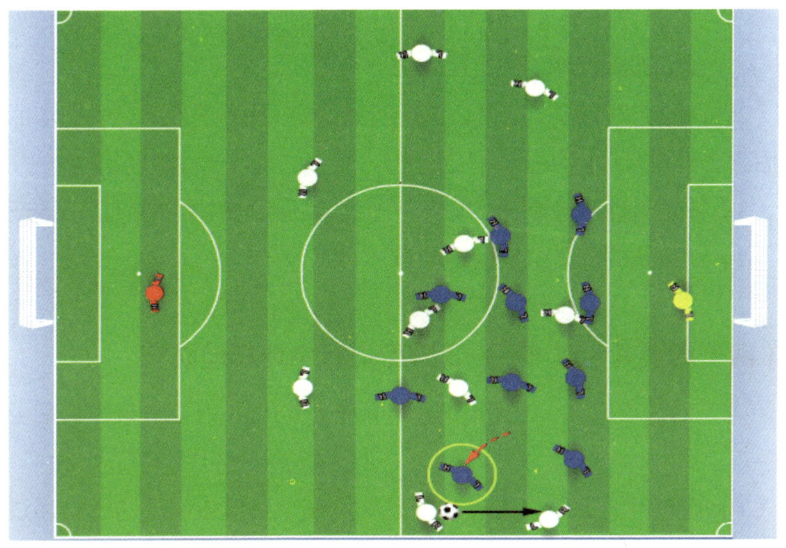

图 3-17　诱使对手沿边路进攻

（三）场景 3：边路夹击防守

进攻方边后卫将球传给同侧的队员（抢夺球权的地方），通过制造人数优势来夹击围抢球权（图 3-18）。

（1）当进攻方边后卫将球传给同侧队员后，有球侧防守方边后卫（1 对

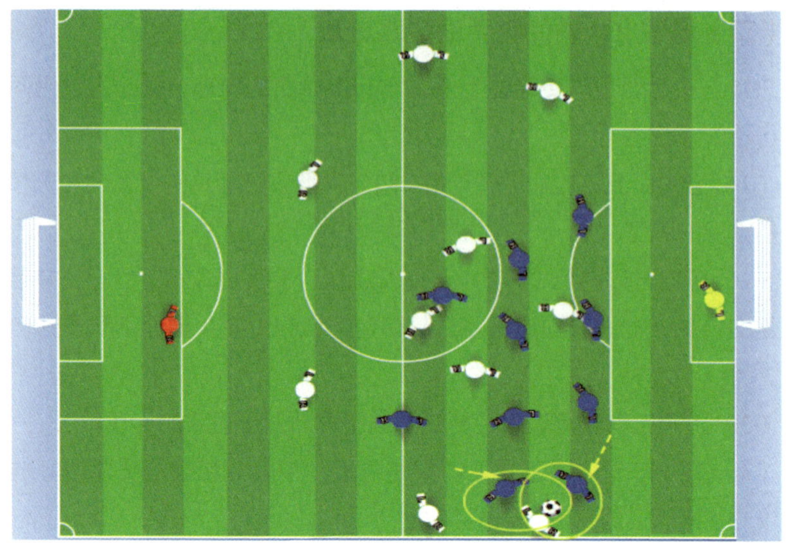

图 3-18　边路夹击防守

1 的队员）要立即靠近球，做出相应防守。

（2）防守方有球侧边前卫（抢球的队员）回跑进行压迫，和边后卫一起前后夹击进攻方持球队员，夺回球权。

（3）依据有球侧的情况，防守方同侧的后腰有时也要参与夹击防守。

（4）前锋线的队员做好反击准备。

（四）场景 4：对 4-3-3 阵型进行中场压迫防守

防守方对进攻方 4-3-3 阵型进行中场压迫防守，孤立进攻方边后卫（图 3-19）。

（1）当对手发动边路进攻或中场队员在中路选位时，防守方通过对边后卫进行边路的驱赶而让他处于孤立状态。

（2）进攻方中后卫给边后卫的球一旦传出，防守方有球侧边前卫（1 对 1 的队员）应立即从内侧向外侧驱赶进攻并靠近对手。

（3）防守方有球侧前锋应切断进攻方边后卫的回传球路线。

（4）利用边线，防守方边前卫（抢球的队员）将对手逼成 1 对 1 防守局面。

（5）有球侧防守方边后卫进行保护（或夹击）。

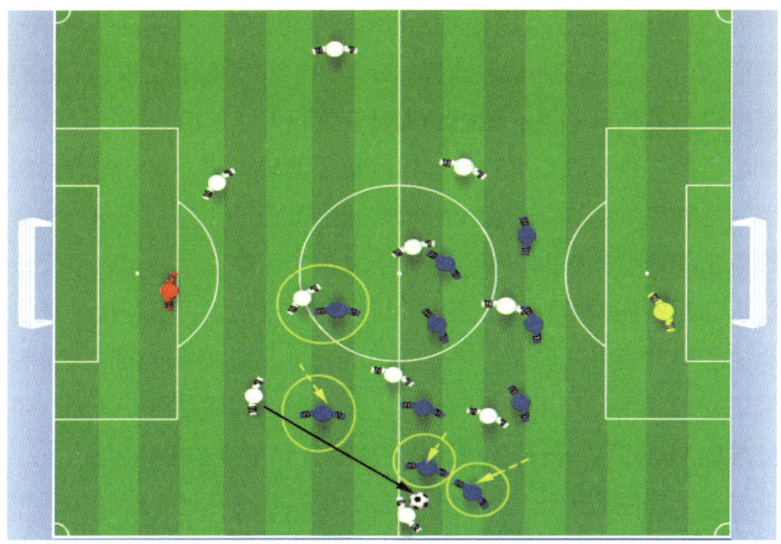

图 3-19 对 4-3-3 阵型进行中场压迫防守

七、前场压迫防守

——比赛中除守门员以外的全体队员进入对方半场，实施最有攻击性的压迫防守战术

前场压迫防守是进攻方在后场组织进攻时，为了达到在时间和空间上给对手施加压力，除守门员以外的全体队员进入对方半场实施的一种最有攻击性的压迫防守战术。如果在对方半场把对手压迫成 1 对 1 的局面并且能够抢夺回球权，那么就能创造出更多的快速直接攻击对手球门的机会。另外，通过给对手施加压力，迫使对手盲目地选择长传球进攻，防守方就能避免给对手一步一步推进组织进攻的机会，从而重新获得球权，这也是前场压迫防守的优势之一。

运用前场压迫防守时，由于防守阵型后方留有很大的空间，所以也伴有被对手利用而发动进攻的风险。例如，压迫防守的配合失误、1 对 1 时被突破、对手无意的解围球却意外地变成了有威胁的传球等，有时也会变成对手进攻的机会。

另外，在前场压迫防守过程中因为队员要完成很多次的高强度冲刺跑，所以要在 90 min 里持续地做这些行为是不可能的。队伍在体能下降的状态下若坚持做压迫防守的话，这时的驱赶、靠近对手的行为和行动统一性的质量都会下降，也会让对手轻易地摆脱出压迫防守圈，就会使他们利用防守阵型后方的空间发动反击的机会增大。虽然说压迫防守存在这样的风险，但是在队伍体能状态好的时候，从对手发出球门球之后或当对手比分领先时，队伍在很多的时候会冒险采用前场压迫防守战术。有些把中场压迫防守作为主要防守战术的队伍，依据临场的情况，如对手的传球失误等，有时也会适时地采用前场压迫防守战术。无论是选择哪种防守行为，对临场情况的准确判断和队伍行动的思想统一是其不可缺少的影响因素。

此外，当在刮风的天气比赛时，逆风的队伍应尽量不踢长传球发动进攻，顺风的队伍应更多地运用前场压迫防守。

从下面开始，本书将介绍前场压迫防守的实例，攻守双方均采用 4-4-2 阵型。虽然高质量的前场压迫防守不可能在 90 min 的比赛中一直运用，但是无论将哪种防守方式作为主要防守战术，比赛中都一定会出现实施前场压迫防守的情况；如果能够出其不意，把球权抢夺回来，那么就可能创造出更多的射门机会（表 3-5）。

表 3–5　前场压迫防守战术实践中的策略及优缺点对比

策略	· 将中场区域的压迫防守作为基础战术，根据临场情况，适时地采用前场压迫防守战术。
临场局面	· 当对手采用后场组织进攻战术时压迫。 · 对特定人（如弱侧脚控球时技术能力不稳定的队员）进行压迫。 · 压迫信号（对手技术失误、后卫背向控球、对方半场界外球等）。
优点	· 在更早的阶段阻止对手采用短传方式发动组织进攻。 · 依据球的情况，把用于移动防守的时间和跑动距离都集中到短时间内的冲刺跑，从而形成具有攻击性的压迫防守。 · 能够在距离对手球门更近的区域抢夺球权，发动进攻。
缺点	· 存在风险，如防守阵型后方的空间可能被对手反击时利用。 · 由于实施前场压迫防守战术行为跑动强度大，所以不能长时间运用。 · 对队伍比赛临场情况的判断和行动的统一性要求高。

（一）场景 1：对手后场组织进攻

对于对手后场组织进攻（守门员控球），防守方应在中场压迫防守的区域布置防守阵型（图 3-20）。

当对手发球门球时或守门员控球时，防守方应在中场防守区域布置防守阵型，尽量诱使对手不踢过顶长传球。为了能够在对手半场抢夺球权，防守方要给对手中后卫接到球的机会。这个时候，一定要注意不要过于靠近对手后卫线，这样对手就会为了安全考虑而选择踢长传球进攻。

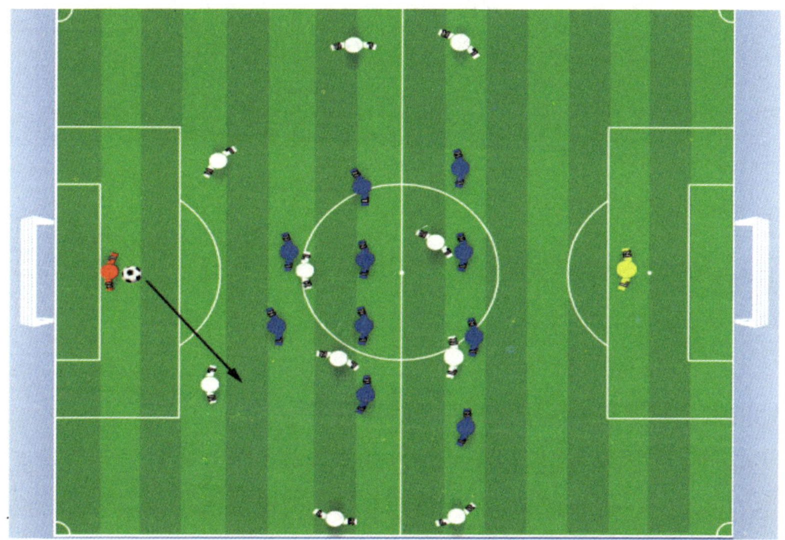

图 3-20　对手后场组织进攻

（二）场景 2：开始前场压迫防守

守门员选择把球传给中后卫，开始后场组织进攻。为了尽量避免对手踢长传球，要将他逼进 1 对 1 的状态（向中路驱赶）（图 3-21）。

（1）当进攻方守门员给中后卫传球的一瞬间，防守方近球侧还有近球侧的前锋（进行 1 对 1 的队员）要全速地靠近持球人。这时候为了让进攻方中后卫产生犹豫，踢不了长传球，而且迫使他错过最佳时间，让他只能选择向回转身的行动，防守方前锋一定要选择向对手的强势脚（例如右脚是强势脚）一侧靠近。如果对手选择了转身，那么防守方一定要积极地去抢夺球权。

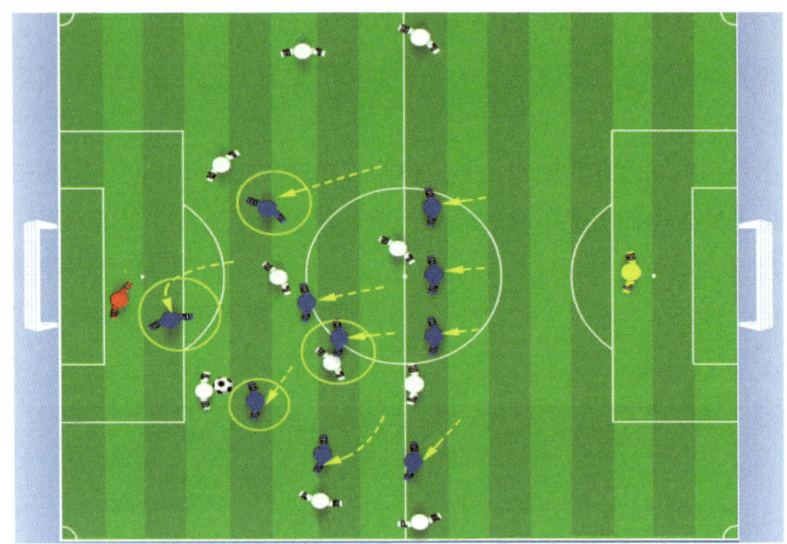

图 3-21　开始前场压迫防守

（2）防守方一定要先把进攻方后腰位置的空间让出来，诱使持球人给他传球，并进入压迫区域。

（3）球周围的防守方队员，一定要提前收缩压迫区域，缩小范围，这样才能更容易断掉对手在压迫状态下的盲目传球。

（4）如果对手有可能踢长传球发动进攻时，为了不让对手快速跑到本方队员的身后，要依据情况及时调整后卫线的位置。

（三）场景 3：边路压迫防守

防守方向边路压迫对手进攻，压迫其中后卫将球传给边后卫（图 3-22）。

（1）当进攻方守门员将球传给中后卫后，有球侧的防守方前锋（驱赶的队员）从内侧靠近，诱使其中后卫将球传给边后卫。

（2）当进攻中后卫给边后卫传球的瞬间，防守方边前卫（1 对 1 的队员）应为及时阻断对手的直线传球路线而全速靠近对手，在形成 1 对 1 的状态下，积极主动地去抢夺球权。

（3）如果进攻方边后卫盲目地将球传向了中路，那么临近球的防守队员要立即靠拢实施夹击抢球。

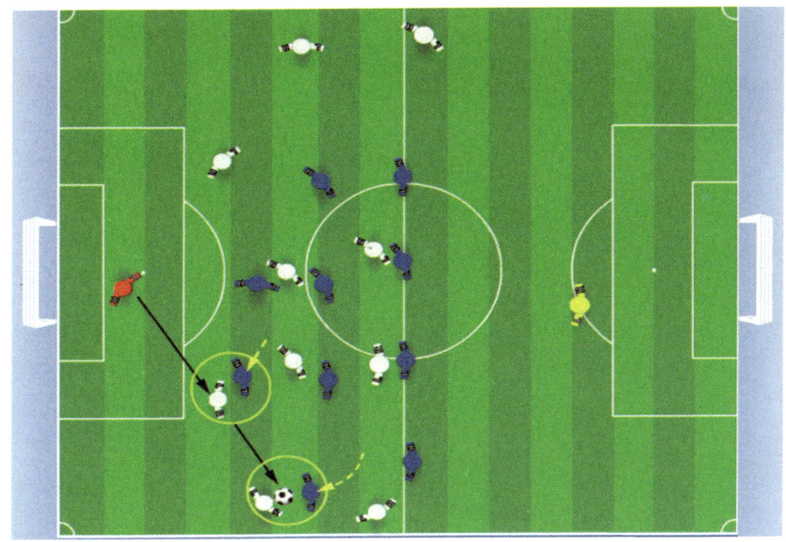

图 3-22　边路压迫防守

（4）防守方的其他队员要封堵球周围的其他传球路线，封堵对手摆脱压迫区域的通道。

（5）防守方后卫线和守门员要始终做好准备，以应对来自进攻方的大脚解围球。

（四）场景 4：前场中路压迫防守

进攻方中后卫在压迫状态下慌忙地将球传给了后腰（抢夺球的区域），此时如果防守方在中路夺回球权，就可以运用反击战术（图 3-23）。

（1）如果进攻方中后卫将球传给后腰，那么防守方的后腰（1 对 1 的队员）和前锋（抢球的队员）2 人可以夹击防守主动地去抢夺球权。

（2）防守方的其他队员要切断球周围的传球路线，封堵对手摆脱压迫防守的通道。

（3）防守方后卫线和守门员要始终做好准备，以应对来自进攻方的大脚解围球。

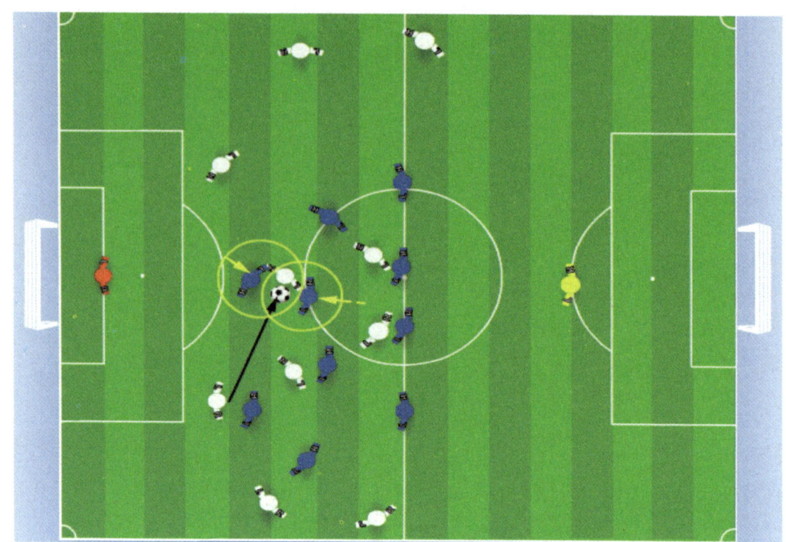

图 3-23　前场中路压迫防守

（五）场景 5：迫使后卫横传球

以特定的对手为压迫抢球目标。例如：当右脚为强势脚的中后卫踢左中后卫时，把给他的传球作为压迫防守开始的信号，防守方首先要诱使进攻方将球传给左中后卫（图 3-24）。

（1）当进攻方守门员将球传给右中后卫之后，有球侧的防守方前锋(驱赶的队员)应选择从对手右中后卫的右脚方向靠近，诱使其向左中后卫传球。

（2）防守方另一名前锋先封堵住对手向中路传球的路线，并与对手左中后卫保持一定的距离。

（3）防守方其他队员随球移动，并保持紧凑的防守阵型。

（4）防守方后卫线和守门员要始终做好准备，以应对来自进攻方的大脚解围球。

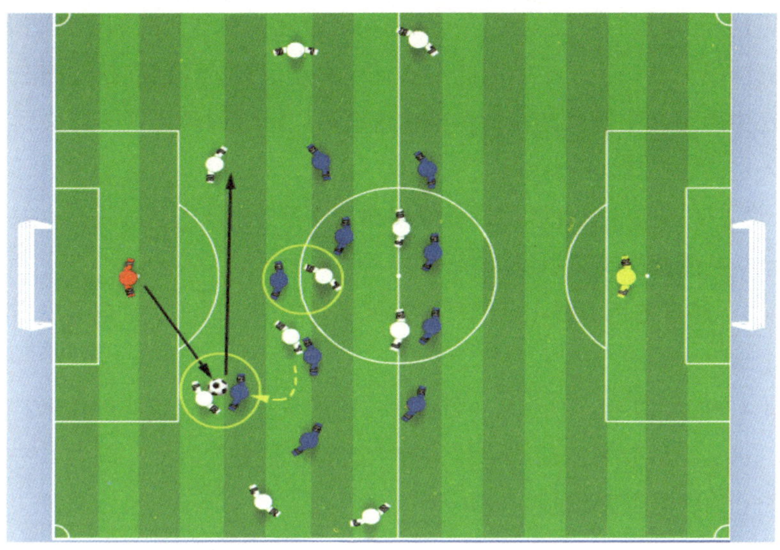

图 3-24　迫使后卫横传球

（六）场景 6：迫使对手传球失误

进攻方左中后卫接到横向传球后，防守方的前锋应从内侧向其右脚方向靠近（图 3-25）。

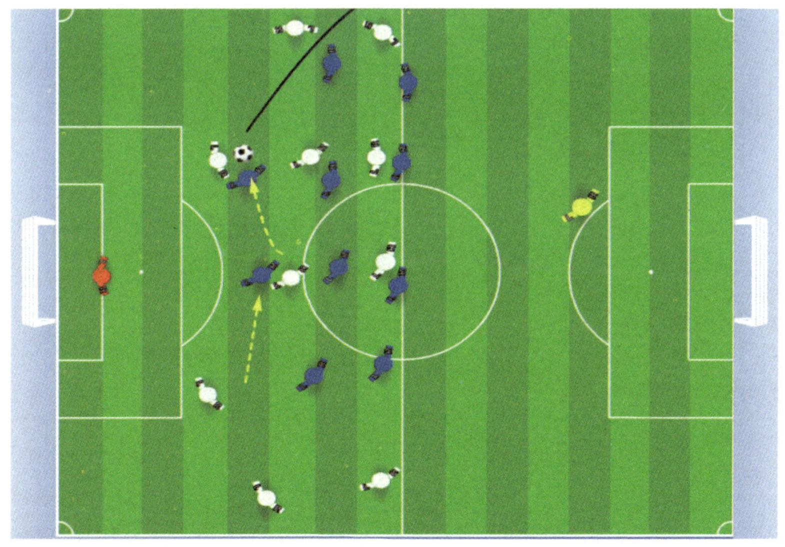

图 3-25　迫使对手传球失误

（1）进攻方右中后卫将球传给左中后卫后，有球侧的防守方前锋（1对1的队员）从对手左中后卫的右脚方向主动地靠近，目的是强迫右脚踢球的左中后卫用不擅长的左脚传球，这样可以造成对手出现传球失误或慌乱中无目的地将球大脚解围。

（2）防守方的其他队员要随球移动，并保持紧凑的防守阵型，提前封堵持球队员周围的传球路线。

（3）防守方后卫线和守门员要始终做好准备，以应对来自进攻方的大脚解围球。

（4）如果对手的中后卫、后腰等位置的队员有类似这样的技术方面的缺陷，那么可以有意地使对手将球传给这些位置上的队员，以为本方实施压迫防守提供更多的可能性。

（七）场景7：进攻方背对进攻方向

以进攻方自己的传球失误为开始进行的前场压迫防守，防守方全体队员朝向球移动，并去抢夺球权（图3-26）。

（1）进攻方后腰的传球失误，使本方的中后卫处于背向回追球状态。

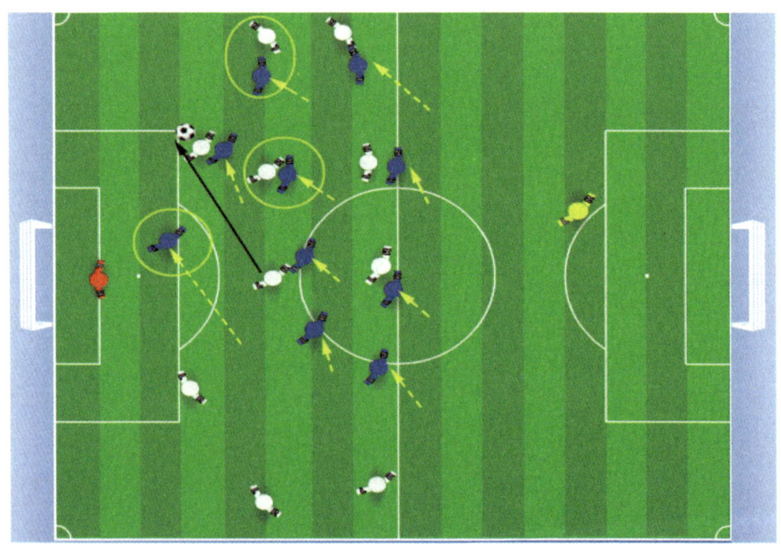

图3-26　进攻方背对进攻方向

（2）从中场压迫防守的区域开始，防守方全体队员朝向球移动，并去抢夺球权。

（3）向球靠近的前锋（1 对 1 的队员）在抢球时尽量不让对手轻易转过身，同时注意此刻不要盲目地犯规。

（4）防守方的其他队员为了封堵住球周围的传球路线，首先要对球周围的进攻方队员进行人盯人防守，其次要占据空间，封堵对手摆脱压迫防守的通道。

（八）场景 8：前场界外球压迫防守

以进攻方半场内靠近底线区域的界外球为开始，进行前场压迫防守（图 3-27）。

（1）在进攻方半场内以靠近底线区域的界外球为机会，防守方可以实施前场压迫防守战术。

（2）在进攻方掷出界外球之前，防守方要提前占据球周围的传球路线，不能让进攻方将球踢出本方半场。

（3）防守方也可以有意地把进攻方向后场的传球路线提前空出来，当球被掷出的一瞬间，立即实施压迫防守，抢夺球权。

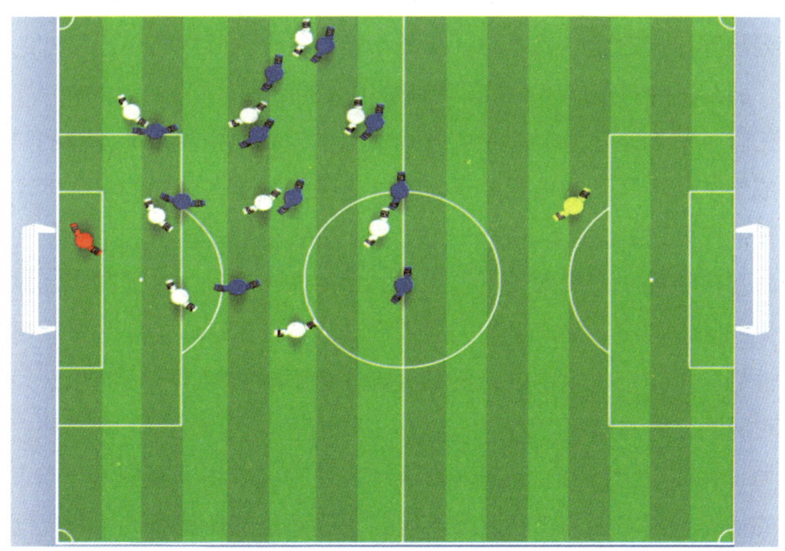

图 3-27　前场界外球压迫防守

八、压迫防守的能力要求

——以理解个人与小组战术为基础，能够在瞬间把握临场情况并采取相应的行动

作为整体防守战术的压迫防守是比赛中全体队员都要参与抢夺球权的防守战术。这种战术要求队员将注意力集中于有球区域，并以个人或小组的形式进行防守的行动。这些防守的行动对压迫防守的结果会产生重要影响。例如：队伍在比赛中已经形成紧凑的防守阵型，如果在随球移动过程中，前锋线的 2 名队员没有把握好压迫的时机，提前移动出了整体防守阵型，那么前锋线与中场线之间就会产生更大的空当，进而会破坏防守阵型的紧凑性和平衡性。

另外，在比赛中一旦出现了驱赶的队员弄错了压迫方向、进行 1 对 1 防守的队员被对手突破、抢球时被判罚犯规等情况，就有可能破坏队伍的防守计划，而最终的结果就是队伍被迫重新调整阵型。

在德国足球训练方面，压迫防守和后场组织进攻这些全队整体战术只有到了高中以后才开始真正地被列入到训练当中。在那之前的青少年培养阶段，训练主要集中于队员个人战术和小组战术方面。因为如果到了学习像压迫防守这样的全队战术时，队员不能具备个人战术和小组战术的基础能力，那么就会对整体战术的学习造成很大的障碍。

在以 1 对 1 攻守为中心的个人战术和小组战术中具备高质量的防守，是构成全队战术基础的重要要素。如果是在欠缺这些能力的状态下实施压迫防守，那么只能说是组织了一个非常脆弱的防守阵型。

队员只有把个人战术和小组战术的理解作为基础，才能在瞬间掌握不断变化的临场情况，采取适当的战术行动。特别是在以交换防守队员为前提条件的区域防守战术中，队员不仅要注意眼前的对手，同时也必须了解自己和周围区域的状况。

为了完成以上行为，队员必须通过合理的选位和调整身体方向来收集更多的信息，同时因为 1 名队员不可能掌握对手的所有行动，所以同伴之间的指挥也非常重要。指挥的效果不在于次数，而在于质量。队员必须在

有限的时间内简短明了地把指令传达给同伴。队员只有通过在不同的区域之间进行频繁的信息交流，才有可能统一全队思想，完成高质量的压迫防守。特别是为了完成压迫防守而抢夺球权，全体队员都必须清楚地知道抢球地点，这是非常重要的环节。压迫防守战术对队员的能力要求详见图 3-28。

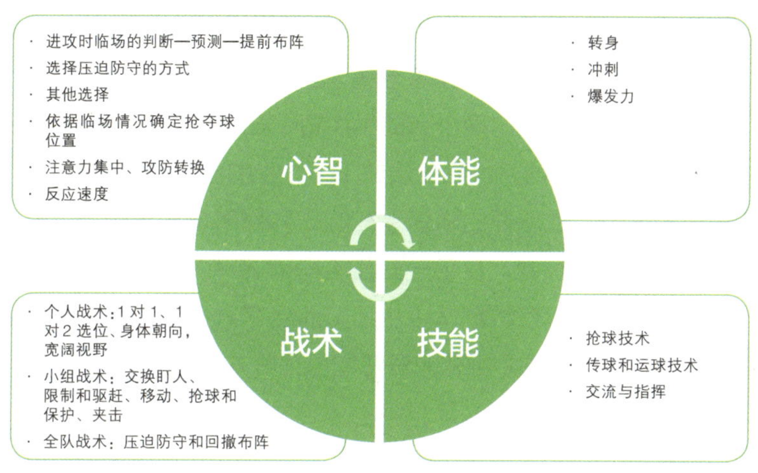

图 3-28　压迫防守战术对队员的能力要求

九、压迫防守战术训练实践

队伍尽可能地按照比赛中出现的场景来设置和安排训练。如前所述，为了执行作为全队战术的压迫防守，队员必须先学会以 1 对 1 为核心的个人战术和以 2~4 人的防守为核心的小组战术。这些基础的防守战术应该是在青少年时期被培养和灌输的。因为 1 对 1 方面的内容将在本书的第四章进行介绍，所以本章主要介绍以小组战术为基础的提高压迫防守的练习方法。

对已经具备了小组战术基础，又要提高全队战术的队伍来说，应尽可能地按照比赛中常出现的场景来设置和安排训练。学习全队战术最重要的事情，就是在明确掌握自己队伍的战术体系和战略、对手的战术体系和特点后，组织训练过程。例如：根据自己的队伍应该安排 2 名前锋还是 3 名前锋、在什么区域抢球、对手是 4 名后卫还是 3 名后卫等方面的不同，压迫防守的方法也有所变化。

队伍首先要制订明确的压迫防守计划，以比赛中要实施的压迫防守计划为基础，制订和设计具体的训练方案，包括队伍防守阵型的选位、驱赶的方向等。练习可以先从明确小组战术中每个压迫防守行为开始，一点一点地增加相关练习的人数，最后发展成 11 对 11 的全队防守战术。

在防守战术中，最重要的事情是在队伍内部形成明确的战术规律。这个规律以全队战术为基础，设定一些在不同情况下，都能在队伍内部快速传达的关键词。它不仅在教练员中使用，而且在队员之间的指挥与沟通过程中使用，因此需要队伍中所有人对它加深理解并达成共识。

十、压迫防守战术训练方法

● 压迫防守战术训练方法的要点。

（1）场景的把握、预测（提前进行选位）。

（2）场景的判断。

——选择压迫防守的类型（压迫防守第一条防守线的落位）。

——回撤布阵。

——确定抢球地点的依据（球周围的防守人数状况、队伍的临场状况、对手持球队员的状况）。

（3）个人战术（1 对 1、1 对 2 的策略，选位，身体朝向，保持宽阔视野）。

（4）小组战术（交换盯防队员、限制和驱赶、移动、抢球和保护、夹击）。

（5）全队战术（压迫防守、回撤布阵）。

（6）队员之间的交流与指挥。

（7）心理能力（注意力集中、攻守转换）。

（8）速度方面（反应速度、转身和冲刺速度）。

（9）技术方法（抢球技术、快速传球和运球技术）。

（一）手拉手“抓尾巴”游戏

练习目的：使队员掌握压迫防守的基本方法。

练习区域：15 m × 15 m 的区域。

器材：标志服。

练习方法：练习设置如图 3-29 所示。队员每人 1 件标志服，并将其作为“尾巴”别在腰部。2 人 1 组，手拉手进行“抓尾巴”游戏。队员应保护好从其他组抢来的“尾巴”，当自己或同伴的“尾巴”被抢走时，可以将其作为替补“尾巴”。游戏时间（如 2 min）到，没有“尾巴”的队伍要接受原地纵跳惩罚（如 1 个人没有“尾巴”，小组跳 3 次；2 个人都没有“尾巴”，小组跳 5 次）。

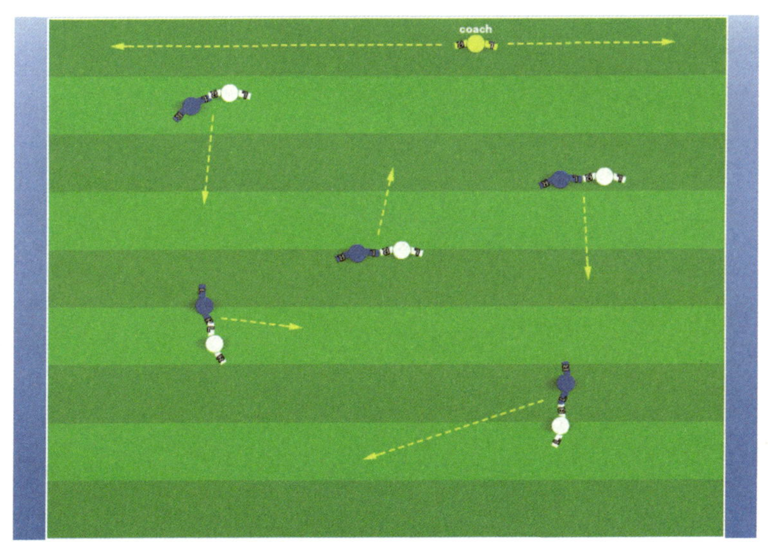

图 3-29　手拉手“抓尾巴”游戏

指导要点： 队员之间应一边观察周围情况，一边进行有效的沟通与交流。

变化：

（1）本游戏可依据具体人数，改变场地的大小。

（2）教练员作为“魔鬼”沿场地四周移动，以夺取躲在场地一角不动的小组队员的“尾巴”。

（二）快速压迫练习

练习目的： 使队员掌握压迫防守的基本方法。

练习区域： 20 m × 20 m 的区域。

器材： 球、标志服。

练习方法： 练习设置如图 3-30 所示。10 名队员在场地内做快速压迫练习。1 名队员运球，其余队员自由慢跑。当持球队员将球传给其他队员时，接球队员周围 2~3 名队员要进行立即压迫防守，其余队员向有球区域靠拢，并包围球。如果全体队员都跑到了合理、正确的位置，那该队员重新开始运球，按以上步骤重复练习。

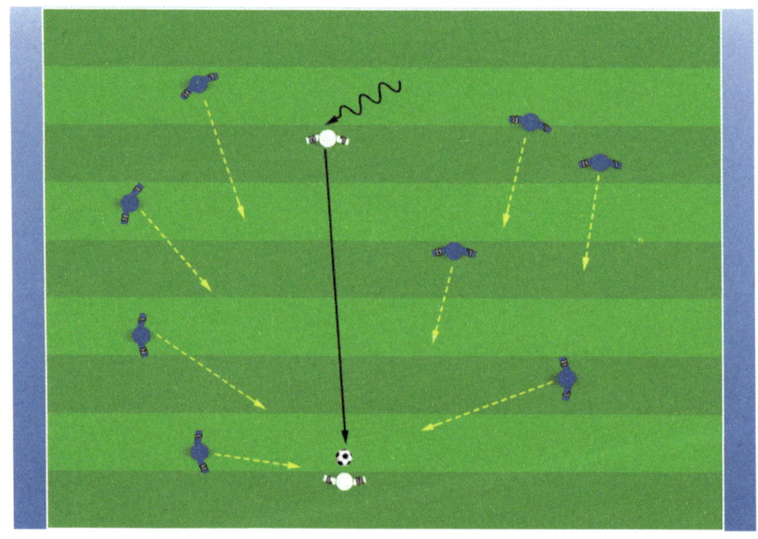

图 3-30　快速压迫练习

指导要点：

（1）队员在移动时应尽量采用侧滑步、后撤步，一边观察球活动的区域，一边调整身体的朝向。

（2）运球的队员要利用眼神或声音与接球队员进行沟通与交流。

（3）球一旦被传出，队员要在球移动的过程中采取压迫行动。

（4）压迫队员要在球的周围形成前、后、左、右的错位封堵，不要相互重叠，在一条线上选位。

变化：

（1）本练习可依据练习人数，改变场地大小。

（2）如果已熟练上述练习内容，那么可以将练习内容延伸至将球抢夺回来。

（三）6 对 2 +2（手持球队员）压迫练习

练习目的：使队员掌握压迫防守的基本方法。

练习区域：8 m × 8 m 的区域。

器材：球、标志服。

练习方法：练习设置如图 3-31 所示。队员在规定的区域内进行 6 对 2 控球练习，另外控球方中有 2 人手持球。队员在控球时，不能将球传给手持球队员。手持球队员只有将手中球传给队友才可以移动接球。防守队员只能抢脚下处理的球。如果控球队员失误，则与防守队员交换角色；而如果控球队员的失误是将球传给了手持球队员，则传球人和接球人一起与防守队员交换角色。

指导要点：

（1）防守队员之间要不断地沟通与交流，诱使对手进入特定区域，创造出特定抢球机会。

（2）防守队员可将传球人的传球向手持球队员的方向驱赶，在限制其传球路线的基础上，抢夺球权。

变化：

（1）本练习可依据队员水平与人数，改变场地大小。注意如果场地过小，进攻队员自身失误会增多，防守队员也就无法创造出特定抢球机会。

（2）本练习可通过限制进攻队员的触球次数（2 次以内）、减少手持球的数量来调整难易度。

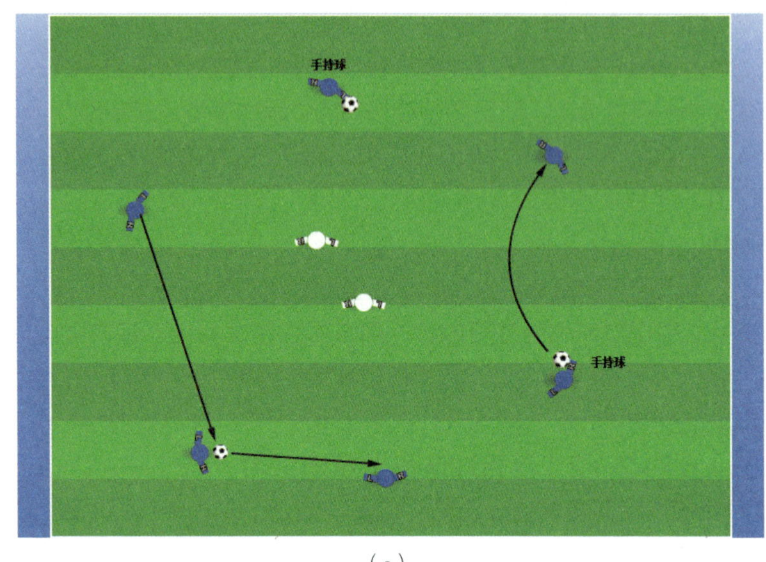

（a）

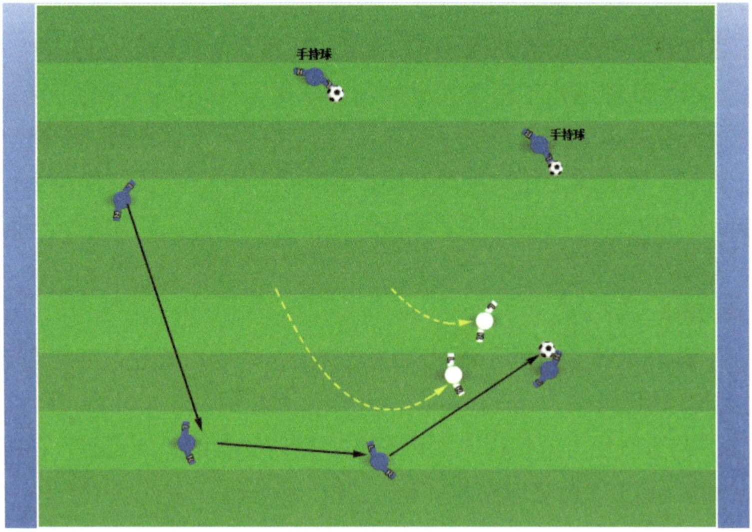

（b）

图 3-31　6 对 2+2（手持球队员）压迫练习

（四）6 对 2 控球练习

练习目的： 使队员掌握压迫防守的基本方法。

练习区域： 8 m × 8 m 的区域。

器材： 球、标志服。

练习方法： 练习设置如图 3-32 所示。队员在规定的区域内进行 6 对 2 控球练习。在控球的时候，队员必须按照 1 次触球、2 次触球的限制方式，交替传球。失误的队员与防守队员交换角色。

指导要点：

（1）防守队员之间要不断地沟通与交流，2 人都要清楚哪些是特定抢球机会。

（2）防守队员可依据临场情况，尽量对处理球时间更长的 2 次触球队员进行压迫防守。

（3）防守队员应时刻瞄准对手比较慌乱、速度较慢、力量较小的传球或接球失误等时机，通过 2 人的协同合作（驱赶、断球等）抢夺球权。

变化：

（1）本练习可依据队员水平与人数，改变场地大小。

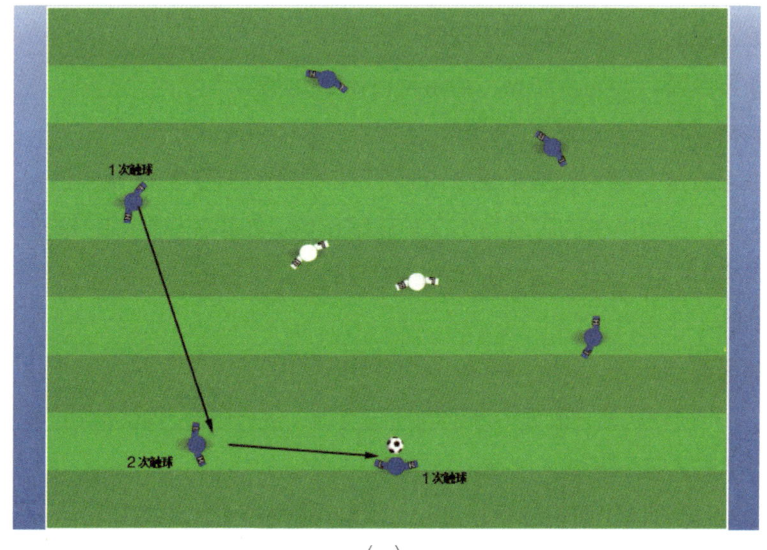

（a）

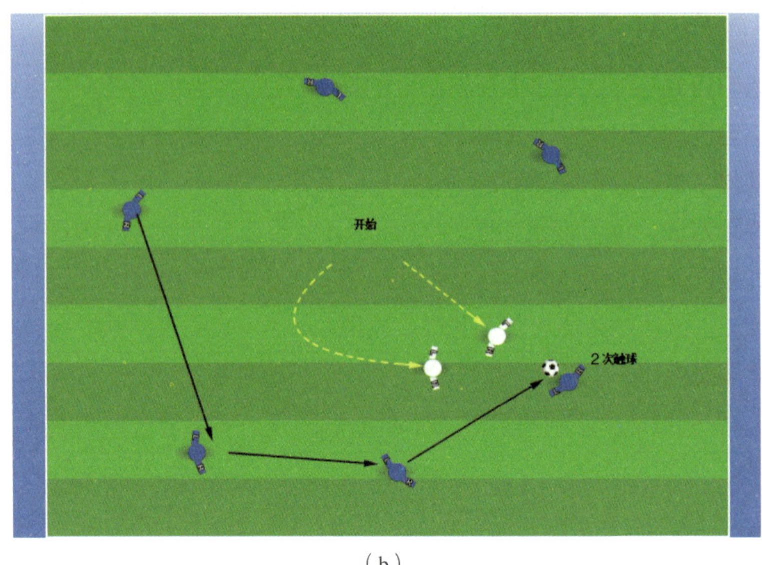

（b）

图 3-32　6 对 2 控球练习

（2）本练习可运用不同的规则，如只能 1 次触球、必须完成 2 次触球等。

（五）5 对 5+1 次触球限制区练习

练习目的：使队员掌握压迫防守的基本方法。

练习区域：25 m × 25 m、15 m × 15 m 的区域。

器材：球、标志服。

练习方法：练习设置如图 3-33 所示。队员在规定的区域内进行 5 对 5 控球练习。场地中央的区域为 1 次触球限定区。如果违例犯规，球权交换。连续完成 10 次传球得 1 分，在规定的练习时间（如 2 min）结束后，计算得分，多者为胜。

指导要点：

（1）防守队员之间要不断地沟通与交流，进行驱赶、连续移动、夹击等，诱使对手进入特定区域，创造出特定抢球机会。

（2）防守队员可将球驱赶进入 1 次触球限制区抢夺球权。

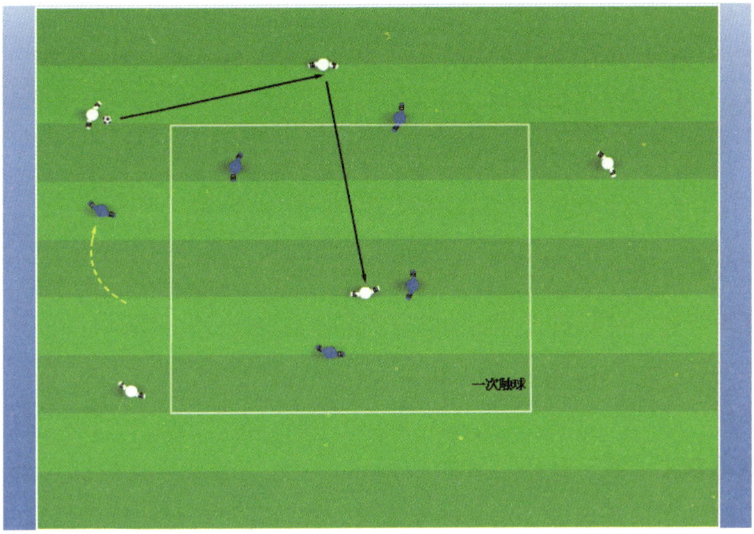

一次触球

（a）

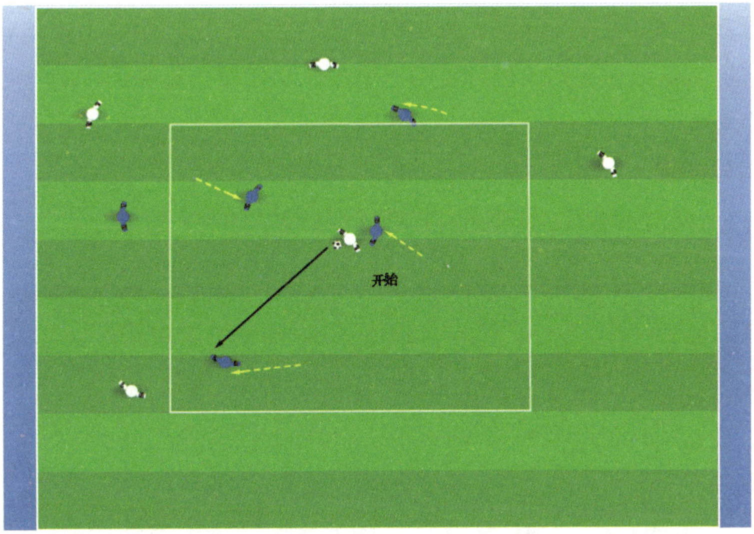

开始

（b）

图 3-33　5 对 5+1（触球限制区）练习

（3）防守队员应时刻瞄准对手接停球失误、身体朝向不合理的时机抢夺球权。

变化：

（1）本练习可依据队员水平与人数，改变场地大小。

（2）本练习可将中间区域改为 2 次触球限制区。

（3）本练习可将外围区域改为 1 次触球限制区。

（六）3 对 1+3 对 1（转换场区）练习

练习目的：使队员掌握压迫防守的基本方法。

练习区域：8 m × 16 m 的区域。

器材：球、标志服。

练习方法：练习设置如图 3-34 所示。将练习区域分成 2 个半场，队员在规定的一个半场内做 3 对 1 控球练习，并且随时可以将球传给另一个半场内的同伴。其中 1 名防守队员只能在中线上移动，并拦截对手的跨区传球。如果球被转移到另一个半场，那么进攻方的 2 名队员与中线上的防守队员进入该区域继续做 3 对 1 控球练习。进攻队员如果出现失误，则与防守队员交换角色。

指导要点：

（1）两个人协同合作驱赶、抢夺球（交流、限制、断球等）。

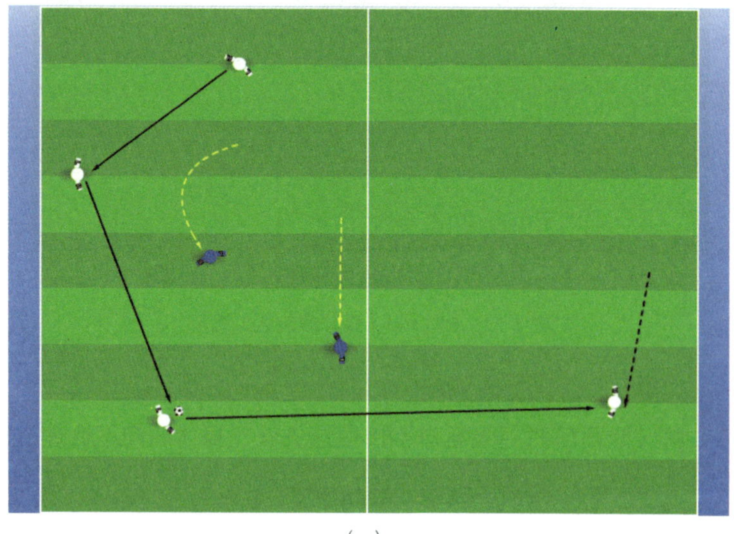

（a）

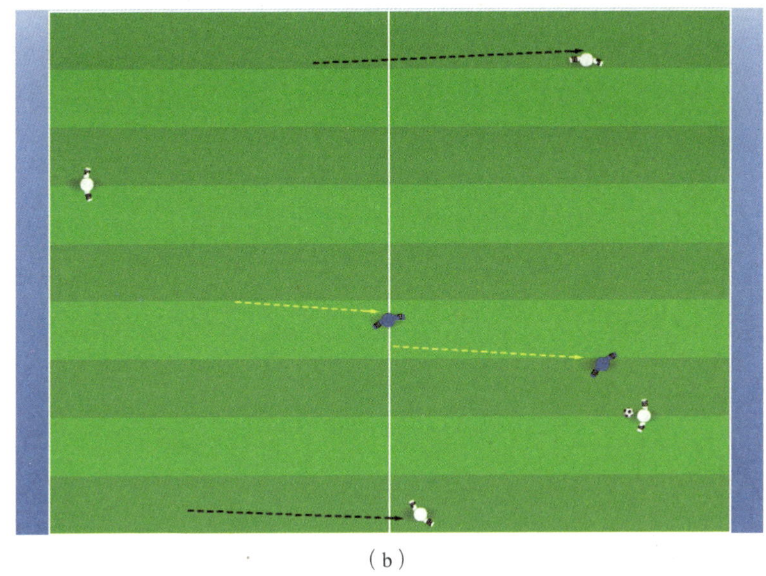

（b）

图 3-34　3 对 1 ＋ 3 对 1（转换场区）练习

（2）中线上的防守队员要指挥同伴协同防守。

（3）如果对手转移进攻到另一个半场，那么对手形成进攻阵型前，防守队员应伺机抢夺球权。

变化：本练习可通过改变场地大小或触球次数来调整难易度。

（七）4 对 2+4 对 2（转换场区）练习

练习目的：使队员掌握压迫防守的基本方法。

练习区域：20 m × 35 m 的区域，在练习区域的中间位置画出一个 5 m 宽的过渡区。

器材：球、标志服。

练习方法：练习设置如图 3-35 所示。队员 4 人 1 组，分成 3 组，2 组为进攻方、1 组为防守方。进攻方分别于两侧区域站位，防守方中的 2 人到一侧区域内防守，另外 2 人在中间区域内封堵传球路线。练习从一侧区域的 4 对 2 开始，一侧的进攻方可以在任何时间将球转移给另一侧的进攻方，一旦球被传到了另一侧，那么中间区域的防守队员就进入该区域进行 2 对

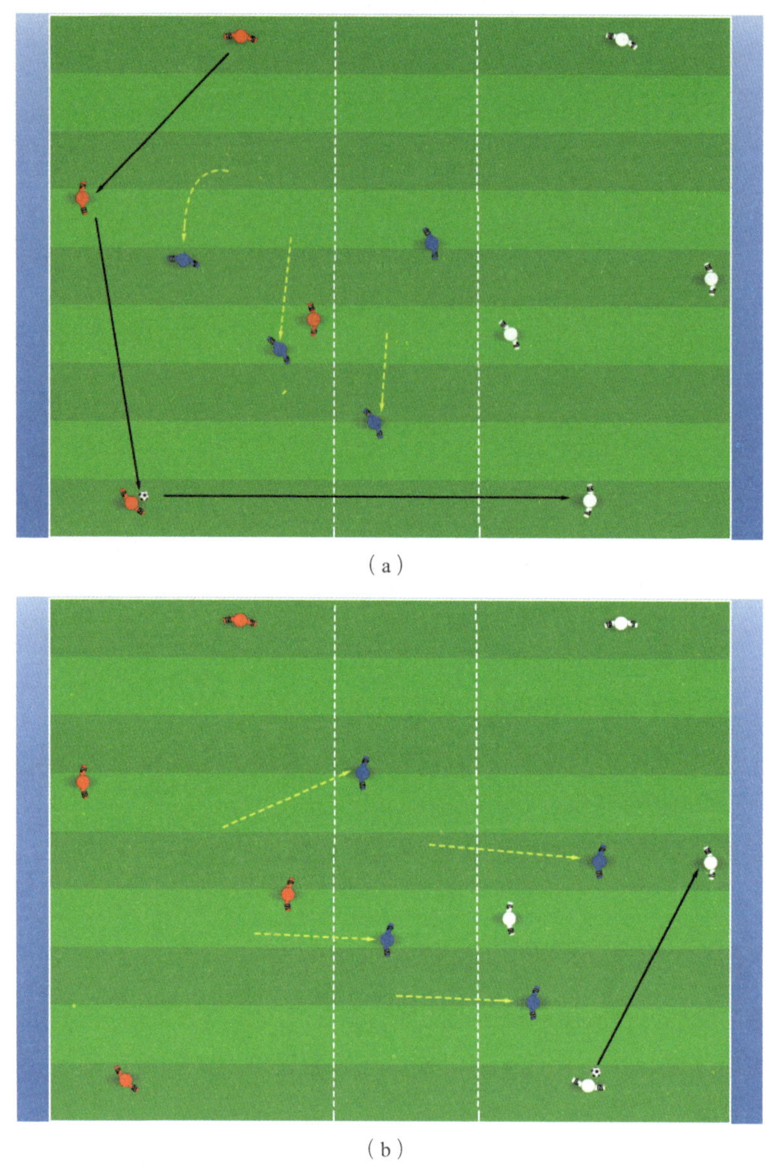

（a）

（b）

图 3-35　4 对 2+4 对 2（转换场区）练习

4 防守。转移传球成功得 1 分，在规定的练习时间（如 2 min）结束后，攻防交换，最后计算得分，多者为胜。

指导要点：

（1）练习可模拟前场和中场、中场和后卫线的技战术衔接特征进行设置。

（2）其他方面参照本章练习（六）。

变化：本练习可通过改变场地大小或触球次数来调整难易度。

（八）4 对 4+4 练习

练习目的：使队员掌握压迫防守的基本方法。

练习区域：12 m × 16 m 的区域，将该区域分割成 3 个宽 4 m、长 16 m 的区域。

器材：球、标志服。

练习方法：练习设置如图 3-36 所示。队员 4 人 1 组，分成 3 组，2 组为进攻方、1 组为防守方。进攻方分别于两侧区域站位，通过横传球或运球来左右调动防守方，在不被断球的情况下将球直传给对面一侧的进攻方队员。如果传球成功，则进攻方得 1 分，继续完成反方向传球。在规定的练习时间（如 2 min）结束后，攻守交换，最后计算得分，多者为胜。

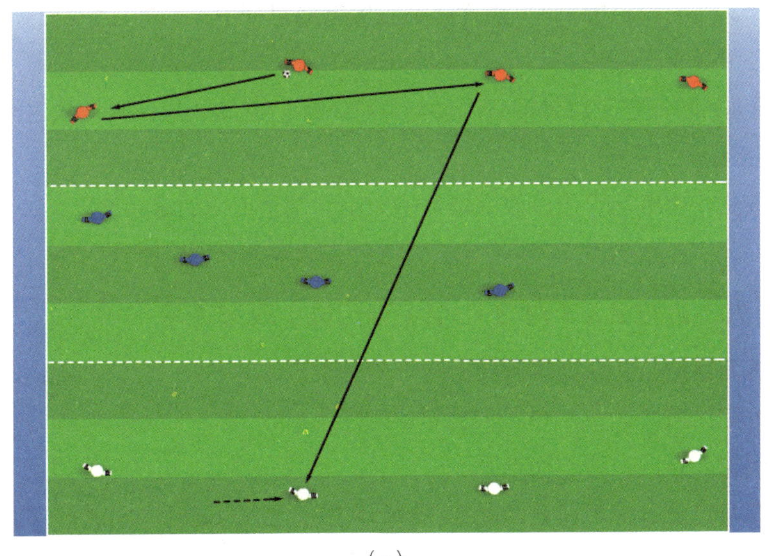

（a）

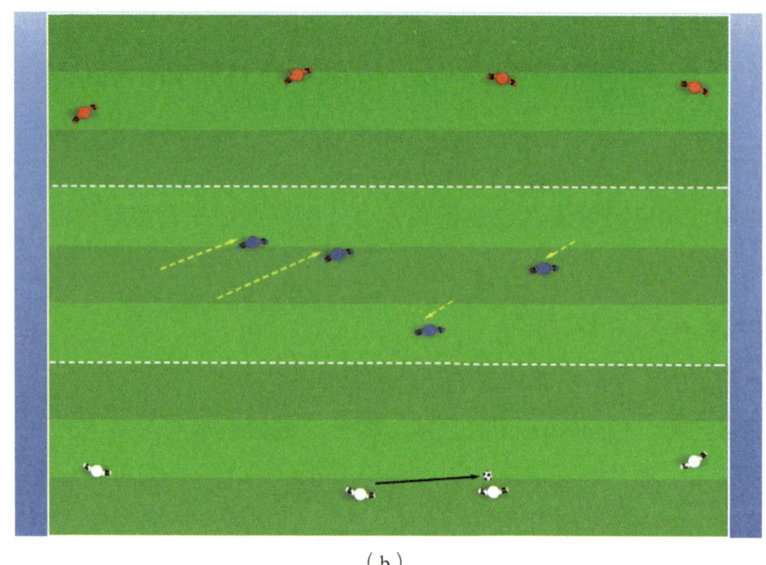

（b）

图 3-36　4 对 4+4 练习

指导要点：

（1）练习可模拟后卫线和中场的技战术衔接特征进行设置。

（2）第一防守人向球靠近，其余人向球侧移动形成密集防守队形。

（3）当球在边路时，防守队形应保持成月牙形；当球在中路时，防守阵型应保持成三角形。

（4）防守方应通过相互沟通与交流，保持密集队形，人与人之间尽量减小空当。

变化：本练习可通过改变场地的大小，调整练习的难易度。

（九）2 对 2（3 对 3）+2（守门员）攻守练习

练习目的：使队员掌握压迫防守的基本方法。

练习区域：30 m × 30 m 的区域。

器材：球门、球、标志服。

练习方法：练习设置如图 3-37 所示。守门员向场地中间进行手抛高空球，队员相互争夺球权进行 2 对 2 攻守练习。守门员不能接同伴的回传球。

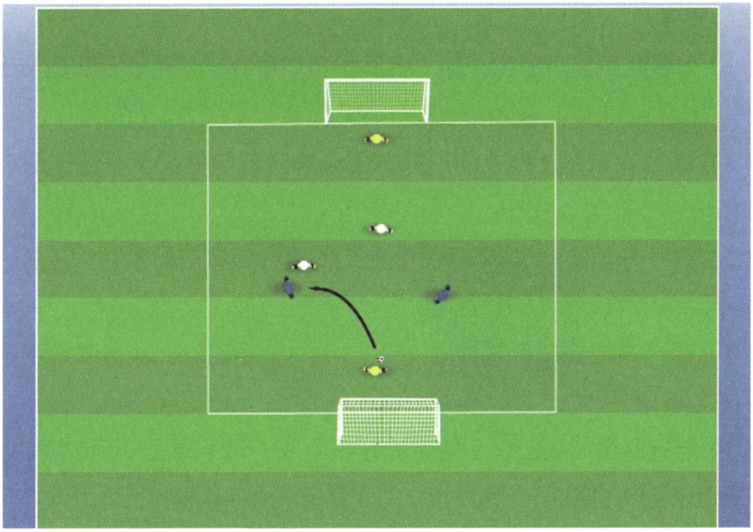

（a）

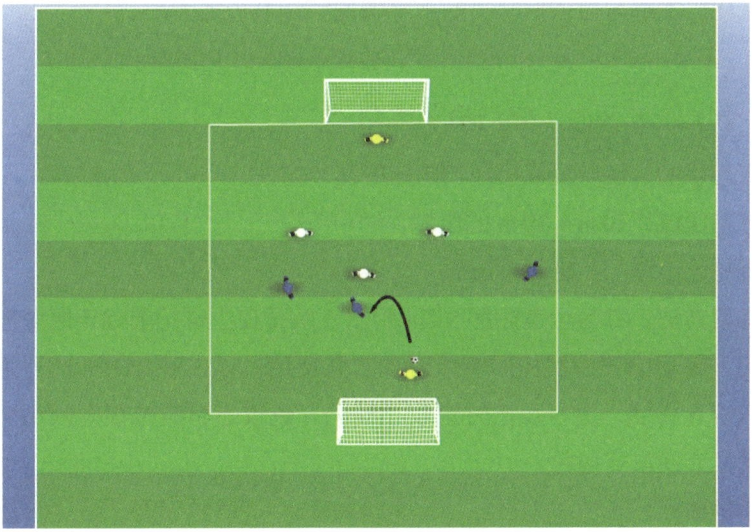

（b）

图 3-37 2 对 2（3 对 3）+2（守门员）攻守练习

练习有越位规则限制。在规定的练习时间（如 1 min）结束后，交换人员组合。相同的组织形式，也可以用于 3 对 3 攻守练习。

指导要点：

（1）2 名队员要有分工，即一名队员负责争夺球，另一名队员负责保护与防守。

（2）练习如果是 3 对 3 的形式，那么争夺球与保护队员应该形成三角形防守队形。

（3）在争夺球的时候，队员就要对球的运行轨迹进行预判，注意选位与保护同伴。

（4）当一方抢到球后形成 2 对 2（3 对 3）局面时，队员要分别采取抢球和保护（移动）行为。

（5）防守队员如果发现了特定抢球机会或 1 对 1 局面，可依据临场情况放弃自己正在防守的队员，而进行 2 对 1 防守，抢夺球权。

（6）防守队员应与守门员合作保护球门（交流、封堵射门角度等）。

变化：本练习可依据队员的水平情况，调整场地大小。

（十）2 防 3+1（守门员）练习

练习目的：使队员掌握压迫防守的基本方法。

练习区域：30 m × 30 m 的区域。

器材：小球门、球、标志服。

练习方法：练习设置如图 3-38 所示，队员在小球门前规定区域进行攻守练习。练习由守门员将球传给进攻方队员后，以 3 对 2 的形式开始。防守方夺得球权后，进行反击并进攻小球门。进攻方有越位规则限制。练习数次后，交换攻守角色。

指导要点：

（1）队员应与守门员相互交流与指挥，协力保护球门。

（2）队员应在以保护小球门为首选的情况下，把握和主动创造出特定抢球机会（如对手技术失误、身体朝向不合理，形成以多防少的机会）。

（3）防守方应限制进攻方的进攻方向，尽量从人数不利的状态变成人数相等的状态。

（4）防守方可以利用越位规则形成以多防少的局面；如果已形成了人

数上的优势，那么应更加主动地去抢球。

（5）防守方抢夺球权后，要立即发动反击，进攻小球门。

变化： 本练习可依据队员的水平情况，调整场地大小。

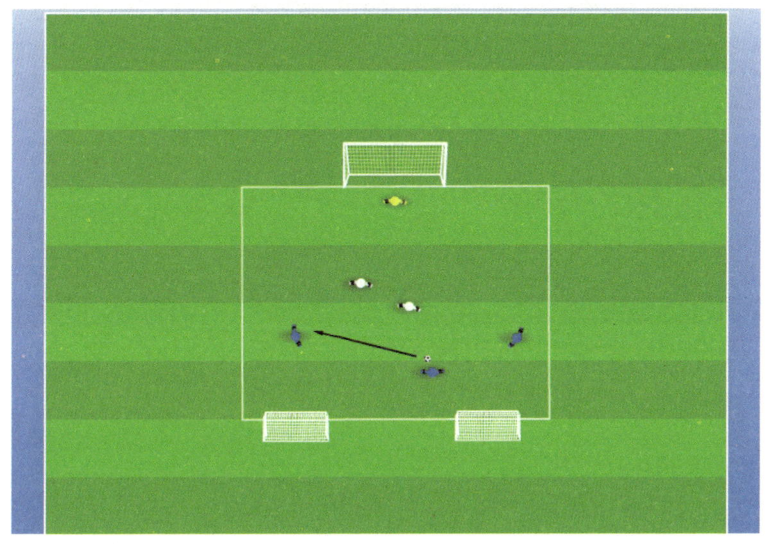

（a）防守人数处于劣势局面

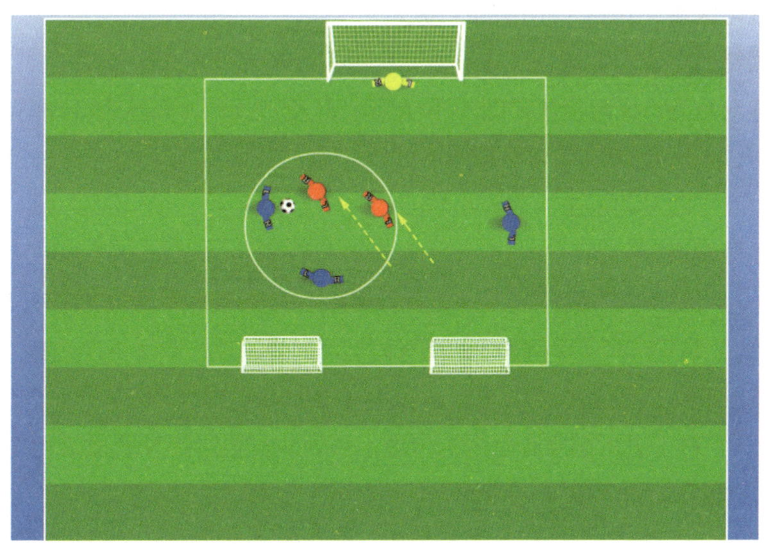

（b）防守人数相等局面

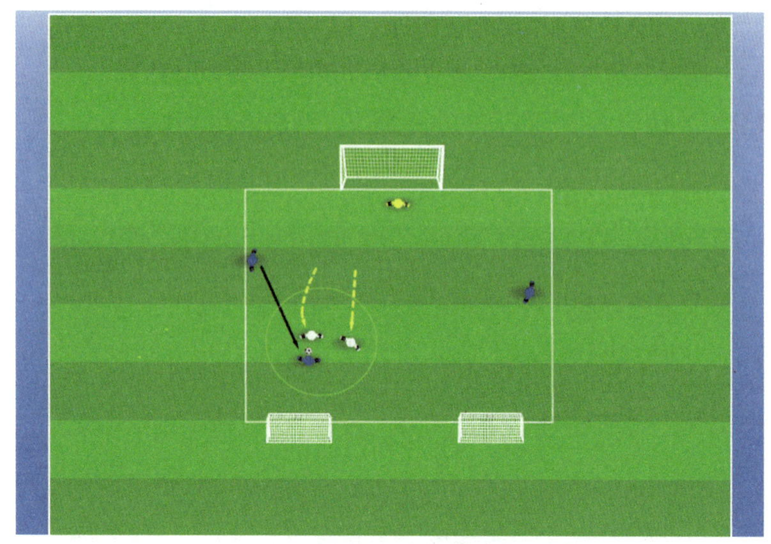

（c）防守人数处于优势局面

图 3-38　2 防 3+1（守门员）练习

（十一）4 防 5+1（守门员）练习

练习目的：使队员掌握压迫防守的基本方法。

练习区域：30 m × 40 m 的区域。

器材：小球门、球、标志服。

练习方法：练习设置如图 3-39 所示。队员以 5 对 4 开始进行攻防练习。进攻时，球一旦越过练习区域的中线就有越位规则限制。防守方一旦获得球权，应立即发动反击，进攻小球门。

指导要点：

（1）包括守门员在内，全体队员都要相互交流与指挥，协力保护小球门。

（2）防守方尽量保持紧凑的防守阵型，即使进攻方队员交换位置，防守方队员也不要变换位置。

（3）对于进入防守阵型内的传球，防守队员要对接球队员进行前后包夹［夹击防守如图 3-39（b）所示］。

（4）防守方如果处于人数劣势时，要在优先保护小球门的情况下，把握和主动创造出特定抢球机会（对手技术失误、身体朝向不合理等）。

（5）防守方抢夺球权后，要立即发动反击进攻小球门。

变化： 本练习可依据队员的水平情况，调整场地大小。

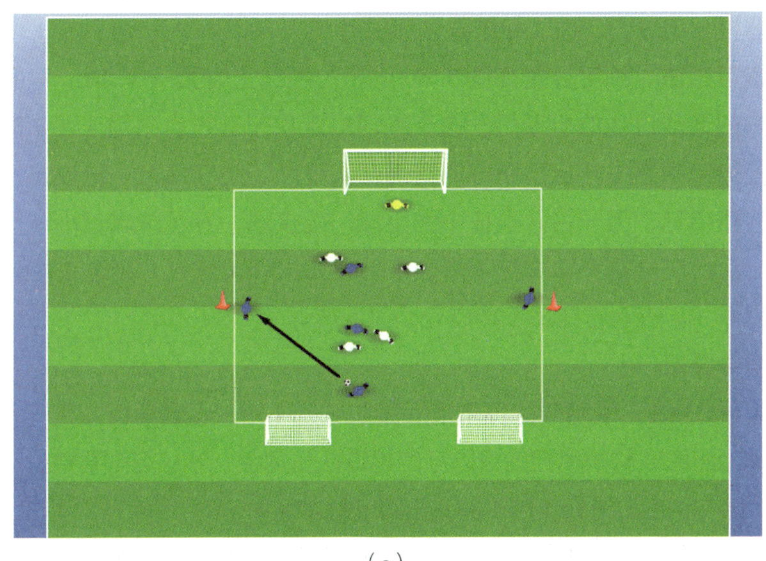

（a）

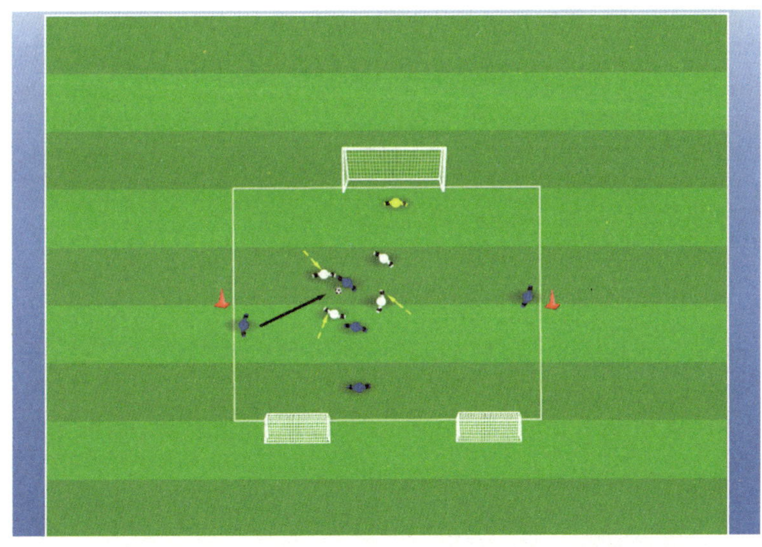

（b）

图 3-39　4 防 5+1（守门员）练习

（十二）2 防 1（中路驱赶压迫）练习

练习目的： 使队员掌握压迫防守的基本方法。

练习区域： 1/2 足球场。

器材： 小球门、球、标志服、标志筒。

练习方法： 练习设置如图 3-40 所示，中线上设置一个 10 m 宽的用标志筒做的运球过线的小球门。这个练习拟定攻守双方均采用 4-4-2 阵型，通过模拟向中路进行压迫防守的局面，实现前场防守练习。进攻方一名队员在边路传球，另一名队员在中线小球门前接球，并运球越过小球门线，球传出后，防守队员以 2 防 1 开始练习，如果夺得球权，则进攻罚球区线上的小球门。进攻方队员不能向守门员回传球。

指导要点：

（1）中线上的防守队员承担后腰防守的 1 对 1 压迫角色，另一名场区中央线上的防守队员承担前锋防守的抢球队员角色。本练习主要模拟了进攻方向中路传球后，进行 2 防 1 的夹击防守战术。

（2）后腰队员封堵对手纵向运球的路线，尽量不让对手转身，并向同伴的方向驱赶对手；不要轻易离开纵向封堵位置，以免被突破。

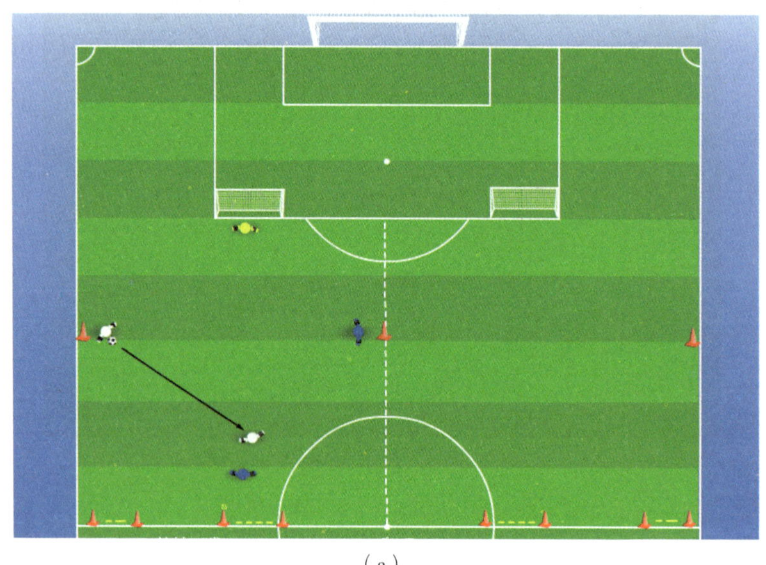

（a）

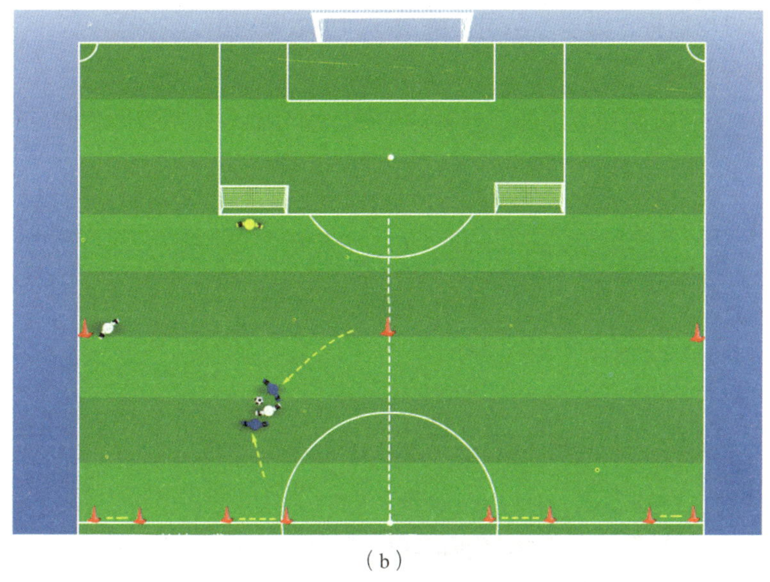

（b）

图 3-40　2 防 1（中路驱赶压迫）练习

（3）回防施压的前锋要积极主动抢球。

（4）队员之间一定要沟通与交流。

变化：

（1）本练习可在两个边路练习。

（2）本练习也适用于向边路驱赶的压迫防守练习。

（十三）3 对 2（中路驱赶压迫）练习

练习目的： 使队员掌握压迫防守的基本方法。

练习区域： 1/2 足球场。

器材： 小球门、球、标志服、标志筒。

练习方法： 练习设置如图 3-41 所示，在中线与边线交汇处设置 4 m 宽的用标志筒做的传球过线的小球门。它是本章练习（十二）的升级。这个练习模拟的是中后卫向边后卫传球发动进攻的局面。练习由守门员将球传给边线附近的边后卫后，以 3 对 2 的形式开始。进攻方以中线上的传球过小球门或运球过小球门为进攻目标。若防守方得球，则以罚球区线上的小球门为进攻目标。进攻方队员不能将球回传给守门员。

指导要点：

（1）假设防守方追加了一名边前卫，那么他应采用弧形跑的方式靠近

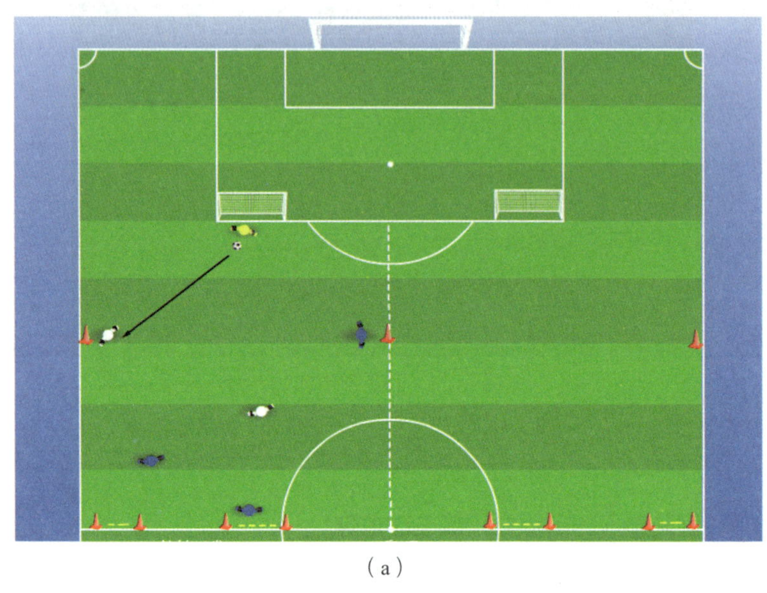

（a）

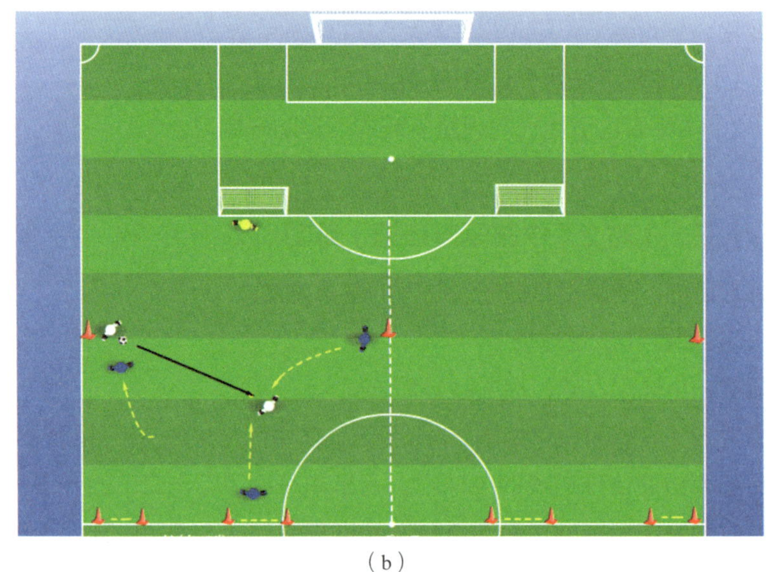

（b）

图 3-41　3 对 2（中路驱赶压迫）练习

对方的边后卫。这样可以一边阻断纵向传球路线，一边将进攻方向向中路驱赶。如果边前卫可以自己抢夺球权，那么应主动上前防守。

（2）防守方后腰队员先不要靠近对手的后腰，应在球向中路传出后，与防守的前锋一起进行包夹防守（夹击）。

（3）其他要点参照本章练习（十二）。

变化：

（1）本练习在两个边路练习。

（2）本练习可依据压迫防守的类型，变换练习区域。

（3）本练习也可用于向边路驱赶的压迫防守练习。

（十四）4 对 3（中路驱赶压迫）练习

练习目的：使队员掌握压迫防守的基本方法。

练习区域：1/2 足球场。

器材：球门、球、标志服、标志筒（用作小球门）。

练习方法：练习设置如图 3-42 所示。本练习将本章练习（十三）稍作调整，进攻方与防守方各加 1 名队员。这个练习模拟的是在 4-4-2 阵型体系下，进攻方后场组织进攻的局面。练习由守门员将球传给中卫后，以 4 对 3 的形式开始。进攻方以中线上的传球过小球门或运球过小球门为进攻目标。若防守方得球，则以球门为进攻目标。进攻方队员不能将球回传给守门员。

指导要点：

（1）假设防守方追加了一名完成驱赶任务的前锋，那么他应采用弧线跑的方式靠近中卫，将进攻方向从中路向边路驱赶。

（2）当进攻方中卫将球传给边后卫后，防守方前锋应该切断其回传球的路线，将边后卫的进攻向中路驱赶。

（3）其他要点参照本章练习（十三）。

变化：

（1）本练习也适合在两个边路练习。

（2）本练习可依据压迫防守的类型，变换练习区域（可以将练习区域向后撤）。

（3）本练习可依据自己和对手的阵型，调整练习开始的落位区域。

（4）本练习也可以用于向边路驱赶的压迫防守练习。

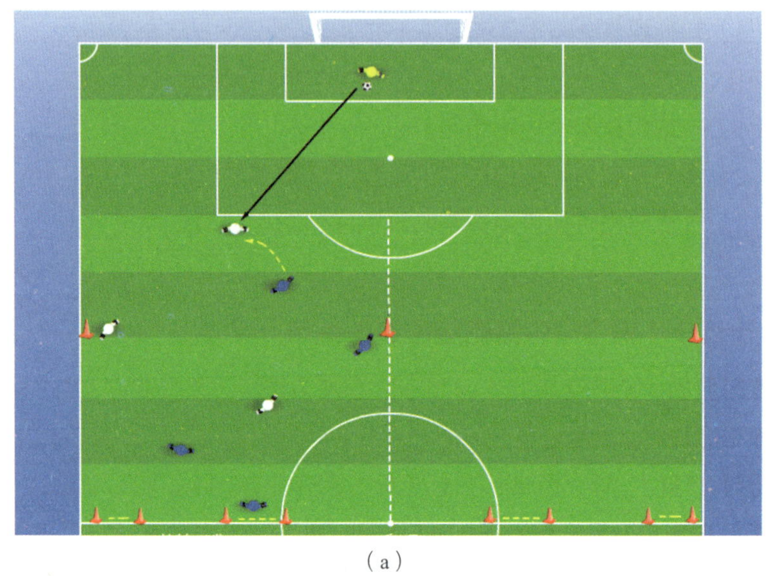

（a）

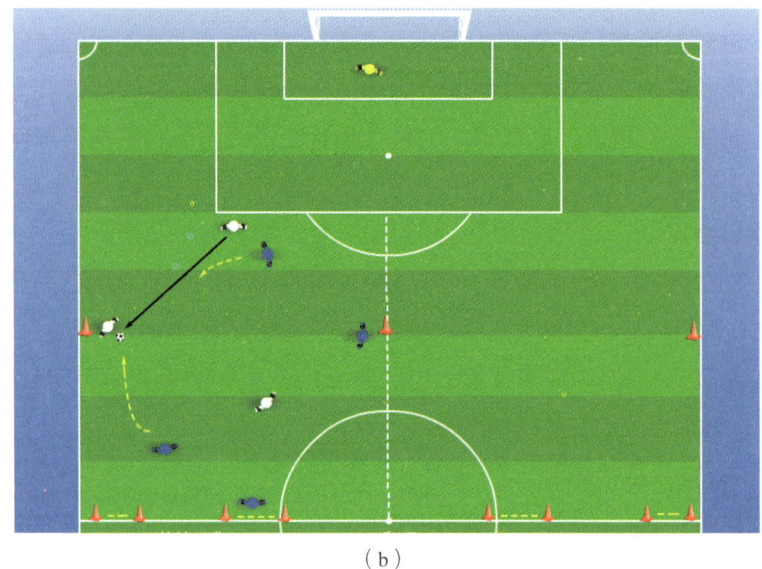

（b）

图 3-42　4 对 3（中路驱赶压迫）练习

（十五）4 对 3+4 对 3 练习

练习目的：使队员掌握压迫防守的基本方法。

练习区域：1/2 足球场。

器材：球门、球、标志服、标志筒（用作小球门）。

练习方法：练习设置如图 3-43。本练习将本章练习（十四）稍作调整，罚球区前不设置限制线；进攻方与防守方各有 6 名队员。练习由守门员将球传给中卫开始。球在边路时，要求与本章练习（十四）的 4 对 3 形式相同。当进攻方中卫选择转移进攻时，防守方 2 名前锋向另一侧区域移动，重复边路 4 对 3 的练习。

指导要点：

（1）针对进攻方 2 名中后卫之间的传球，防守方 2 名前锋应该交替变换防守角色分工，即靠近球侧的前锋上前施压，异侧的前锋向中路靠拢。这样可以减少每个人的跑动距离。

（2）其他要点参照本章练习（十四）。

变化：

（1）本练习可依据压迫防守的类型，变换练习区域（可以将练习区域向后撤）。

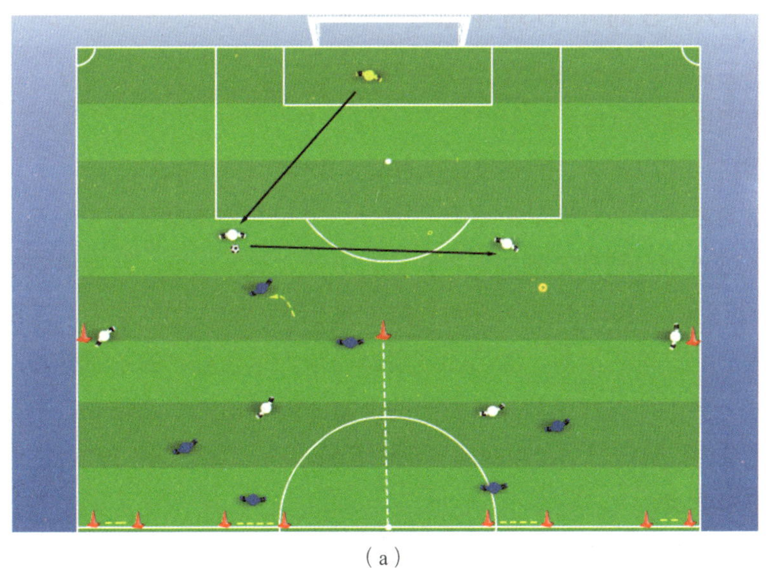

（a）

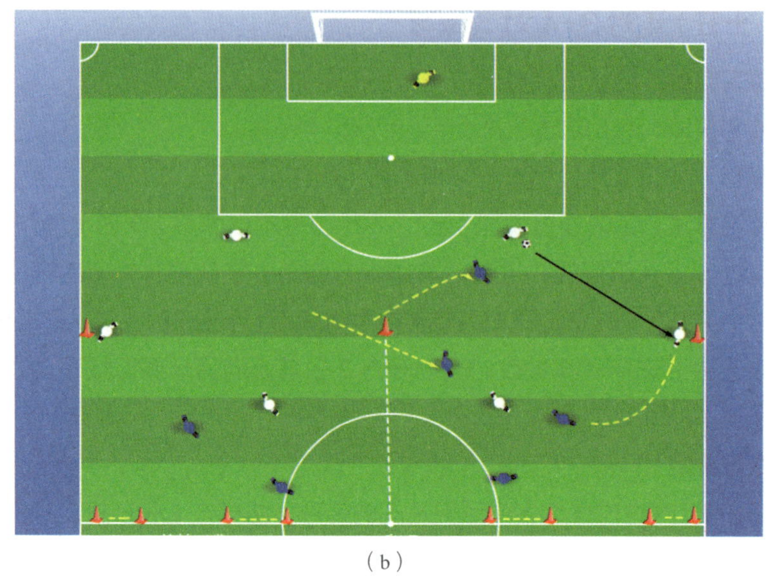

（b）

图 3-43　4 对 3+4 对 3 练习

（2）本练习可依据自己和对手的阵型，调整练习开始的落位区域。

（3）本练习也可以用于向边路驱赶的压迫防守练习。

（十六）5 对 4+5 对 4 练习

练习目的：使队员掌握压迫防守的基本方法。

练习区域：足球场。

器材：球门、球、标志服、标志筒（用作小球门）。

练习方法：练习设置如图 3-44 所示。本练习将本章练习（十五）稍作调整，进攻方与防守方各加 2 名队员，进行 8 对 8 练习；另外将防守方的 4 个小球门向后移动 10 m。练习模拟的是在 4-4-2 阵型体系下，进攻方后场 8 人组织进攻的局面。练习由守门员将球传给任意一名中卫开始。球在边路时，要求与本章练习（十五）的 4 对 3 形式相同。当防守方中卫选择转移进攻时，防守方 2 名前锋向另一侧区域移动，重复边路 5 对 4 的练习。

指导要点：

（1）当进攻方边后卫将球传给边前卫时，防守方边前卫应回撤施压，

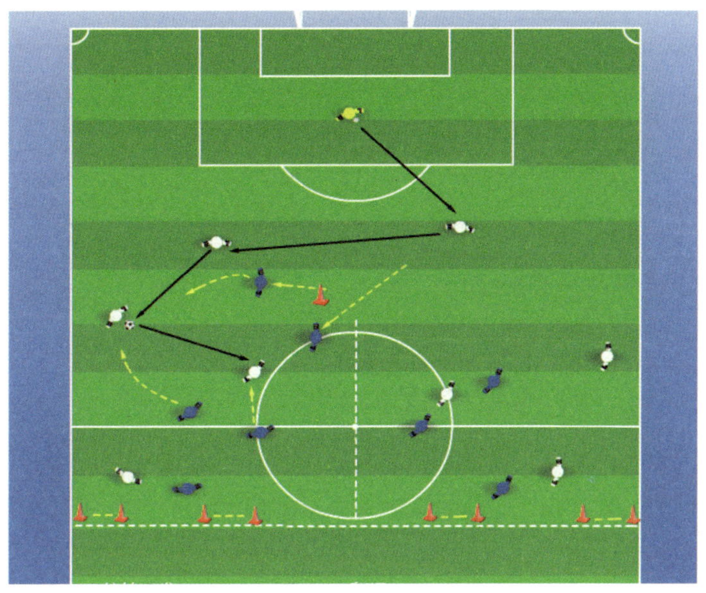

图 3-44 5 对 4+5 对 4 练习

与边后卫一起包夹防守（夹击）。

（2）其他要点参照本章练习（十五）。

变化：

（1）本练习可依据压迫防守的类型，变换练习区域（可以将练习区域向后撤）。

（2）本练习可依据自己和对手的阵型，调整练习开始的落位区域。

（3）本练习也适用于向边路驱赶的压迫防守练习。

（十七）8 对 8+2 次触球限制区练习

练习目的：使队员掌握压迫防守的基本方法。

练习区域：2/3 足球场。

器材：球门、球、标志服、标志筒（用作小球门）。

练习方法：练习设置如图 3-45 所示。本练习不设置本章练习（十六）中半场内的限制线，将中路小球门合成一个，并在中场附近设计一个 20 m × 40 m 的 2 次触球限制区。练习由守门员将球传给任意一名中卫开始。

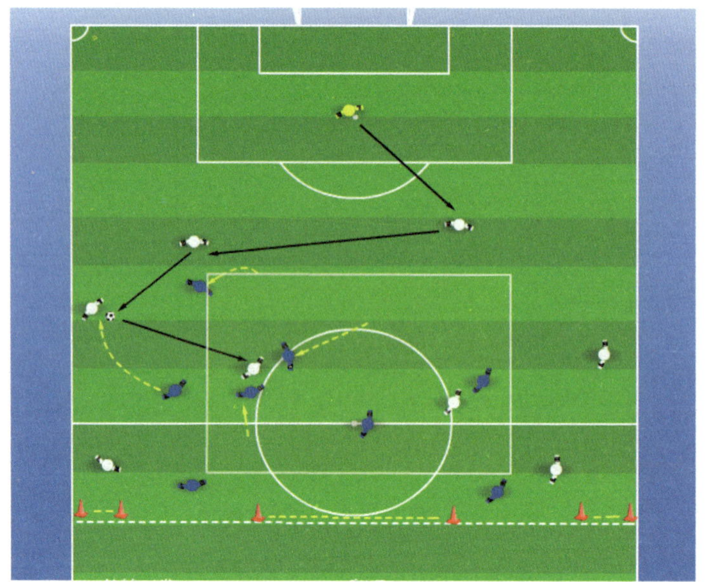

图 3-45　8 对 8+2 次触球限制区练习

攻守双方进行 8 对 8 练习。进攻队员在 2 次触球限制区内必须触球 2 次。进攻方以中线上的传球过小球门和运球过小球门为进攻目标。若防守方得球，则以球门为进攻目标。进攻方队员不能将球回传给守门员。

指导要点：

（1）练习模拟的是中场压迫防守的局面。防守方应在驱赶对手进入 2 次触球限制区后抢夺球权。

（2）其他要点参照之前的练习方法。

变化：

（1）本练习可依据压迫防守的类型，变换 2 次触球限制区。

（2）本练习可依据自己和对手的阵型，调整练习开始的落位区域。

（3）本练习也可以设置 1 次触球限制区，降低防守方难度。

（4）本练习可以纵向加宽 2 次触球限制区（如 30 m × 40 m 的区域），进行 11 对 11 的攻守练习。

（十八）8 对 8（后场组织进攻）练习

练习目的：使队员掌握压迫防守的基本方法。

练习区域：2/3 足球场。

器材：球门、球、标志服、标志筒（用作小球门）。

练习方法：练习设置如图 3-46 所示。练习由守门员将球传给任意一名中卫开始。攻守双方进行 8 对 8 练习。队员依据临场情况，选择相应的防守行动。进攻方以中线上的传球过小球门或运球过小球门为进攻目标。若防守方得球，则以球门为进攻目标。

指导要点：

（1）在进攻方后卫背向进攻方向回追球时，防守方尽量缩短与他们之间的距离。

（2）靠近球侧的防守队员应向边路驱赶对手，不要让他将球回传给守门员或异侧转移。

（3）所有的防守队员都要以球为中心，向球移动和选位，封堵对手传球路线。

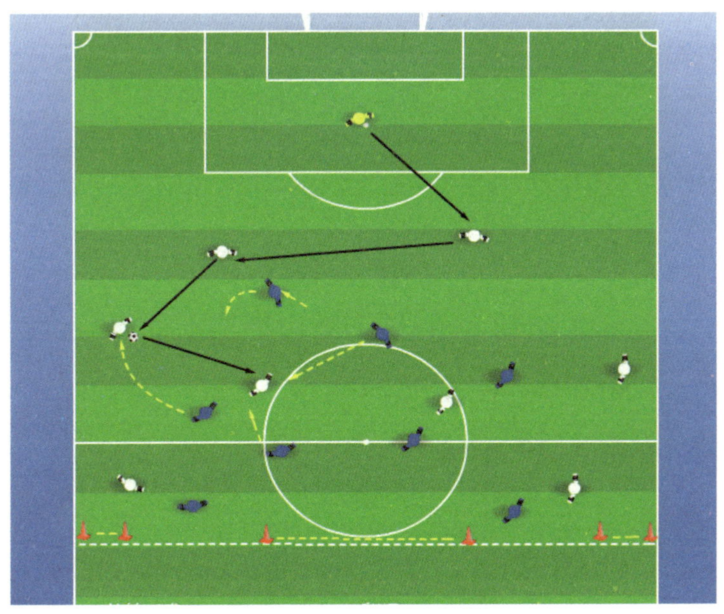

图 3-46　8 对 8（后场组织进攻）练习

变化：

（1）本练习可依据压迫防守的区域，变换练习区域。

（2）本练习可依据自己和对手的阵型，调整练习开始的落位区域。

（3）教练员要控制防守线的起始位置，不要变成前场高压防守。

（4）本练习最后可以安排 11 对 11 的实战练习。

（5）本练习也适用于向边路驱赶的压迫防守练习。

（十九）前场高压防守练习

练习目的：使队员掌握压迫防守的基本方法。

练习区域：2/3 足球场。

器材：球门、球、标志服、标志筒（用作小球门）。

练习方法：练习设置如图 3-47 所示。将中场压迫防守作为基础，队员依据临场情况选择前场高压防守练习。练习由教练员将球踢向进攻方后卫身后的空当开始。攻守双方进行 8 对 8 练习。进攻方以中线上的传球过小

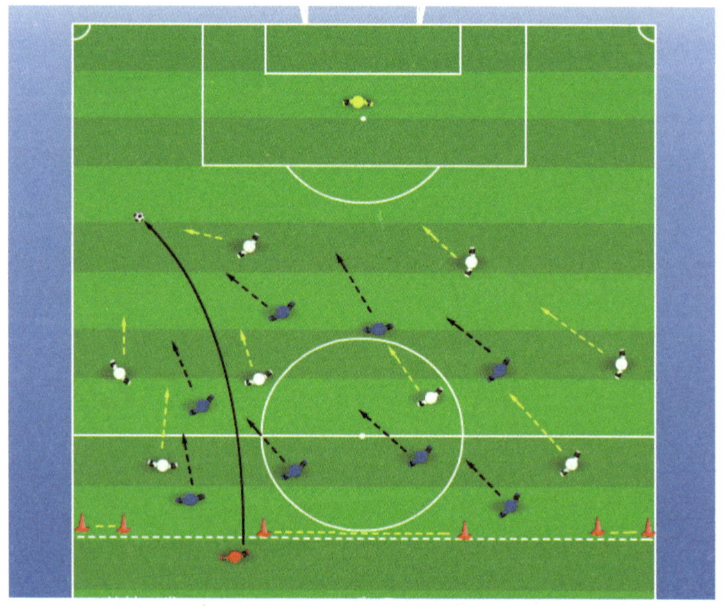

图 3-47　前场高压防守练习

球门或运球过小球门为进攻目标。若防守方得球，则以球门为进攻目标。

指导要点：

（1）练习模拟的是中场压迫防守的局面。前锋线的2人不要过于靠前，避免与中场防守线之间出现过大的空当。

（2）队员应依据临场情况，选择前场高压防守。

（3）其他要点参照之前的练习方法。

变化：

（1）本练习可依据自己和对手的阵型，调整练习开始的落位区域。

（2）本练习可以将本章练习（十七）与练习（十八）加入进来。

（3）本练习最后可以安排11对11的实战练习。

（二十）后场边路压迫防守练习

练习目的：使队员掌握压迫防守的基本方法。

练习区域：足球场。

器材：球门、球、标志服。

练习方法：练习设置如图3-48所示。队伍分成进攻方和防守方，2队均采用4-4-2阵型。防守方采取后场压迫区域落位布阵，依据后场压迫防守的不同局面，采取合理的行动。

指导要点：

（1）队员应明确此区域压迫防守的策略（向中路/边路驱赶对手）。如图3-48所示是向边路驱赶对手后，进行的包夹防守（夹击）场景。

（2）队员不仅仅要对断、传球进攻明确防守策略，还要对对手的长传球进攻明确防守策略。

变化：

（1）本练习可依据自己和对手的阵型，调整练习开始的落位区域。

（2）本练习也可以选取一些场景，进行人数较少的针对性练习。

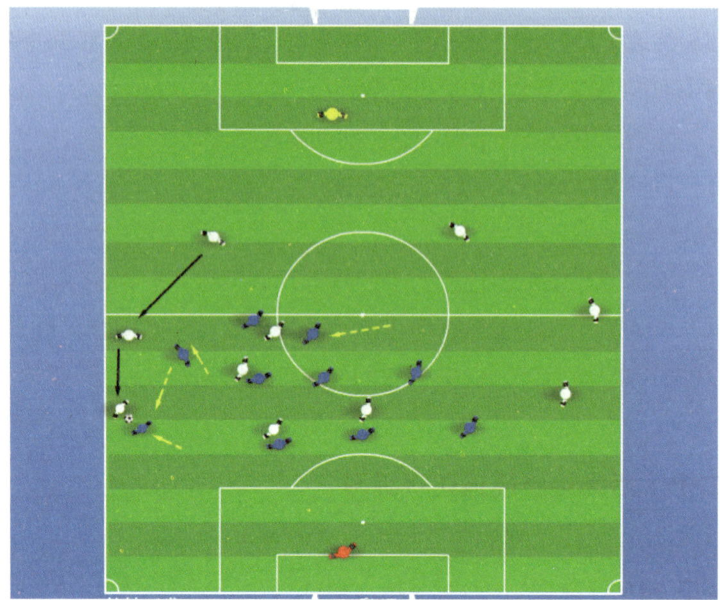

图 3-48　后场边路压迫防守练习

第四章
1 对 1

● 本章提示

1 对 1 不仅仅是接到球后的状态，也包括接球前的状态。

1 对 1 在德语中是“Zweikampf”，翻译成汉语是“决斗”的意思。

一、现代足球比赛中 1 对 1 的重要性

1 对 1 是实施小组战术和全队战术的基础。

2014 年，时隔 24 年再次夺得足球世界杯冠军的德国队，展现出了在攻守过程中都能保持紧凑的比赛方式，其夺冠被认为是实至名归。

所谓在进攻方面的紧凑性，也可以说是在进攻中不依赖长传球进攻或特定队员的发挥，而是在有球区域形成更多的人数优势，并保持一定距离的前提下，利用短传球配合的方式完成全队的进攻。因此，当德国队丢掉球权时防守仍能保持紧凑的状态，而这就为小组立即压迫防守提供了可能性。

另外，在压迫防守方面，全队也能通过保持合理的距离形成相互间的保护，当重新获得球权后，就能够利用更多队员参与的小组反击战术或控球战术来实现对比赛节奏的控制。

本书以获得过世界杯冠军的德国队作为样本进行研究发现，在现代足球比赛中，为了避免陷入 1 对 1 的状态，更多的进攻采用了以小组配合的方式，防守多采用能够形成相互保护的区域防守方式。目前，在有球区域制造出人数优势后抢夺球权的防守战术已经成为主要攻守战术。

但是，如果在思考比赛场景时，把在攻守过程中总会有同伴支持作为前提条件的话，那么就很容易忽视 1 对 1 在比赛中的重要性。这也可以说是一个在分析促成队伍取得胜利方面犯的严重错误，因为在现代足球比赛中依然存在很多 1 对 1 的状态，而在这种状态下每个队员的行为质量直接关系到能不能成功完成小组战术或全队战术。

例如，在实施压迫防守时，紧凑的防守阵型内会出现很多的 1 对 1 局面，如果有球侧的队员被对手突破或出现了防守犯规的情况，那么全队的防守战术和计划就不可能实现。德国队主教练勒夫非常重视在防守时避免出现犯规行为，即使在世界杯的比赛中德国队的表现也能够说明这一点（表 4-1、表 4-2）。

表 4-1　2014 年世界杯前 4 强队伍犯规次数统计表

队伍	场次	犯规次数	警告次数	被判罚球点球
德国	7	91	6	0
阿根廷	7	80	8	0
荷兰	7	126	11	2
巴西	7	123	14	2

表 4-2　2014 年世界杯德国队 4 名主力队员犯规次数统计表

队员	出场时间 /min	犯规次数	警告次数
胡梅尔斯	509	4	0
博阿滕	649	4	0
施魏因斯泰格	505	12	2
穆勒	682	12	0

另外，进攻方在发动反击或转移进攻后，在防守方尚未建立有序的防守之前，在对方球门附近区域，特别是在球门前区域形成 1 对 1 的局面时，在不丢球的情况下能否完成突破或者控制球权，防守方在不被突破的同时能否抢回球权或者延缓对手的进攻，这些方面是左右比赛结果的重要因素。

在巴西世界杯比赛的 4 强队伍中，除了德国队，其他 3 支队伍（阿根廷、荷兰、巴西）都有 1 对 1 能力突出的队员（梅西、罗本、内马尔），甚至可以说，正是这些队员的出色发挥，才使队伍在比赛中取得了好的成绩。

1 对 1 能力，从运动员的青少年时期开始就成为其基础能力培养的主要内容之一。这种基础能力的学习和提高即使过了青少年时期也应持续进行。因为运动员经过青少年时期的培养以后，随着他们在场上位置的确定以及掌握了全队战术，更应该依据其位置有针对性地提高和完善 1 对 1 能力。

贝肯鲍尔说过，1 对 1 是德国足球的优势和品质。即使在现在的德甲联赛官网中也可以看到所有比赛中运动员 1 对 1 的相关数据。

二、1 对 1 局面的区域特征

在对方球门前出现 1 对 1 局面的比例占总数的 20%~30%。保持控球权的队伍，必须依据球在场上的区域或状态，一边评估失分的风险，一边组织进攻。

1 对 1 的状态也是如此，进攻的队员要考虑哪个区域可以冒风险进攻，哪个区域以不丢球为前提。在对青少年队员进行指导时，作为提示信号可以把场地分成绿、黄、红三个区域，这样可以提示持球队员做 1 对 1 时的风险程度（图 4-1）。这个场区划分的界线，依据比赛的临场情况、对手压迫防守的位置等因素变化而产生动态性的变化。

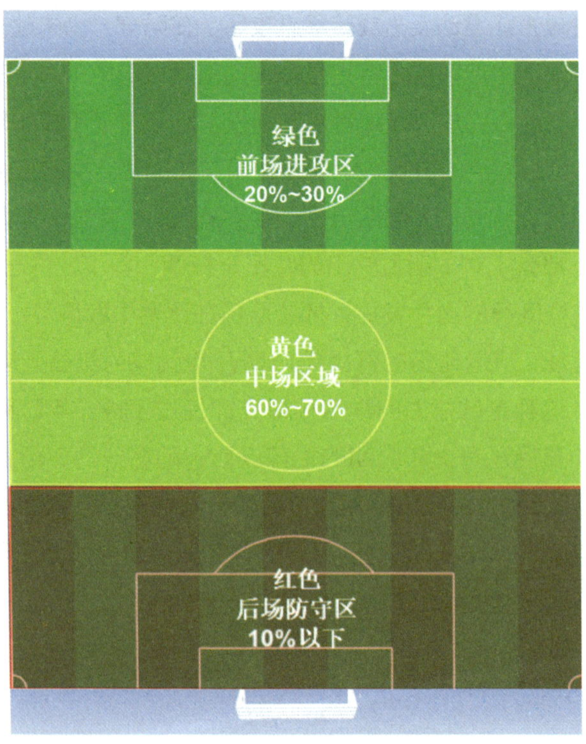

图 4-1　1 对 1 发生的区域和比例

在本方半场的球门区，相当于红色（危险）场区，如果失去球权就意味着很有可能会失分。在这个区域尽可能避免采取有丢球风险的 1 对 1 行为。因此，在一场比赛中，本方在这个区域采用 1 对 1 的比例是总数的 10% 以下，即使出现了 1 对 1 的局面，也不会贸然采用突破行为，而更多的时候会选择转身将球传给同伴或大脚解围将球踢出危险区域。

相反，在对手半场的球门区，相当于绿色（安全）场区，为了攻破这个对手防守最严密的区域，有的时候进攻方可以采用一些创造性或带有冒险性的战术行为。在一场比赛中，这个区域出现 1 对 1 的比例是总数的 20%~30%。球门前 1 对 1 的成败对进球数量影响最大，并且球门前的区域是在攻守过程中对抗强度、注意集中程度要求最高的区域。因此，在平时的训练中应重视此区域的 1 对 1 练习。

在以中场为中心的黄色（注意）区域出现 1 对 1 的比例是总数的 60%~70%。但是，冒险的以突破为目的的 1 对 1 行为很少，大部分行为是选择控制好球后，利用横传或回传将球传给同伴。

三、不同情景的 1 对 1 要点

1 对 1 的状态大致分为正面 1 对 1 和背对 1 对 1 两种状态。正面 1 对 1 是指持球进攻队员面对防守队员的一种状态；背对 1 对 1 是指进攻队员身体背对防守队员的一种状态，换句话说，就是防守队员从后面紧盯进攻队员的一种状态。

每种 1 对 1 的状态，依据 1 对 1 的区域（中路 / 边路）、队员之间的距离（远 / 近）、进攻队员的状态（接球状态、持球状态、来球的方向）等因素，可以被更加细化。

当然，这也包括 1 对 2 这种以少防多的状态。本章依据每种状态的特点，图解说明攻守中的要点。图解用的攻守阵型均设置为 4-4-2 阵型（图 4-2 至图 4-4）。

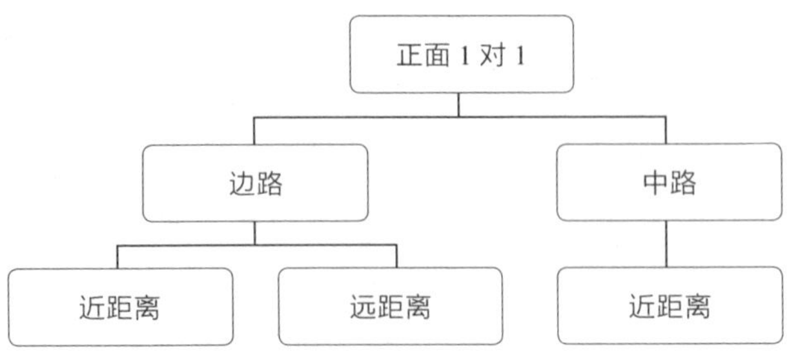

图 4-2　正面 1 对 1 状态

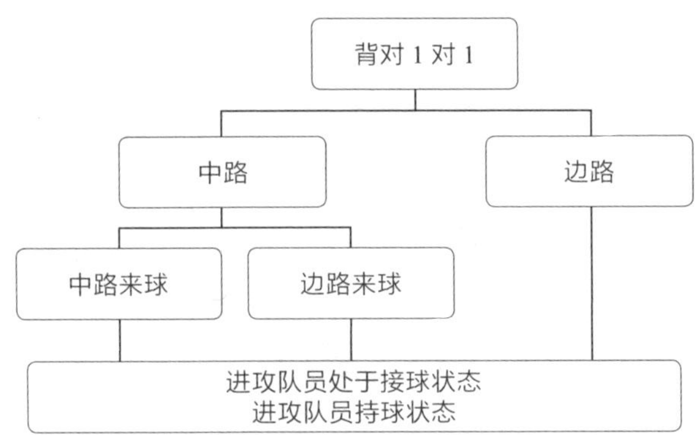

图 4-3　背对 1 对 1 状态

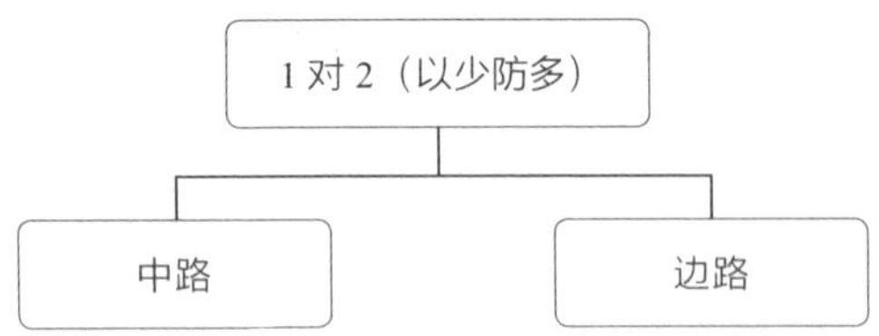

图 4-4　1 对 2（以少防多）状态

（一）边路正面1对1（近距离）

在正面1对1的情况下，进攻队员可以在面对进攻方向的状态下发动进攻，而相对于进攻持球队员来说，防守队员不容易把握自己身后的情况，从这个角度来看，进攻队员处于更加有利的位置。

与中路正面1对1相比，边路正面1对1具有相对更大的空间，这增加了进攻队员接球向前的进攻机会。边路正面1对1局面基本上是接来自中路或同侧边路的短传球之后形成的，因此进攻队员与防守队员的距离比较近。此时，进攻队员需要依据临场状况或所处的场地区域做出选择，如尝试1对1突破，还是以不失球权为首要任务。

1. 进攻要点

如图4-5所示，在对方半场接近球门的区域接到球，如果能够突破正面的防守队员就有可能创造射门机会，因此这是一种在知道有失去球权的风险情况下，也能进行1对1进攻的状态；但是，在这种状态下，防守方同侧边前卫和后腰会向有球区域靠近，为了形成以多防少的前后包抄防守（夹击），进攻队员要尽量避免做多余的假动作，从第一次触球开始就要运用快速运球，想办法越过防守队员。

图4-5　边路进攻突破

此时，如果进攻队员直接把球沿纵向的（边线）方向处理，那么对于防守队员来说，就变成了更加容易将进攻压迫到边路区域来进行防守的一种有利状态。所以，尽量将球处理成面对防守队员的方向（球门方向），这样进攻队员既可以选择向边路突破，也可以选择向中路突破（图 4-6）。

图 4-6　边路 1 对 1 突破

2. 防守要点

对于防守队员来说，面对进攻时并不是一味地被动防守，可以通过分析临场状况、选择合理的行为（身体的朝向、脚步的姿势等），延缓对手的进攻，为同伴进入保护位置争取时间，也为自己抢夺球权创造机会。

在边路的防守队员可以选择向边路驱赶持球队员，利用边线限制对手的活动范围，伺机抢夺球权（图 4-7）。

为了不被对手的假动作迷惑，防守队员的注意力要集中在球上。当对手沿纵向运动时，理想的抢球时机是发现球离开对手脚的一瞬间，将身体卡入对手和球之间来抢夺球权（图 4-8）。在德国队的比赛中，队员经常利用边线进行夹击防守。

图 4-7　向边路驱赶对手

图 4-8　边路 1 对 1 卡位抢球

（二）边路正面 1 对 1（远距离）

对于那些以密集阵型为基础进行压迫防守的队伍，进攻方采用边路转移进攻是很有效果的进攻战术之一。边路转移之后，持球队员与防守队员经常会形成具有一定间隔距离的 1 对 1 局面。在这种状态下，进攻队员会处于一种有利的局面，即他们可以一边观察进攻前方的情况，一边加快进攻的速度。

1. 进攻要点

如图 4-9 中的状态，如果是选择突破进攻，为了不给对手分析自己身后情况和同伴进入保护位置的时间，那么进攻队员要省掉做多余假动作的时间，从第一次触球开始就应该选择快速的运球行为。

如前所述，进攻队员通过选择面对防守队员（球门方向）进攻，就能够制造出选择向前突破或是向中路突破的局面。

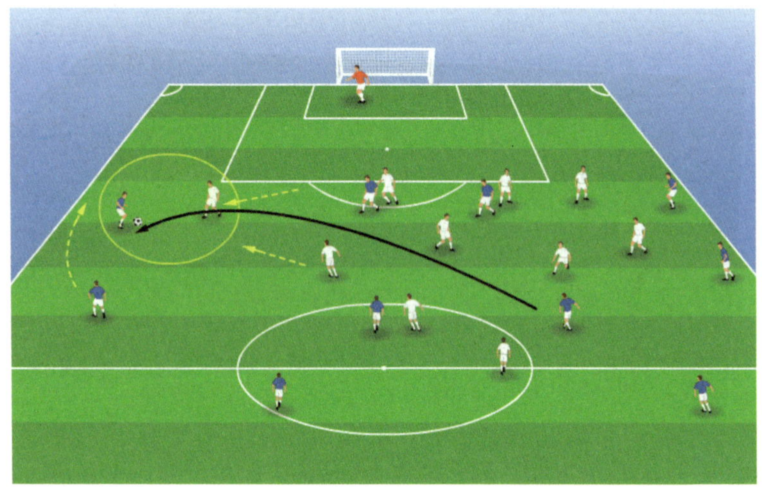

图 4-9　转移至边路的进攻状态

2. 防守要点

对于防守队员来说，首要任务是尽量延缓对手的进攻速度，在边路进攻队员接到球之前就要尽量地靠近对手。这时候也会出现因过于靠近对手而被轻易地闪过造成突破的局面，所以防守队员应依据对手的运球速度，尽量与对手保持 5~8m 的距离（图 4-10），之后一边随球后撤，一边慢慢地缩短与对手之间的距离（图 4-11）。防守队员如果能够顺利地缩短距离，就可以依据近距离 1 对 1 的防守原则，利用边线一起进行夹击抢夺球权。

图 4-10　边路 1 对 1 快速靠近对手

图 4-11　边路 1 对 1 防守缩短与对手的距离

（三）中路正面 1 对 1（近距离）

场地的中路，特别是对手球门前区域因为处于对手的防守阵型之中，所以它相对边路来说空间要小。但是队员一旦在此区域内完成接球转身，或者通过二过一配合摆脱了中场防守，就会在场地的中路形成与后卫的近距离对峙的 1 对 1 局面。

1. 进攻要点

如图 4-12 所示，在球门前接到球的前锋常常处于对手的保护防守圈之内，或者因防守阵型通过向球的移动对他形成以多防少的局面。这个时候，虽然在大部分情况下前锋会被迫选择将球传给不会丢球的同伴，但是正是通过这种短暂的对峙或者表现出来的向球门进攻的意图，使得防守队员被迫向球靠拢，而这样就可能使同伴获得更大的活动空间。当然，如果能通过运球或射门摆脱这种局面的话，那么创造射门得分的机会也就更大了。

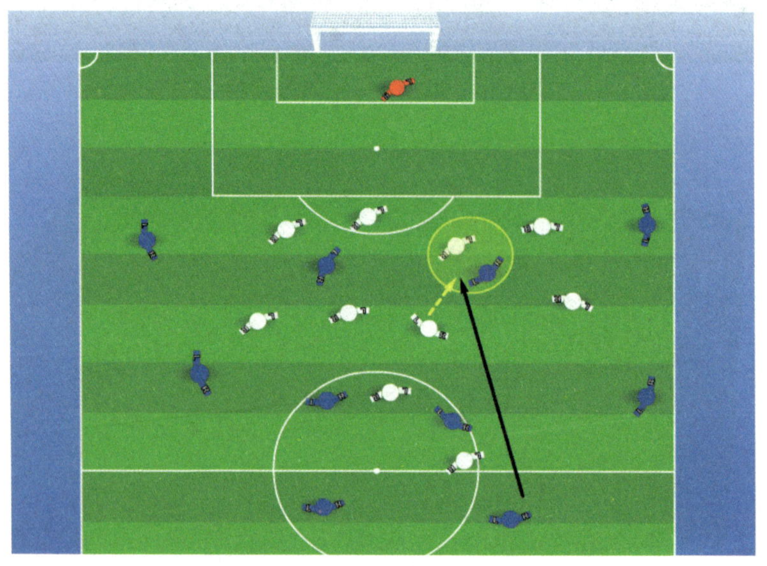

图 4-12　中路正面 1 对 1 局面

2. 防守要点

与在边路的防守要求一样，防守队员要尽量侧身面对进攻队员并限制其进攻方向。在边路防守队员是把边线作为基准来限制进攻方的进攻方向，但是在中路防守队员要以对手的优势脚、队友所处的保护区域、自己擅长的防守侧等为基准，尽可能地迫使对手处在不利局面。例如，在图 4-13 中的局面，对手前锋的左脚是优势脚，防守队员就要采取切断内线的面向边路的侧身防守姿势，这样就可以不让对手直接利用优势脚完成射门；接下来迫使对手向右侧转身运球，当球离开脚的一瞬间也是抢夺球权的最好机会（图 4-14）；即使最后还是让对手完成了射门，但他也只能在被限制得没有射门角度的区域，用不擅长的右脚完成。

图 4-13 中路 1 对 1 封堵内线

图 4-14 中路身体卡位抢断球

（四）中路背对 1 对 1（进攻队员等着接球或者正在持球）

背对 1 对 1 就是进攻队员背对防守队员的局面，也就是防守队员从进攻队员身后过来盯人的一种 1 对 1 的防守状态，如前锋被对手中后卫盯防的状态，或者是后腰被对手后腰盯防的状态等，一般在前场或者中场的区域较为常见。因为进攻队员背对进攻方向，所以很难判断对手后卫的行为，与盲目地突破相比，为了不失去球权，一般会选择将球回传给来接应的队友。但是，进攻队员通过无球摆脱或者调整身体朝向的方法，也有可能制造出正面 1 对 1 的局面。

此外，这种局面对于防守方来说是非常有利的状态，他们可以一边面对进攻方向来观察，一边判断对手的行动和球的位置。如果进攻队员处于等着接球的状态，那么防守队员最理想的行为是能够拦截传球，获得球权，即使对手处于持球状态，也能通过采取正确的行动很好地抢夺回球权。但是，由于防守队员过于靠近对手，在对抗中出现防守犯规的例子也很多。

（五）进攻队员接中路的传球

1. 进攻要点

如图 4-15 所示，前锋正处在接中路的传球状态。一般认为，在这种状态下，前锋有以下几种 1 对 1 突破的方法。

第一，进攻队员通过接球前的摆脱行为，在离开防守队员的一瞬间把球停在脚下。如果情况允许，进攻队员尽量转身创造出正面 1 对 1 的局面；如果不能转身，那么只能从背对防守队员的状态开始 1 对 1（图 4-16）。

第二，进攻队员在接球之前，就用身体依靠住防守队员，一边利用身体阻挡防守队员，一边将球停在脚下。进攻队员利用身体将防守队员和球隔开进行控球，之后在掩护好球的情况下完成转身，突破防守队员。

不管是以上的哪种方法，在这种状态下进攻防员不可能长时间控球，因为防守方的后腰一般都会回收施压（夹击）。

第三，进攻队员在防守线后接同伴的传球。当防守线比较靠后时，传球队员的传球空间较小，而且传球被守门员拦截的可能性很大；但是如果传球队员处于无防守状态的话，有时可以利用准确的空中球制造出身后接球的机会，而此时也就是进攻队员在防守线后接同伴传球的好时机。

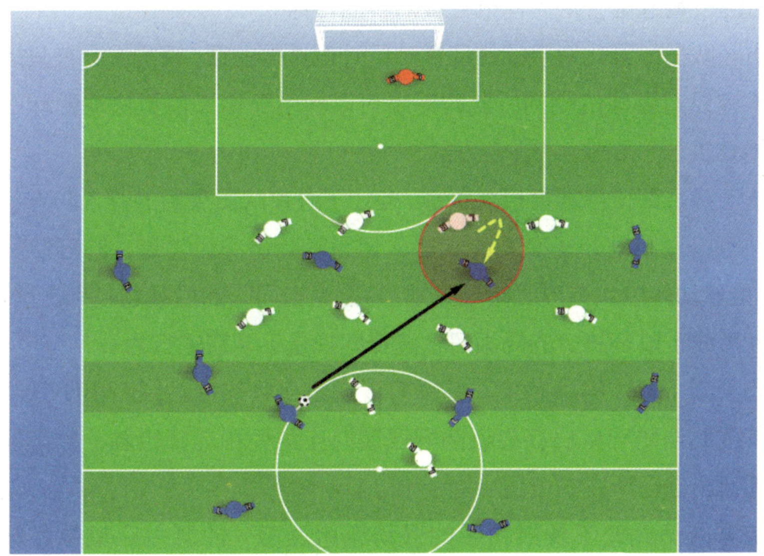

图 4-15 前锋接中路传球

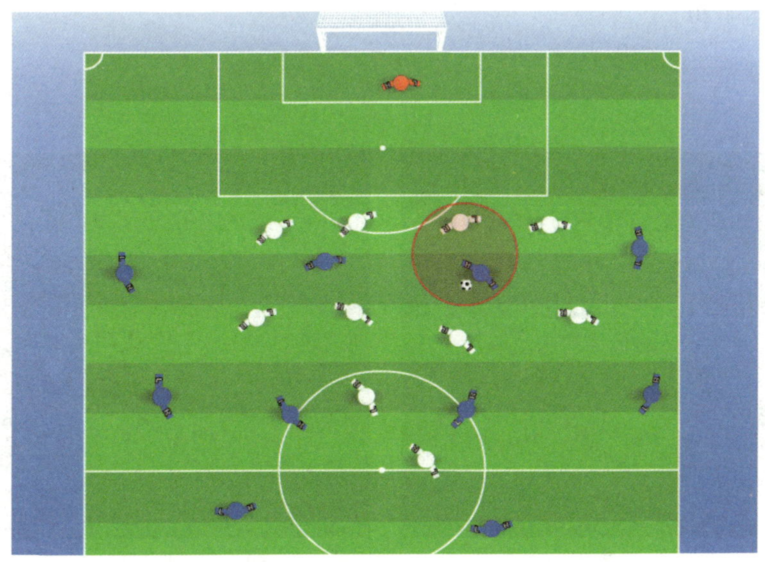

图 4-16 前锋在中路背对进攻方向控球

2. 防守要点

如图 4-17 所示，防守队员首要的任务是在对手前锋的内侧（球门侧）稍偏后的位置选位，之后伺机拦截对手的传球。

防守队员如果比对手前锋还靠球门外侧选位的话，视线就会被其挡住，而且不容易看到球的动向，此时对手可以利用身体卡位更快地朝球门推进（图 4-18）。

防守队员即使不能直接拦截球，但处于进攻队员身后的盯人防守状态，这依然可以说防守处于有利的状态。但是实际情况经常是，防守队员心态急躁、抢球动作过大造成了防守犯规，特别是当同队的后腰回收夹击前锋时，在已经形成了以多防少的局面时还选择犯规是不明智的行为。

在背对 1 对 1 的状态下，前锋可以通过身体的接触判断出防守队员的位置，因此当防守队员在靠近防守区域时应避免和前锋接触，尽可能不让对手判断出自己所在的位置（图 4-19）。

防守队员此时不要被对手的假动作所迷惑，注意力应集中在球的动向上，当前锋急于转身运球时，瞄准球离开其身体的一瞬间进行抢断球（图 4-20）。

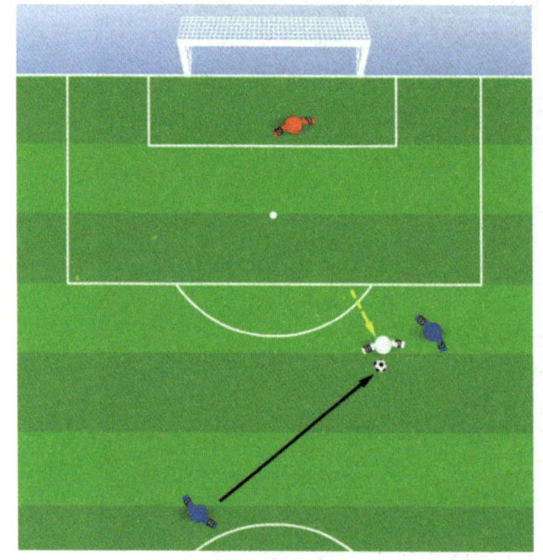

图 4-17　中卫内线断球

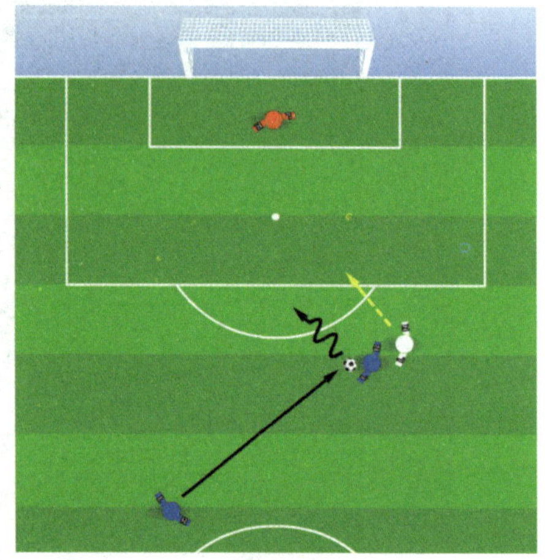

图 4-18　前锋内线卡位

在德国队的比赛中，前锋更习惯用身体依靠住对手的后卫，以其为旋转轴进行强行的转身，并完成突破。如果后卫被前锋用身体挡住或卡住，就很难进行身体的移动，而后卫一旦强行地用手去做抵抗，可能就会造成防守犯规。

图 4-19　中后卫在前锋身后内侧选位

图 4-20　前锋运球转身时抢断球

（六）进攻队员接边路的传球

1. 进攻要点

如图 4-21 所示，前锋正处在接边路的传球状态。一般情况下，前锋可以采用两种接球方式：一种是通过接球前的假动作跑动，在摆脱盯人防守队员的一瞬间接球；另一种是在身体依靠住防守队员的状态下接球。如前所述，前锋接球后会面临防守方后腰的回撤施压状况，处于 1 对 2 的不利局面，因此，需要前锋具备良好的判断力，快速、果断地决定是选择突破，还是选择先不丢球，将球传给同伴。

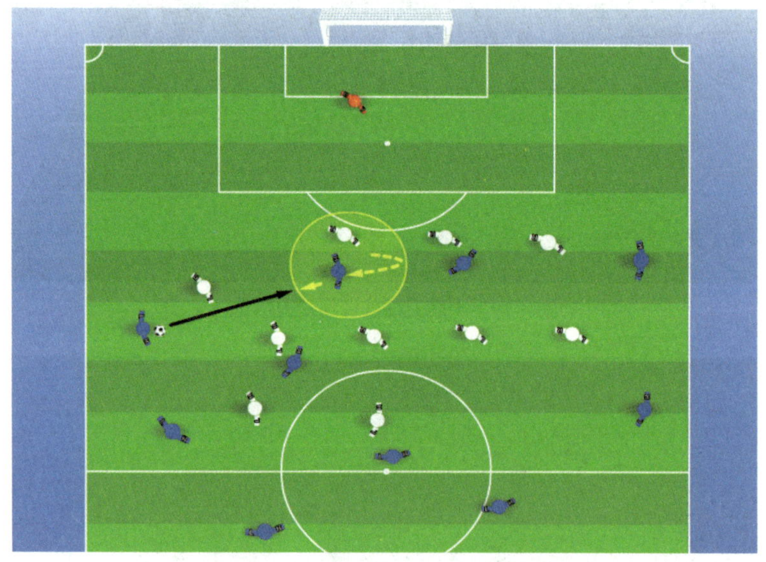

图 4-21　前锋近距离接边路的传球

在对手边后卫将中路的传球路线封死时，前锋可以考虑向对手边后卫身后移动接球。此时，前锋可以一边向边路移动，一边接球，再次形成背对防守队员的 1 对 1 局面（图 4-22）。

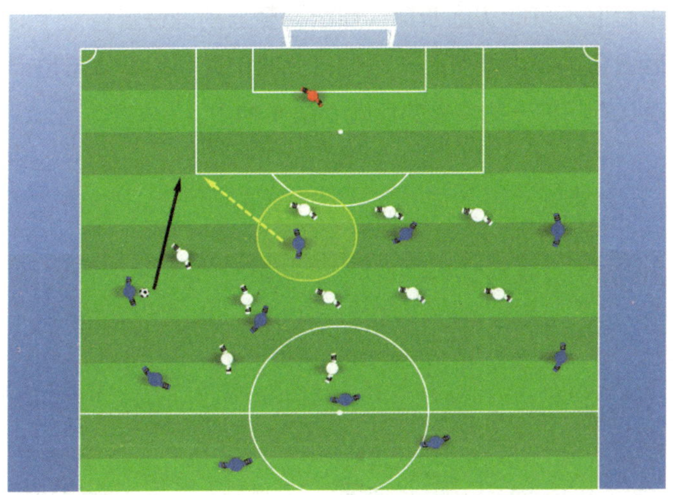

图 4-22　前锋跑向边路接球

2. 防守要点

如图 4-23 所示，中后卫盯防接边路来球的前锋时，可以以前锋在近端球门柱的内侧还是外侧站位为判断标准，调整自己的位置。当进攻方前锋在近端球门柱内侧站位时，中后卫可以在更靠近球侧，前锋的斜后方选位，这样更有利于进行断球防守。

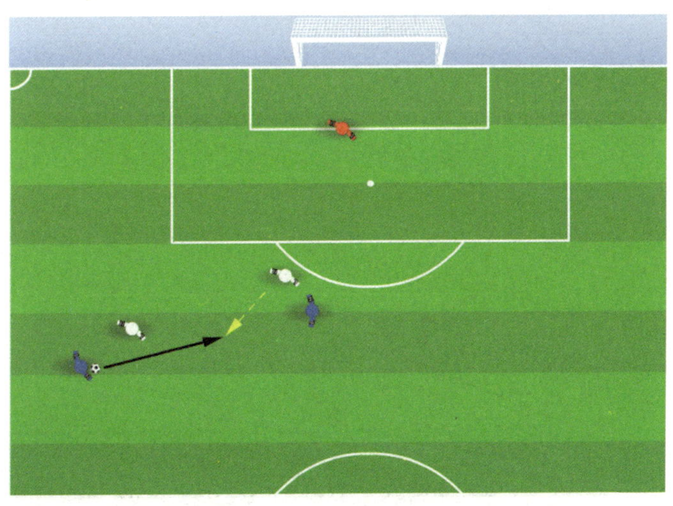

图 4-23　中后卫外侧选位断球

如果中后卫不可能实施断球，那么就要与前锋进行背对 1 对 1 防守；而如果中后卫在前锋内侧斜后方站位，此时前锋利用身体卡位，那么就会存在被前锋从近门柱一侧突破的危险（图 4-24）。

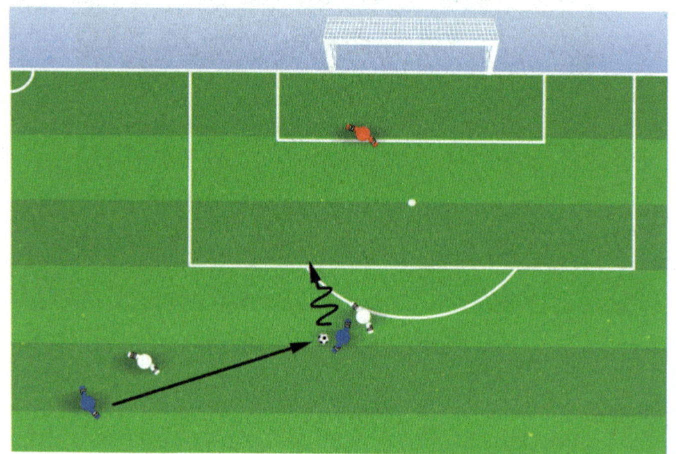

图 4-24　中后卫内侧选位被前锋突破

当前锋移动到近端球门柱外侧时，中后卫应在前锋的内侧进行盯人防守。当很难将球断下来时，中后卫应尽量采取迫使对手远离球门的防守行为（图 4-25）。

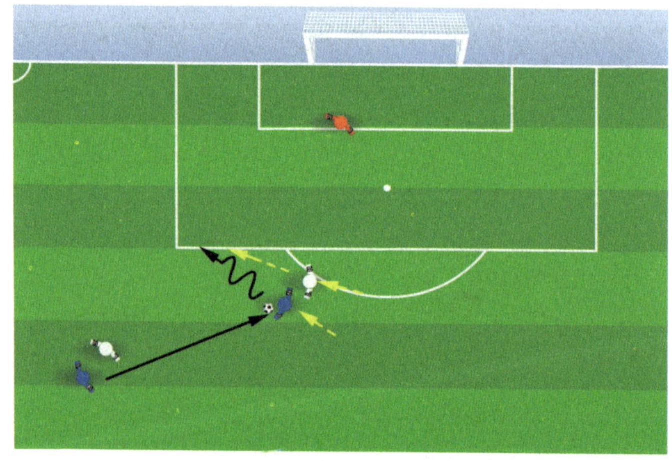

图 4-25　中后卫逼迫前锋向边路运球

在这种状态（前锋在球门柱外侧时）下，如果中后卫选择在前锋外侧选位的话，就有可能会出现前锋接球向球门方向转身，并从内侧突破的情况（图 4-26）。

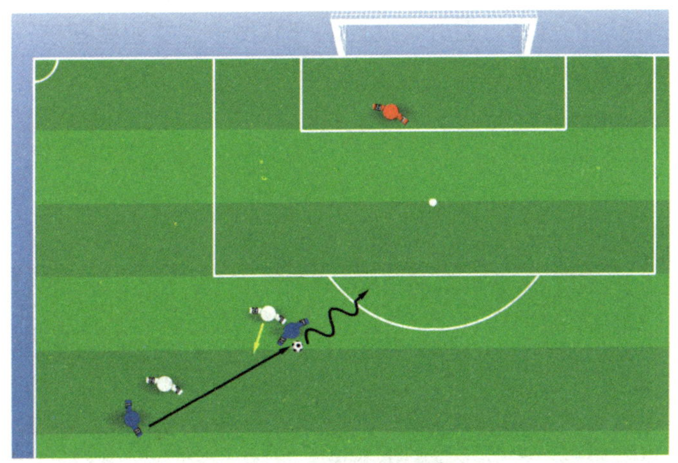

图 4-26　中后卫外侧选位被前锋转身突破

当进攻方前锋向边后卫身后移动时，中后卫要能够依据情况，预判出对手纵向直线传球的意图，这样就可以比前锋稍微靠外的位置选位，也更加有利于抢断来球（图 4-27）。

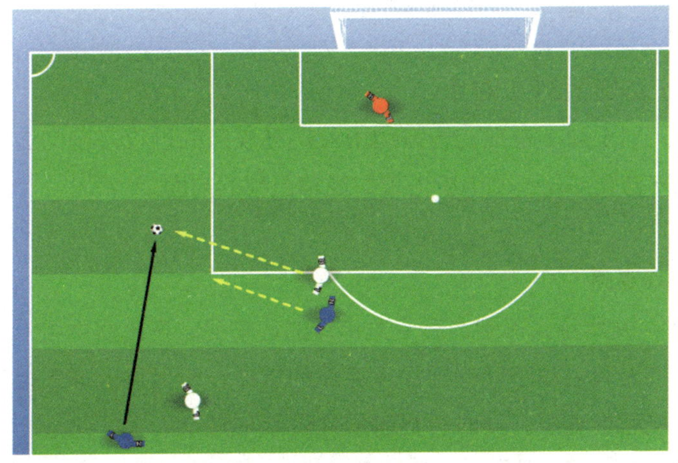

图 4-27　中后卫提前预判球的走向

特别是在防守方边后卫把对手向中路的传球路线切断后，将对手的进攻向边线区域驱赶时，可以说这种局面不仅能够限制对手的活动，同时也更容易判断出对手的下一步行动。在这种局面下，如果前锋先接到了球，那么中后卫要阻止对手向球门方向突破，同时做好自己抢球或等待同伴支援进行夹击抢球的准备。另外，此时防守队员一定要避免在前锋身后紧贴防守，因为如果对手用身体卡位阻断了防守队员靠近球的路线，那么防守队员想断球就变得非常困难了（图 4-28）。

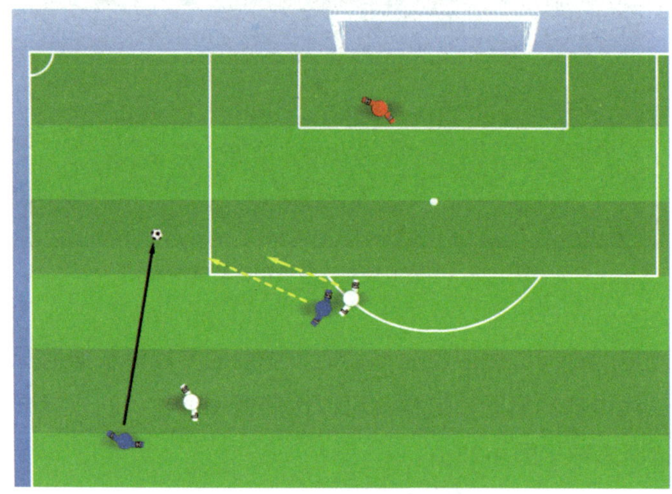

图 4-28　中后卫避免紧贴前锋防守

（七）边路背对 1 对 1

边路背对 1 对 1 是在防守方边前卫把进攻方的进攻方向向边路驱赶时或者进攻方持续地在一侧组织进攻时经常出现的局面。

1. 进攻要点

如图 4-29 所示，接到边后卫直传球的边前卫，在比赛中经常是处在被对手压迫的没有活动空间的局面下完成的接球；一旦靠近球来接应，那么其活动区域就会变小，同时也更容易让对手形成前后夹击防守。另外，因为背对进攻方向，所以边前卫不能准确地判断身后的情况。

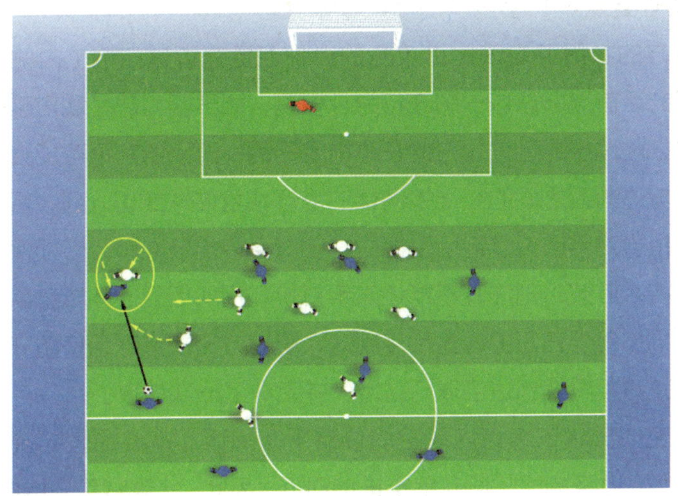

图 4-29　边路背对 1 对 1 局面

如图 4-30 所示，进攻队员可利用接球前做一次纵向摆脱动作，然后再靠近接球，这样就能在摆脱对手盯防的同时，创造出活动的空间。边前卫可以利用后撤步的方式一边面向场内稍做转身，一边靠近球，这样就可以使身体朝向进攻方向，保证其在能够观察到球和防守队员的状态下完成接球， 开始正面的 1 对 1 进攻。另外，进攻队员也可以使用先向身前吸引防守队员，之后反切对手身后的假动作摆脱技术（图 4-31）。

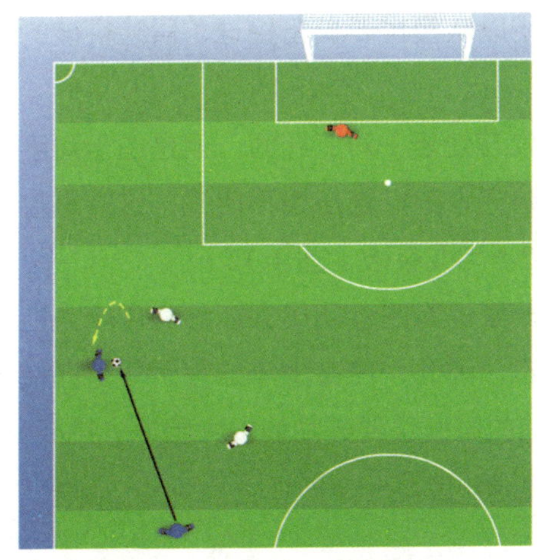

图 4-30　纵深摆脱创造接球空间

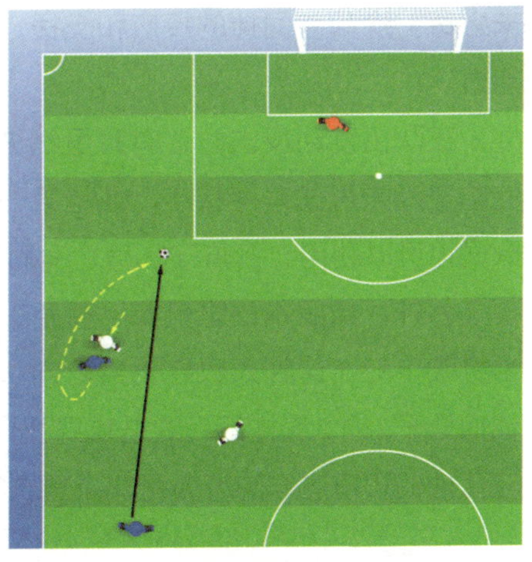

图 4-31　靠近接应反切身后空当

2. 防守要点

防守方的右后卫应该比进攻方的边前卫更靠近球门侧（内侧）选位，如果可能的话首选断球这一防守行为。但是，如果因为想拦截对手的传球，而在传球之前过于靠近进攻方的左边前卫的话，对手的前锋可能会跑进防守方边后卫与边前卫之间的空当接同伴的渗透性直传球或切入到边后卫身后接球。特别是当对手前锋接近后卫线时，在对手传出球之前，必须保持四后卫队形的紧凑，应该时刻注意不能让对手直接利用四后卫之间或身后空当发动进攻。如果被对手在后卫线身后接到球，防守方再次追球组织防守是很难完成的，也许对手早就到达了球门区域，并完成了一次进攻。

边后卫如果过于考虑四后卫的位置平衡的话，就会加大与持球队员的距离，就会给边路持球队员向前推进的时间，因此，就算对手开始向前推进，只要不让对手完成向前的突破，就还会有和同伴进行夹击抢球的机会。

（八）1 对 2（以少防多）

1. 进攻方 1 对 2

如前所述，前锋线或中场队员在对手防守阵型之内接到球，会经历一个短时间的 1 对 1 状态，之后马上会陷入被前、后、左、右夹击，防守的人数处于劣势的局面。因为在这种状态下失球的风险很高，所以比起想办法突破，队员会优先考虑不失去球权，将球传给接应支援的同伴。但是，未必每一次都有同伴的接应和支援，所以队员也要具备控球、冒险突破的能力。

在队伍发动反击时，有时虽然进攻方处于 1 对 2 局面，但是由于对手的防守尚未形成有序状态，谁是第一防守人进行施压也不明确，这时进攻队员也可以利用 2 名防守队员之间的空当完成突破（图 4-32）。

另外，像罗本、里贝罗、梅西等一些优秀的运动员，能够利用个人能力打破 1 对 2 这种人数处于劣势的状态。因此，在青少年培养阶段，即使他们处于 1 对 2 这样不利的进攻局面，有的时候也要鼓励他们大胆地去挑战，应让他们知道这样的行为是非常重要的。

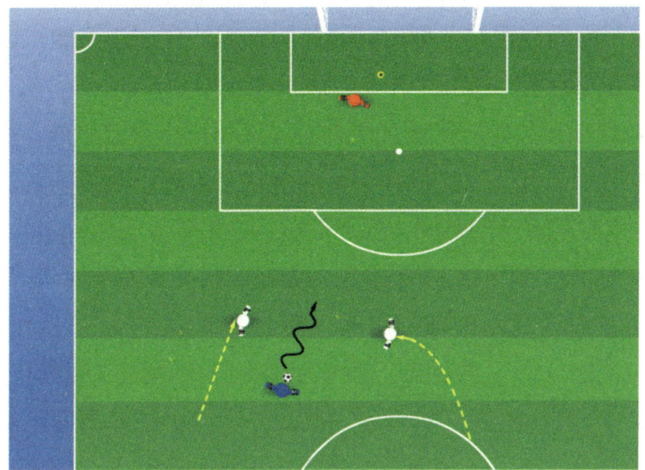

图 4-32 进攻 1 对 2 局面

2. 防守方 1 防 2（中路）

在以区域防守为基础的防守方组织过程中，防守阵型以球为中心进行移动，最终实现在有球区域形成人数优势的防守状态。因此，在防守阵型密集的中路区域，很少出现 1 防 2 这种以少防多的局面。但是，有的时候在反击情况下，或者比赛临近结束落后一方球队冒险发动最后进攻时有可能会出现这种局面（图 4-33）。

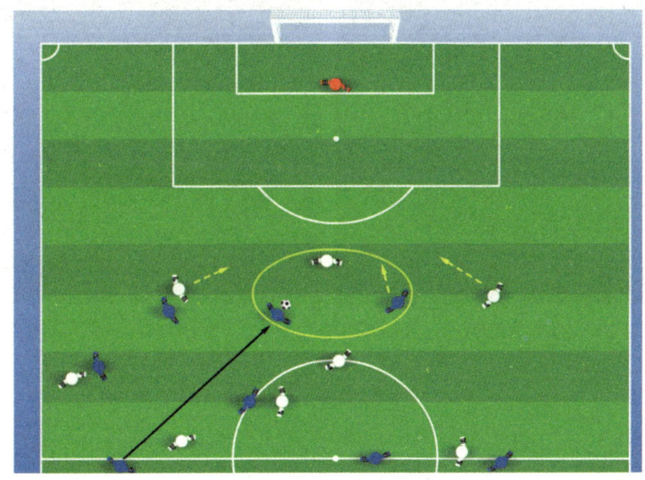

图 4-33 中路的 1 防 2 局面

当防守队员处于以少防多的局面时，应采取的防守行为首选是延缓对手进攻速度，为同伴回防争取时间。具体的方法是一边回撤一边采取相应的对策，尽可能地影响对手对进攻的判断（图 4-34）。

如图 4-35 所示，防守队员如果对持球队员进行靠近抢球，那么就正好给了对手进攻、突破僵局的机会，反而会让对手的进攻提前。防守队员应尽量封堵对手向前传球的路线，强迫其进行横传球（图 4-36）。

在限制对手传球路线的情况下，防守队员应一点一点地靠近对手，通过选位切断对手踢回传球的路线，将对手逼成 1 对 1 的局面。当球到门前区域时，防守队员要和守门员一起配合，尽量将对手向边路方向逼迫（图 4-37），减小其射门的角度。总之，在以少防多局面下的防守，不仅须关注眼前的对手，还必须掌握其他进攻队员的状况。因此，这种在以少防多局面下的防守练习，最适合安排在以构建区域防守为基础的战术训练阶段。

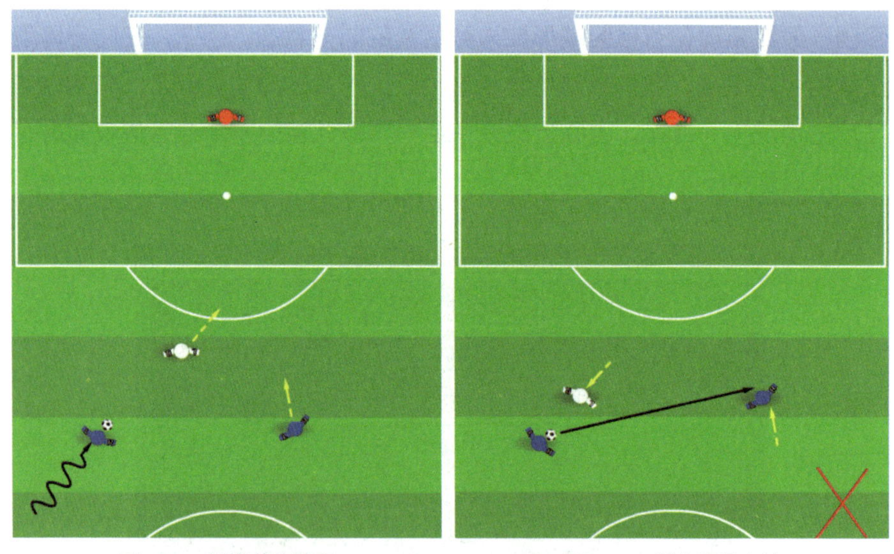

图 4-34　回撤落位防守　　　图 4-35　避免盲目上抢

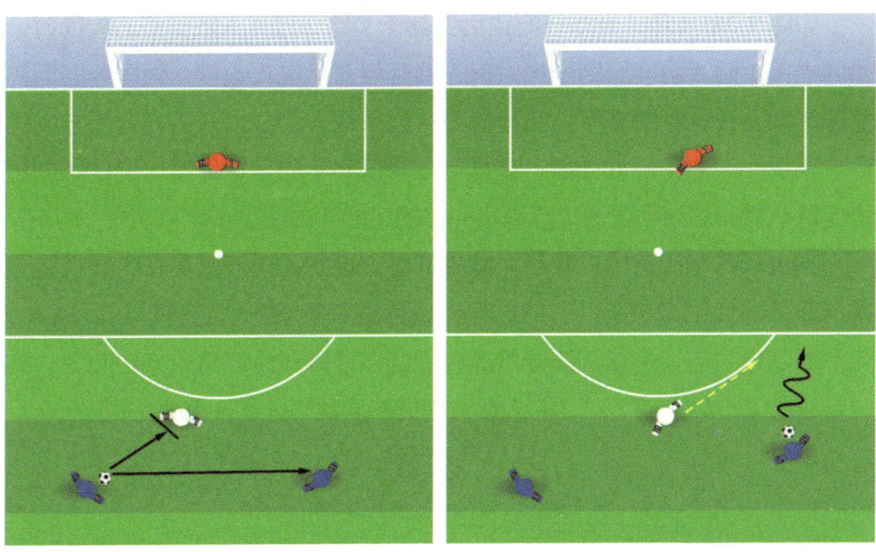

图 4-36 封堵向前传球的路线　　图 4-37 向边路逼迫对手

3. 防守方 1 防 2（边路）

当进攻方发动快速边路转移进攻时，防守方边后卫有时会陷入短时间的 1 防 2 这种以少防多的局面（图 4-38）。

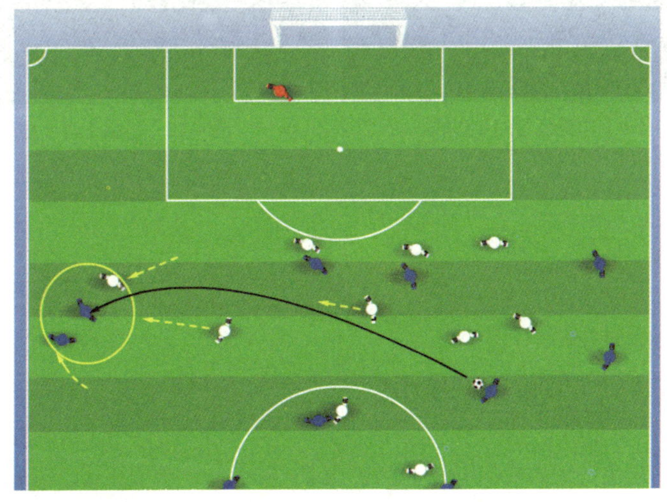

图 4-38 边路 1 防 2 局面

如图 4-38 所示，当防守方边后卫处于 1 防 2 这种人数劣势的局面时，如同中路 1 防 2 防守原则一样，首先要延缓对手进攻速度，为同伴的回防争取时间。在这种状态下，防守队员可以采取一边封堵对手向球门方向的运球路线，一边慢慢地回撤。这样可以降低对手的运球速度，迫使其向边路传球，借此达到延缓进攻方进攻的目的（图 4-39）。

当进攻方利用背后进攻时，基本的防守原则是防守队员在内线保持位置，等待同伴回撤协防；有的时候可以依据临场情况，将持球队员逼入 1 对 1 的防守状态。例如：防守方边前卫回撤协防时紧盯进攻方边前卫，此时与边后卫一起形成 2 对 2 的人数对等的防守状态（图 4-40）。

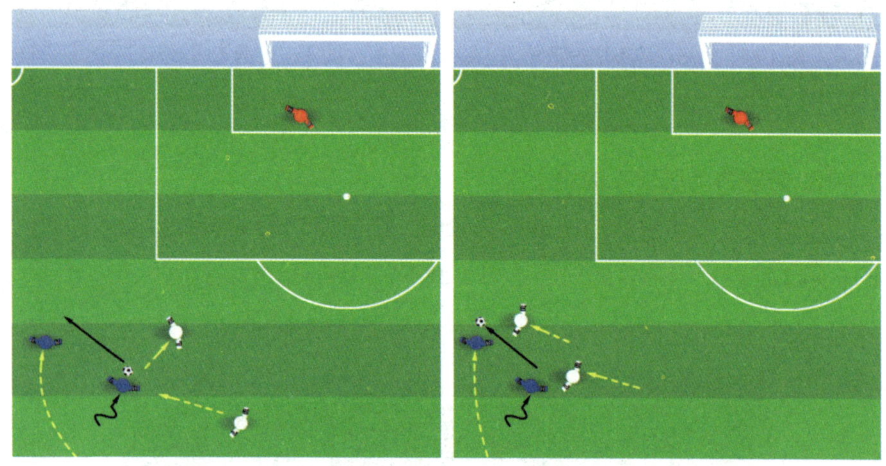

图 4-39　边路延缓对手进攻　　图 4-40　边路 2 对 2 局面

四、1对1的能力要求

——培养队员在攻守两个方面都有很强的能力

1对1状态可以说是在比赛的攻守过程中，完成小组战术和全队战术的基础战术能力。如果队伍拥有在球门前擅长1对1突破，创造得分机会的队员，或是在中场或前场的进攻方织中不丢球、擅长控球的队员，那么会给队伍的进攻带来更多的变化和选择。

另外，如果队伍拥有可以依据自己的位置特征，很好地完成防守任务的队员，那么就能够使队伍的整体防守保持更好的稳定性和有序性。

（一）进攻中的1对1

对于进攻中的1对1，最重要的不是要赢得眼前对手的1对1，而是要赢得那些能够带给队伍胜利的1对1。如果队员不去思考在什么情况下通过自己的努力能够为队伍创造得分机会、在什么区域一定不能丢球等问题，仅仅是依据个人意愿去单打独斗的话，就会扰乱队伍的整体战术安排。

因此，队员一定要把握比赛中的临场情况，并且预判出球的发展趋势。在关键时刻，队员要具备自信和果敢的心态，依据临场情况采取合理行动，甚至在1对2的局面下也要敢于挑战。

为了能够在有利的状态下开始进攻，无球跑位接应是非常重要的行为。在比赛中，队员为了完成摆脱防守队员或创造接球空间，要在恰当的时机进行移动，尽量在能够看到进攻方向和身体朝向的状态下完成接球。这是最理想的进攻接球状态。

另外，在比赛中的1对1状态不可能持续很长时间，要求进攻队员在其他防守队员参与防守之前，尽量快速地做出决断。因此，队员必须从第一次触球开始就准备好在快速的状态下完成运球和假动作。

1对1是为了完成全队进攻战术而采取的战术行动，不是以突破眼前的对手为结束，注意力应一直保持到完成之后的战术行为（射门、传球、由攻转守）。由于实际比赛情况的不同，有时也会在实施突破之前，就采用了射门、传中等行为。

（二）防守中的 1 对 1

对于防守中的 1 对 1 来说，最重要的是保持全队整体防守战术的有序性，不要轻易输掉自己面临的 1 对 1 局面。所谓的不输，不仅是不被突破，而且还包括不让对手向特定方向传球、不犯规等行为。以上行为是对防守中的 1 对 1 最基本的要求，当然其最好的结果是抢回球权。

但是，以区域防守为基础的全队防守战术中，1 对 1 的对手不会固定为一个人，由于区域间的交换防守人行为，1 对 1 的对手会发生变化。为了准确地把握临场情况、预判出进攻的发展趋势及应该盯防哪名队员，队伍内部队员之间的交流是必不可少的。

队员在比赛中通过准确地把握和预判进攻的发展趋势，做出判断（应该把哪个位置的队员紧逼到哪个区域），从而进行最合理的选位和调整自己的身体朝向。例如：防守队员在盯防的对手还没有接到球的情况下，经常设法在更加有利于拦截传球的地点进行选位。

另外，如果盯防的对手处于持球状态，那么作为队伍防守战术内容，队员必须知道将对手向哪个区域压迫、在哪个区域进行抢球；在此基础上每个队员都必须按照位置职责，完成好各自的防守任务。

为了不输掉自己位置上的 1 对 1 局面，队员在心理状态上的信心很重要，害怕、焦虑等心理状态都会对临场状况的判断产生影响，而这些状况也许就会变成防守犯规的诱因。当然，防守并不是一直被动地行动，也可以通过判断对手的特点（优势脚、速度、擅长的假动作等）、调整与对手的距离和身体朝向、在低重心状态下运用灵活的步法进行积极主动的防守。

为了抢夺球权，防守队员不要被对手的假动作欺骗，要把注意力集中到球的走向上。最理想的抢球行为是当球离开持球队员的一瞬间，防守队员将身体卡入对手与球之间，抢夺球权；依据临场情况，也可以考虑选择用脚尖捅传给同伴，或者将球破坏掉。当处在封堵射门或传中球状态时，也是攻守转换的时机，因此防守队员不能转身躲闪，一定要始终观察对手的行动。作为防守中最后的手段——铲球技术也应该在日常训练中进行练习，因为它也是重要的防守技术之一。此外，防守队员也不能忽视抢回球权后的行为。

在 1 对 1 状态下队员应具备的能力详见表 4-3。

表 4-3 在 1 对 1 攻守状态下队员的能力要求

进攻	· 临场情况分析、预测、判断（冒险、控球、传球）。 · 心理因素：自信、勇敢、决心、注意力集中。 · 无球移动技术：摆脱跑位、接应选位、身体朝向、保持良好视野。 · 有球技术：第一次触球、运球、假动作、转身、射门、传球。 · 速度方面：判断（反应）速度、动作速度、跑动速度。 · 快速地由攻转守。
防守	· 临场情况分析、预测、判断（盯防对手、限制进攻方向）。 · 同伴之间的交流。 · 心理因素：自信、勇敢、注意力集中，避免因急躁引起犯规。 · 无球技术：选位、身体朝向、保持良好视野。 · 防守动作要点：与对手的距离、身体朝向、采用半蹲姿势、脚步的移动、反应能力、速度情况。 · 有球技术：抢球、断球、卡位、捅球、封堵、铲球。 · 快速地由守转攻。

五、1对1训练实践

——确认1对1攻守行为在全队战术中是否被合理地运用

1对1是足球比赛的基本构成要素，在德国不仅仅是在青少年培养过程中，甚至是在教练员培训中都把它作为重要的训练内容；特别是在青少年时期，为了给日后学习全队战术打好基础，其把主要的精力都用在了以1对1为主的个人战术训练上。对于年龄低于10岁的青少年，在足球培养过程中，比起防守应该把更多的重点放在1对1的进攻方面，让他们学习处理球和有目的地控制球（个人战术）。从小学的高年级开始，真正地让他们学习在攻守状态下的各种1对1局面（正面、背对、中路区域、边路区域等），从而为初中阶段学习小组战术打下基础。

在训练内容的安排上，为了制造出更多的1对1局面，应进行人数少（4对4等）的小场地比赛，这样的形式会使队员有更多的机会运用他们在训练中掌握的技术。在德国，即使在正式的比赛（这个年龄段的比赛形式是7人制、9人制）中，教练员也不会安排队员充当自由中卫（完成区域防守任务），而是更愿意选择尽可能地让队员处于1对1的状态。

无论是在小组战术学习的青少年时期，还是在全队战术学习的青年时期，以1对1为核心的个人战术一直是重要的训练内容之一。

如果要完成更高质量的小组战术和全队战术，那么必须针对阵型位置和全队战术组织专门的1对1位置训练。有的时候在小组战术或全队战术训练中，应有意地设计一些限制线来诱使某种场景的重复出现。这种形式的训练，尽管不是典型的1对1训练，但是经常会包含一些1对1形式的个人战术练习。

本章训练方法部分的内容主要列举了比赛中经常出现的局面，包括在青少年时期也能使用的基础性1对1训练和针对不同位置特征的1对1训练内容。

在本章的训练方法中，无论是哪种类型的练习都不会以丢球或抢到球为一次练习的结束。在训练中为防守方增加了反击用的球门，借此使训练包含了攻守转换部分，让训练组织和设计更加符合实际的比赛场景。另外，依据队员完成练习的熟练度、训练方法的难易度等情况，通过适时地增加第二防守人，给进攻方队员施加更加符合实战状态的时间和空间压力，从而组织更加具有针对性的训练。

六、1 对 1 训练方法

● 进攻要点。

（1）临场情况分析、预测、判断（冒险、控球、传球）。

（2）心理因素：自信、勇敢、决心、注意力集中。

（3）无球移动技术：摆脱跑位、接应选位、身体朝向、保持良好视野。

（4）有球技术：第一次触球、运球、假动作、转身、射门、传球。

（5）速度方面：判断（反应）速度、动作速度、跑动速度。

（6）快速地由攻转守。

● 防守要点。

（1）临场情况分析、预测、判断（盯防对手、限制进攻方向）。

（2）同伴之间的交流。

（3）心理因素：自信、勇敢、注意力集中，避免因急躁引起犯规。

（4）无球技术：选位、身体朝向、保持良好视野。

（5）防守动作要点：与对手的距离、身体朝向、采用半蹲姿势、脚步的移动、反应能力、速度情况。

（6）有球技术：抢球、断球、卡位、捅球、封堵、铲球。

（7）快速地由守转攻。

（一）中圈内运球与传球练习

练习目的：提高队员运控球基本技术能力。

练习区域：中圈。

器材：球、标志服。

练习方法：练习设置如图 4-41 所示。队员 2 人 1 组，每组 1 个球。持球队员在圈内自由运球，但不要撞到其他队员。无球队员站在圈外等待接球，但应注意要在中圈内接到球。当持球队员将球传给无球队员后，2 人交换位置，反复练习。依据不同的要求，变化练习内容。

指导要点：

（1）持球队员抬头运球，避免与其他队员碰撞。

（2）持球队员利用多触球、速度的调整完成对球的控制。

（3）圈内外的队员利用眼神和声音的交流，不要让球出中圈线。

（4）接球队员从第一次触球开始，应一边有目的地控制好接停方向和距离，一边向内运球。

变化：

（1）持球队员利用不同部位（脚内侧、脚背外侧、脚尖等）完成运球。

（2）持球队员可加入各种假动作和转身运球动作。

（3）圈内的队员可移动中颠球，圈外队员可一边做牵拉，一边等着接球。

（4）队员传出球后，向接球队员施压防守，接球队员利用第一次触球一边避开防守，一边向圈内运球。

（5）队员分成 2 组，穿不同颜色的标志服，穿相同颜色的标志服的队员之间相互传球。

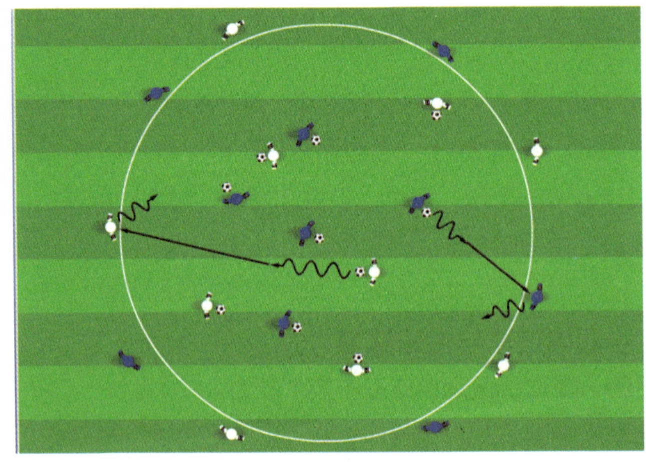

图 4-41 中圈内运球与传球练习

（二）中圈内传球与控球练习

练习目的： 提高队员运控球基本技术能力。

练习区域： 中圈。

器材： 球、标志服。

练习方法： 练习设置如图 4-42 所示。队员 2 人 1 组，每组 1 个球。圈内的队员接圈外队员的传球后，只允许一次触球并完成回传。在规定的时间（如 1 min）内完成练习，然后交换位置，也可变化不同的练习要求。

指导要点：

（1）接球队员在接球前，应加入一些提前移动摆脱动作，如变速变向。

（2）接球队员不要直线靠近传球队员来接球，要采用能观察到中圈中心位置的身体朝向，侧身斜向靠近接球，保持更宽的观察视野；采用后撤步接球方式，可以一边观察中心区域，一边观察来球情况。

（3）即使在球的移动过程中，接球队员也要左右观察，把握周围情况的变化。

（4）接球队员应依据临场情况，调整接球时机或接球脚。

变化：

（1）队员可有目的地控制来球，将球传给中圈线上的其他队员（如中圈右上方的接球队员），此时第一次触球的队员就要向下一步传球方向进行控制。

（2）队员可分成 2 组，穿不同颜色的标志服，穿相同颜色的标志服的队员之间相互传球。

（3）中圈线上队员可传空中球。

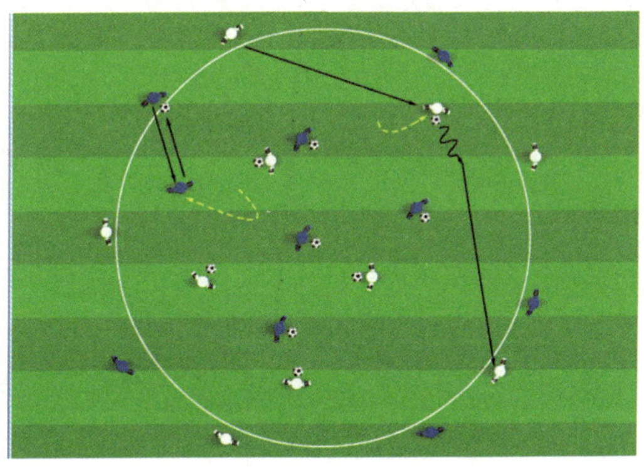

图 4-42　中圈内传球与控球练习

（三）正面 1 对 1+4（小球门）练习

练习目的：提高队员 1 对 1 攻守能力。

练习区域：25 m × 25 m 的区域。

器材：小球门、球、标志服。

练习方法：练习设置如图 4-43 所示。队员分别站在场地两端，分为进攻方和防守方。教练员将球传给进攻队员，开始 1 对 1 攻守练习。攻守队员分别进攻本方对面端线上的任意 1 个小球门。球进门或球出界代表一次练习结束，攻守角色交换，循环练习。

指导要点：

（1）进攻队员利用假动作，进攻对手的小球门。

（2）防守队员慢慢缩小与进攻队员的距离，先限制一侧方向后进行抢球。

变化：

（1）队员可在不同的身体姿势（盘腿坐姿、俯卧位趴下、前滚翻）状态下进行练习。

（2）教练员可传空中球。

（3）一般情况下可 3～4 组同时练习，教练员要计算好每组传球的时间间隔和练习时间。

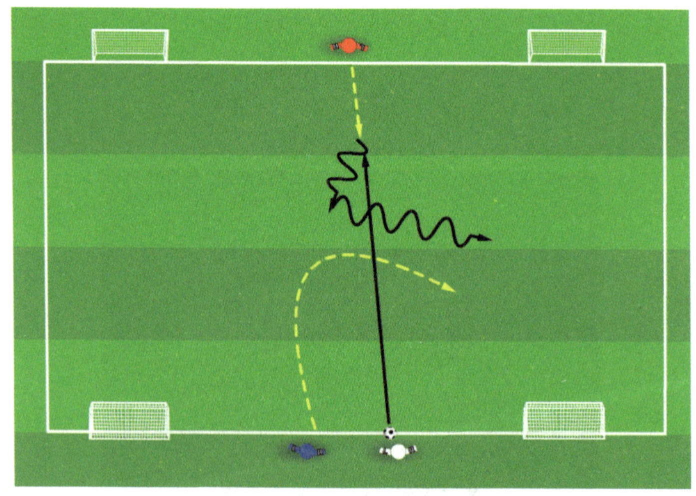

图 4-43　正面 1 对 1+4（小球门）练习

（四）背对 1 对 1+4（小球门）练习

练习目的：提高队员 1 对 1 攻守能力。

练习区域：25 m × 25 m 的区域。

器材：小球门、球、标志服、标志筒。

练习方法：练习设置如图 4-44 所示。在场地的相应位置利用 2 个标志筒设置一个 5 m 宽的小球门。队员分别站在教练员两侧，教练员将球传给进攻队员，开始进行 1 对 1 攻守练习。攻守队员按照之前要求，分别进攻对方端线上的任意 1 个小球门。球进门或球出界代表一次练习结束，攻守角色交换，循环练习。

指导要点：

（1）进攻队员利用第一次触球先卡位到防守队员身前，快速通过小球门。

（2）进攻队员运球过小球门后，利用假动作，摆脱防守队员，向相反方向运球进攻。

变化：一般情况下可 3~4 组同时练习，教练员要计算好每组传球的时间间隔和练习时间。

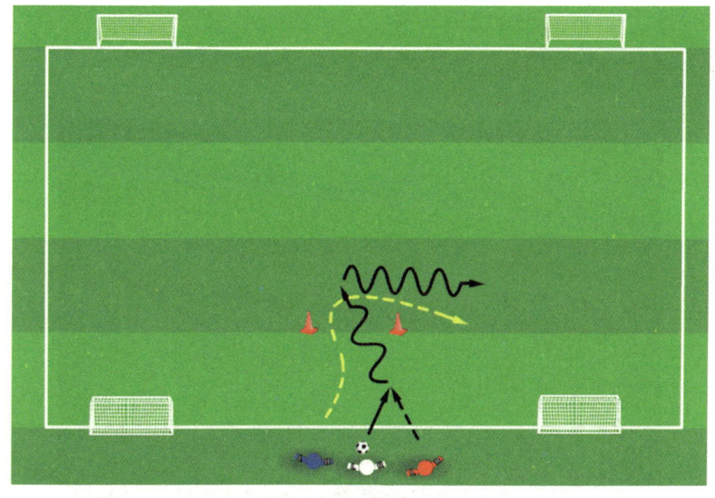

图 4-44　背对 1 对 1+4（小球门）练习

（五）正面 1 对 1 运球过线练习

练习目的： 提高队员 1 对 1 攻守能力。

练习区域： 10 m × 15 m 的区域。

器材： 标志筒、球、标志服。

练习方法： 练习设置如图 4-45 所示。在练习区域外侧 3 m 处设置起始线。练习区域内 1 名防守队员，两侧起始线上分别安排 2 名进攻队员。练习以一侧进攻队员运球进入区域内与防守队员进行 1 对 1 开始。进攻队员如果在区域内完成了突破，则将球传给对面的队员。接球队员完成相同形式 1 对 1 练习。防守队员如果被突破，则继续进行防守；如果断球成功，则向反方向进攻，丢球队员变成新的防守队员。

指导要点：

（1）进攻队员在防守队员接近之前，设法利用速度突破。

（2）在加速距离不够的情况下，进攻队员可以利用一些运球或传球等踢球假动作，来完成突破。

（3）接球之前的进攻队员也要采取合理和正确的行动。

（4）对面接球的队员，在观察防守队员位置后，调整接球的区域和第一次触球的方向，尝试在防守队员重新选位之前完成突破，如图 4-45（b）所示。

（5）练习应快速进行攻守转换。

变化： 本练习可依据练习区域的大小，调整难易度。

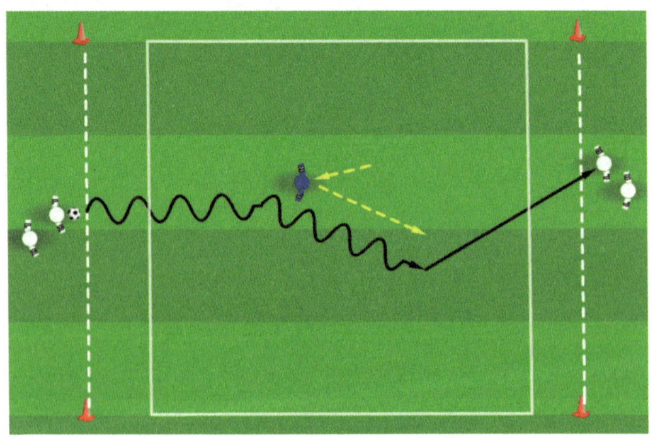

（a）

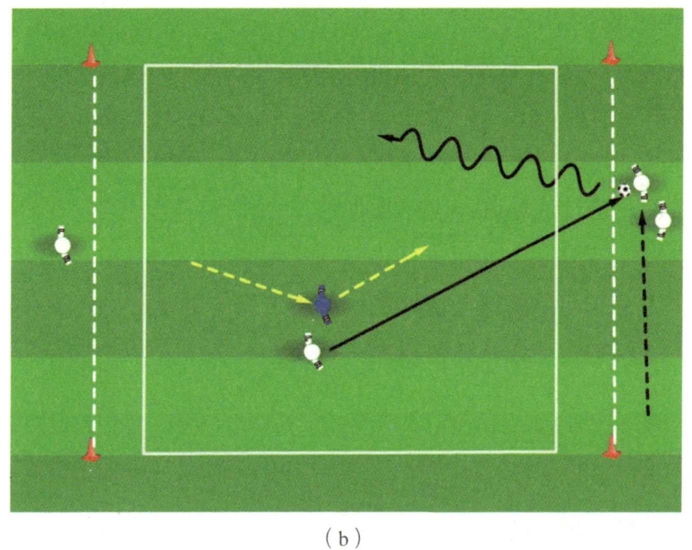

（b）

图 4-45　正面 1 对 1 运球过线练习

（六）背对 1 对 1 运球过线练习

练习目的：提高队员 1 对 1 攻守能力。

练习区域：10 m × 15 m 的区域。

器材：标志筒、球、标志服。

练习方法：在练习区域的四个角用标志筒设置 3 m 宽的运球过线小球门。

方法 1：如图 4-46（a）所示，教练员用手将球掷给背对防守人的进攻队员，开始进行 1 对 1 攻守练习。进攻队员进攻场地一侧的 2 个小球门，防守队员进攻场地另一侧的 2 个小球门。

方法 2：如图 4-46（b）所示，防守队员从侧面或后面与进攻队员形成 1 对 1 局面；进攻队员接到教练员的传球后进攻场地防守方的 2 个小球门。

指导要点：

（1）进攻队员依据来球的速度和与防守队员的距离，选择合理的第一次触球；如果与防守队员的距离较近，利用第一次触球向反方向摆脱；如果与防守队员的距离较远，应在控制好球的情况下将对手吸引过来，并利用假动作向异侧突破。

（2）防守队员在不被对手轻易转身突破的基础上，利用对手第一次触球的失误伺机抢球；如果对手已控制好球，应避免身体接触，在对手盲目转身的瞬间伺机抢球。

（3）练习应快速地进行攻守转换。

变化：

（1）本练习可依据练习区域的大小，调整难易度。

（2）本练习也可以从传地滚球开始。

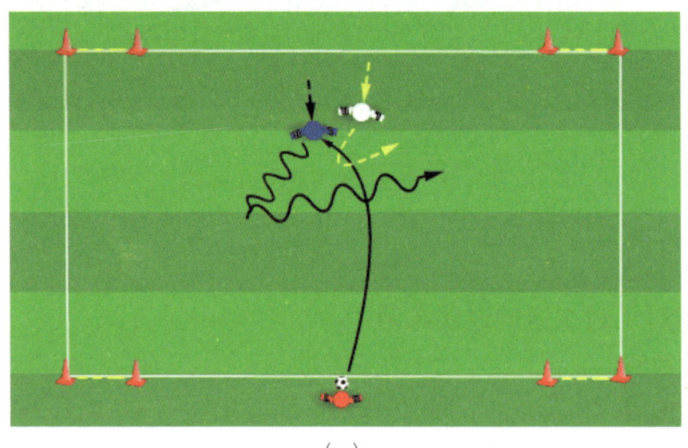

（a）

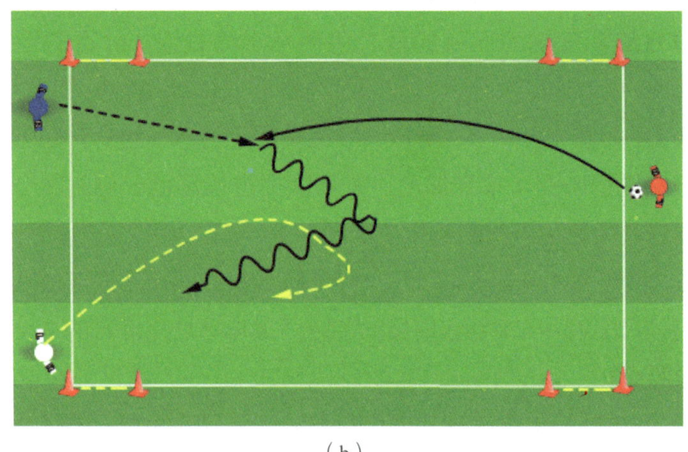

（b）

图 4-46　背对 1 对 1 运球过线练习

（七）与守门员的1对1练习

练习目的： 提高队员1对1攻守能力。

练习区域： 1/2足球场。

器材： 球门、小球门、球、标志服。

练习方法： 练习设置如图4-47所示。在距离球门25 m的区域放置2个小球门。队员2人1组，每组1个球。队员在距离球门20 m左右的地方，面对面间隔3 m站位，进攻队员靠近球门一侧站位，2人做一次触球的连续传球。进攻队员选择最佳时机发动向球门的进攻，与守门员进行1对1，并完成射门。防守队员在进攻队员开始进攻的瞬间回追防守，如果夺回球权则进攻小球门。

指导要点：

（1）进攻队员应避免在防守队员没有传好球的情况下发动进攻。

（2）进攻队员应确认守门员的位置，冷静地选择进攻球门的手段（直接射门、突破后射门）。

（3）进攻队员应通过眼神或假射动作欺骗守门员、掩饰射门意图，诱导其出现提前移动或扑错方向的失误。

（4）守门员和防守队员应通过合作保护球门（相互交流、限制方向、迫使对手失误）。

变化： 本练习可通过改变到球门的距离，调整难易度。

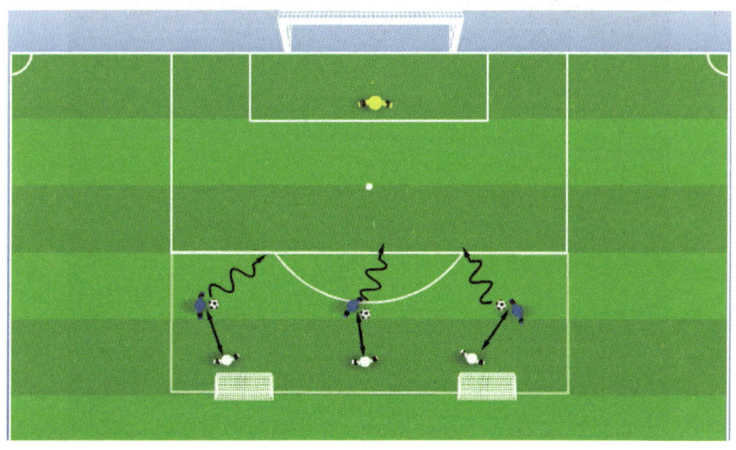

图4-47 与守门员的1对1练习

（八）1 对 1+4（接应人）练习

练习目的：提高队员 1 对 1 攻守能力。

练习区域：1/2 足球场。

器材：球、标志服。

练习方法：练习设置如图 4-48 所示。队员在区域内做 1 对 1 控球练习。持球队员可以将球传给区域外接应人，接应人只能触球 1 次。接应人之间不能相互传球。练习时间为 30 s，完成后，交换 1 组练习队员。

指导要点：

（1）持球队员利用身体掩护控球，如果有必要可以利用接应人协助控球。

（2）持球队员既要敢于用身体对抗来控制球，又要避免盲目和蛮干行为。

（3）持球队员将球传给接应人后，要立即重新选位，准备接回传球（传球与接应）。

（4）防守队员应限制和驱赶持球人的传球方向，直接阻断传球路线或拦截接应人的回传球。

变化：

（1）本练习可依据队员水平，调整练习区域的大小。

（2）本练习也可将接应人进行分组，区域内队员只能将球传给本方接应人。

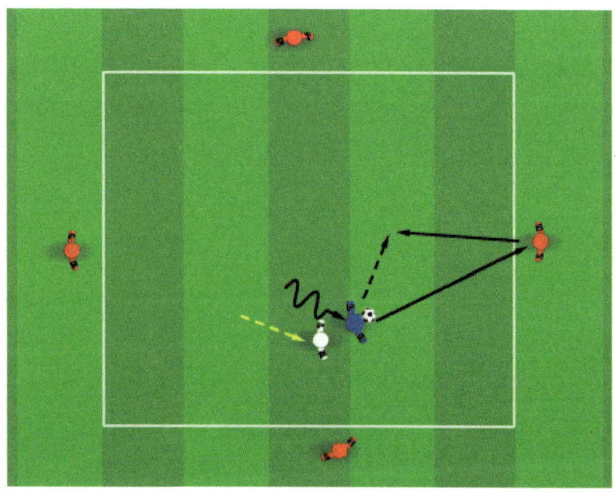

图 4-48　1 对 1+4（接应人）练习

（九）2 对 1+1（防守人）练习

练习目的： 提高队员 2 对 1 攻守能力。

练习区域： 2 个 7 m × 9 m 的区域。

器材： 小球门、球、标志服。

练习方法： 练习设置如图 4-49 所示。练习区域距离小球门 10 m。防守队员在靠近小球门一侧的区域选位。进攻队员在第一个区域与防守队员进行 2 对 1 攻守练习，第 1 名防守队员不能离开第一个区域。球一旦进入第二个区域，第 2 名防守队员立即移动防守，进攻队员 2 对 1 进攻小球门。第 2 名防守队员可以出区进行防守。

指导要点：

（1）进攻队员应积累经验，掌握巧妙使用运球和传球的方法。例如：采用“假运真传，假传真运”的假动作，向对手反方向突破。

（2）进攻队员应避免无意义的（没有风险的）横传球。

（3）防守队员尽量将进攻队员向一侧驱赶，最后形成 1 对 1 局面。

变化： 本练习可依据场地的大小，调整难易度。

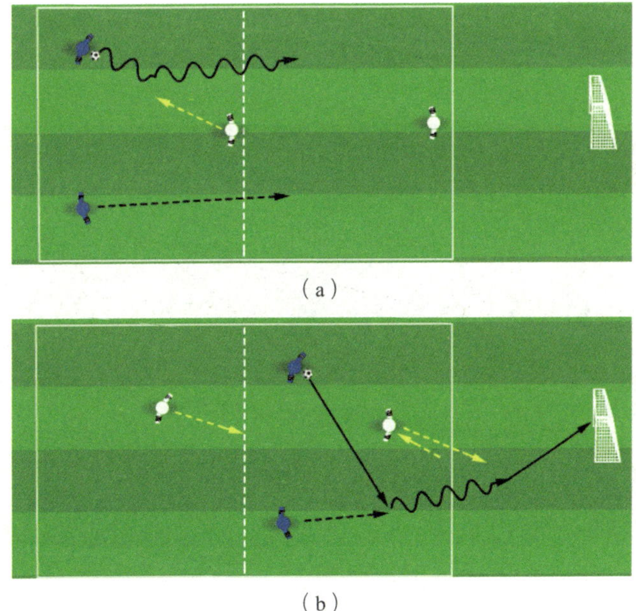

（a）

（b）

图 4-49　2 对 1+1（防守人）练习

（十）1对1+2（接应人）练习

练习目的：提高队员1对1攻守能力。

练习区域：10 m × 15 m的区域。

器材：球、标志服。

练习方法：2名接应人在练习区域的两端站位。进攻队员以练习区域的两条端线为运球突破目标。持球队员可以利用前后的接应人完成练习。接应人只能触球1次，2名接应人之间可以相互传球。

指导要点：

（1）持球队员要有主动进攻意识，同时依据情况，提高合理选择不同技战术行动的能力（运球突破、2过1配合、第3人移动接应）。

（2）在进行2过1配合时，持球队员吸引住防守队员，应尽量用小幅度的踢球动作完成传球，并立即起动加速接回传球，如图4-50（a）。

（3）当背对防守队员时，在不做盲目转身的情况下，进攻队员采用第3人移动的行为从处于身后的接应人那里接到传球，如图4-50（b）。

（4）防守队员要依据情况的变化，采用相应的防守对策（去阻止对手2过1、第3人移动接应等行为）。

变化：本练习可依据场地的大小，调整难易度。

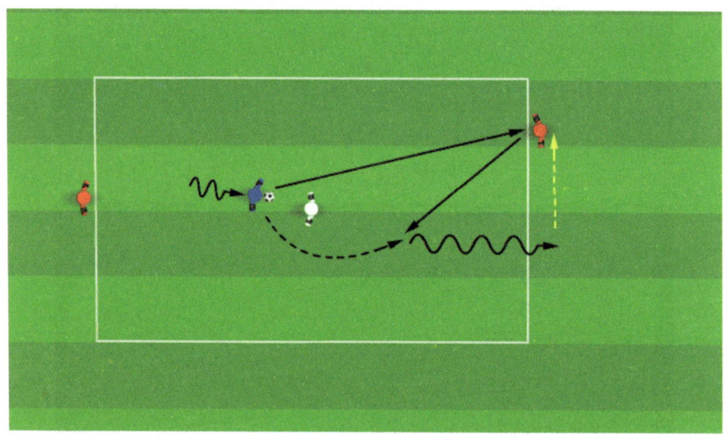

（a）

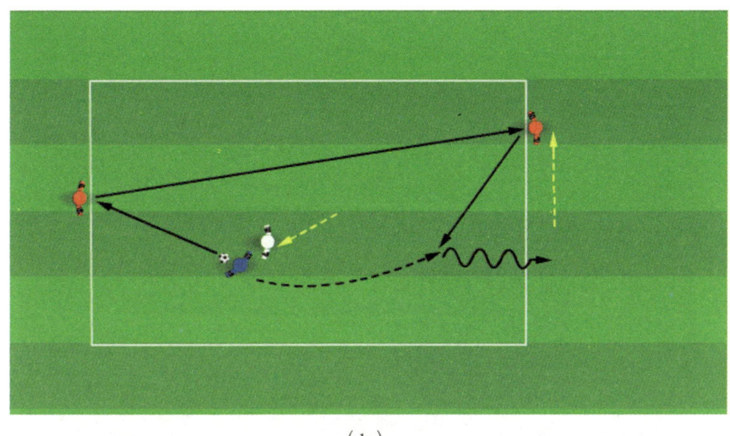

（b）

图 4-50 1对1+2（接应人）练习

（十一）边路正面的1对1练习

练习目的： 使队员掌握压迫防守的基本方法。

练习区域： 30 m × 40 m 有的区域。

器材： 球门、小球门、标志筒、球、标志服。

练习方法： 在距离球门 25~30 m 的区域设置小球门。传球人将球传给进攻队员后，在边路区域进行1对1攻守练习。如图 4-51（a）所示，左边的传球人模拟后腰，右边的传球人模拟边后卫。防守队员夺球后进攻小球门。另外，如图 4-51（b）所示，当传球人传出球后，第 2 名防守队员加入防守。

指导要点：

（1）进攻队员尽量减少不必要的假动作，从第一次触球开始就向对手球门进攻，避免一开始就被对手驱赶到边线区域，要有快速由攻转守的意识，传球人尽量踢短传球或准确的脚下传球。

（2）防守队员不要让对手从内线突破，应向边路驱赶对手；利用守门员或第 2 名防守队员，协作完成防守（相互交流、限制方向、诱导传球）。

变化：

（1）本练习可以安排在两个边路进行。

（2）本练习可以变化传球人和第 2 名防守队员的开始位置。

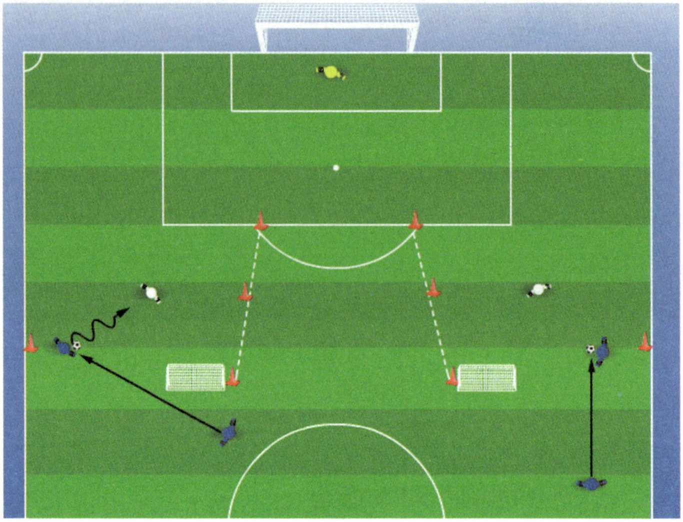

（a）

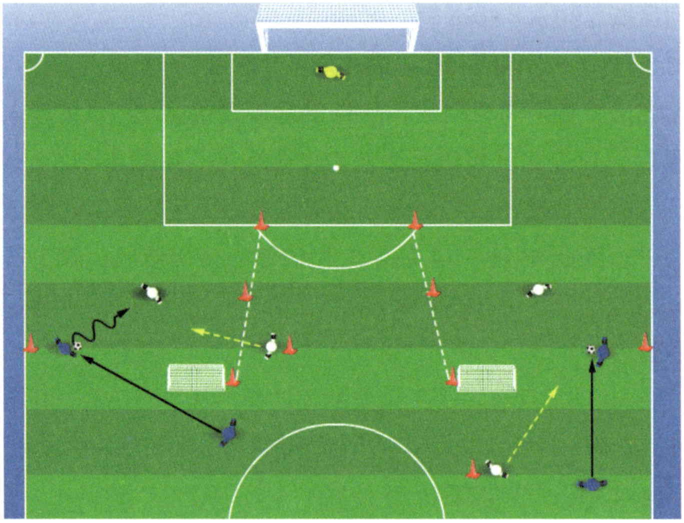

（b）

图 4-51　边路正面的 1 对 1 练习

（十二）边路正面 1 对 1（传中）练习

练习目的： 提高队员 1 对 1 攻守能力。

练习区域： 1/2 足球场。

器材： 球门、小球门、标志筒、球、标志服。

练习方法： 练习设置如图 4-52 所示。本练习是对本章练习（十一）的调整。在球门前设置 1 名包抄射门的前锋。边路进攻队员突破防守后，可以将球传给中路包抄的前锋。本练习可以增加第 2 名防守队员。

指导要点：

（1）进攻队员应多采用传中或射门假动作等行动，完成进攻球门；前锋要选择好包抄射门的时机。

（2）防守队员不要轻易被传中的假动作欺骗，要依据对手的行动采取相应的防守行为。

变化： 本练习可以给前锋增加 1 名防守队员。

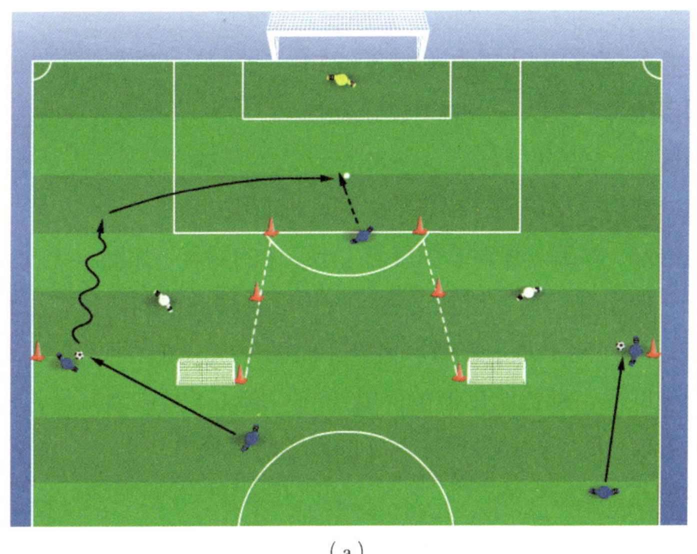

（a）

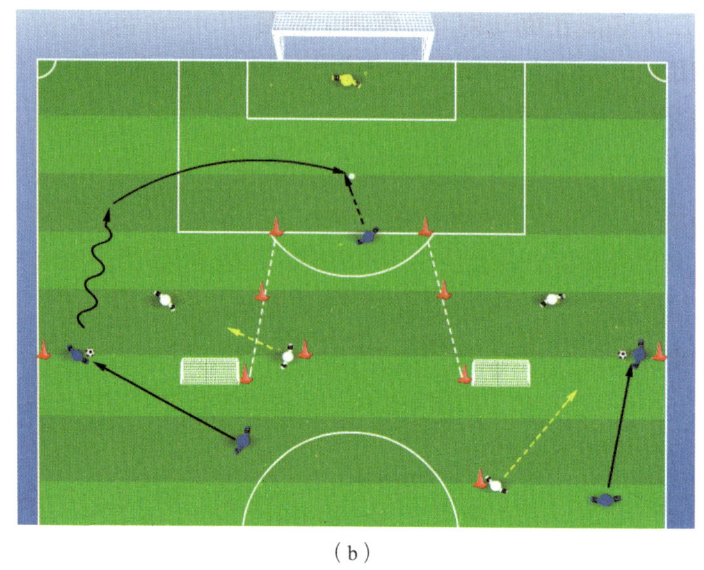

（b）

图 4-52　边路正面 1 对 1（传中）练习

（十三）转移进攻后的 1 对 1 练习

练习目的： 提高队员 1 对 1 攻守能力。

练习区域： 1/2 足球场。

器材： 球门、小球门、标志筒、球、标志服。

练习方法： 本练习是对本章练习（十二）的调整。如图 4-53（a）所示，本练习在一侧小球门旁，增加 1 名踢长传球转移进攻的队员，边路队员接到转移传球后开始 1 对 1 练习。另外，如图 4-53（b）所示，本练习可增加 1 名防守队员，模拟边前卫的回撤防守；增加 1 名进攻队员，模拟边后卫的后套进攻。防守队员处于 1 对 2 的以少防多状态。

指导要点：

（1）进攻队员应利用速度进行突破。

（2）球在移动中，防守队员应尽量靠近接球队员，不给对手运球加速的空间；利用后撤步，在延缓进攻的同时，逐渐靠近对手。

变化： 本练习也可在两个边路安排练习。

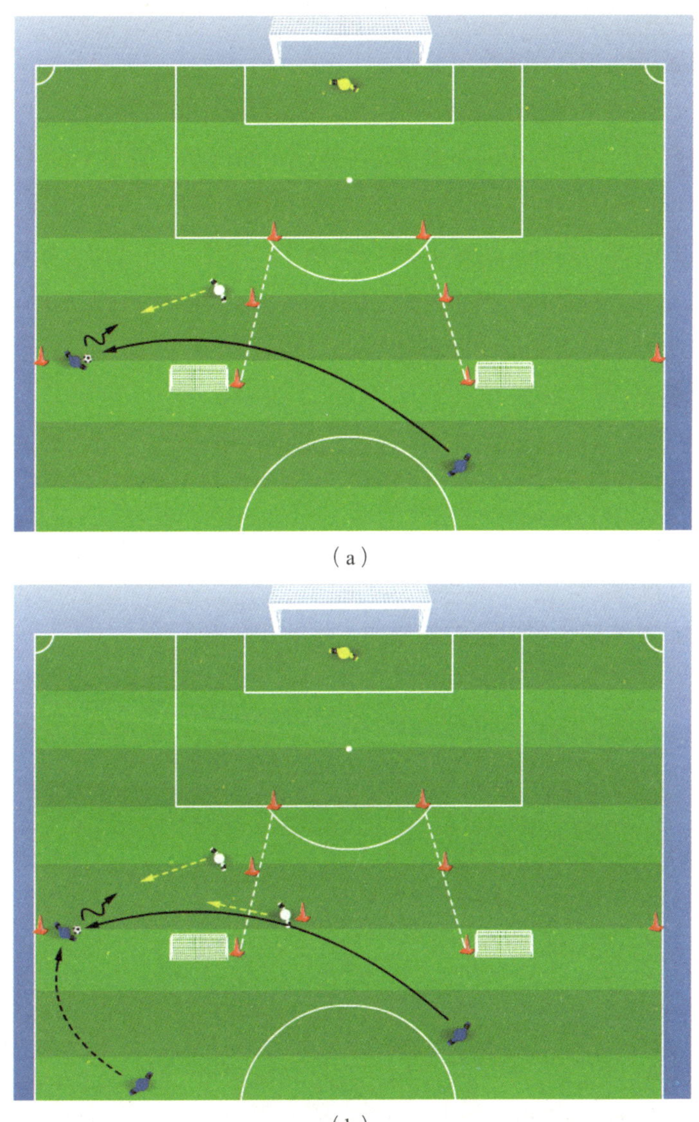
（a）

（b）

图 4-53　转移进攻后的 1 对 1 练习

（十四）转移进攻后的 1 对 1（传中）练习

练习目的：提高队员 1 对 1 攻守能力。

练习区域：1/2 足球场。

器材：球门、小球门、标志筒、球、标志服。

练习方法：本练习是对本章练习（十三）的调整。如图 4-54（a）所示，本练习在球门前增加 1 名前锋。边路队员突破防守后，可以选择将球传给中路包抄的前锋。另外，如图 4-54（b）所示，本练习可增加 1 名防守队员，模拟边前卫的回撤防守；或增加 1 名进攻队员，模拟边后卫的后套进攻。防守队员处于 1 对 2 的以少防多状态。

指导要点：

（1）进攻队员应多采用传中或射门假动作等行动，完成进攻球门；前锋要选择好包抄射门的时机。

（2）防守队员不要轻易被传中的假动作欺骗，要依据对手的行动采取相应的防守行为。

变化：本练习也可以给前锋增加 1 名防守队员。

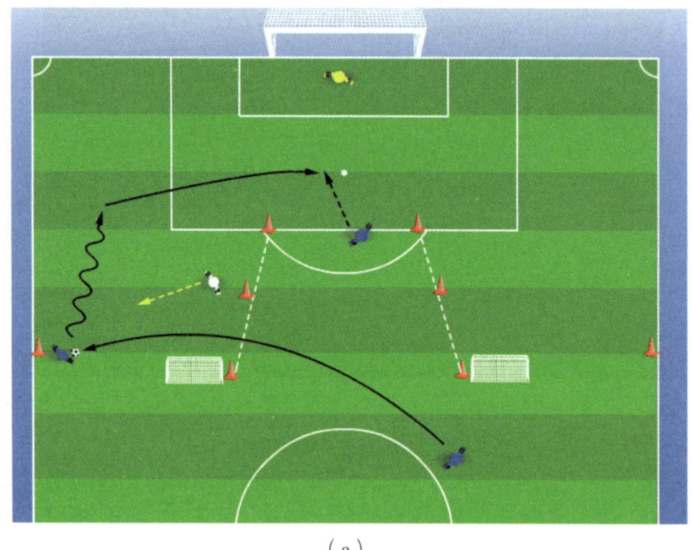

（a）

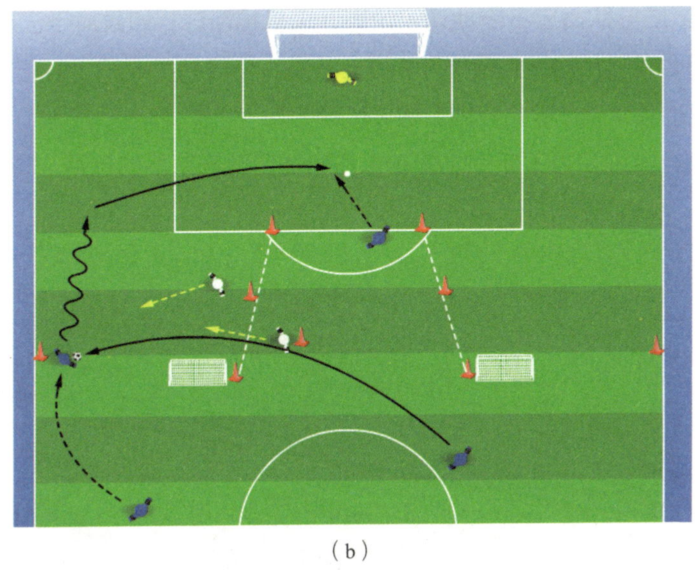

（b）

图 4-54　转移进攻后的 1 对 1（传中）练习

（十五）中路背对 1 对 1 练习

练习目的：提高队员 1 对 1 攻守能力。

练习区域：1/2 足球场。

器材：球门、小球门、标志筒、球、标志服。

练习方法：练习设置如图 4-55 所示。练习区域为 2 个罚球区的大小，并在一侧端线放置 2 个小球门。如图 4-55（a）所示，本练习安排 2 个传球人（模拟后腰）在区域外传球，选择最佳时机将球传给区域内接球的前锋，开始 1 对 1 攻守练习。罚球区外进攻不受越位规则限制。防守队员断球后应立即进攻小球门。如图 4-55（b）所示，本练习可增加不同位置的传球人，当球传进练习区域后，可安排第 2 名防守队员加入防守（模拟后腰或边后卫的回撤防守）。

指导要点：

（1）进攻队员应利用接球前的假动作摆脱防守，如果有可能，可直接转身进行正面 1 对 1；为了避免被防守队员断球，要不断地调整接球的时机和用哪只脚接球；传球队员应尽量踢快速、准确的地滚球，要有快速由攻转守的意识。

（2）防守队员应不断地调整位置，伺机抢断球；如果对手已经完成了传球，那么要阻止对手向前停球和强行转身；与守门员或第 2 名防守队员协同防守（相互交流、限制方向、诱导传球）。

变化：本练习可不断变化传球人和第 2 名防守队员的位置。

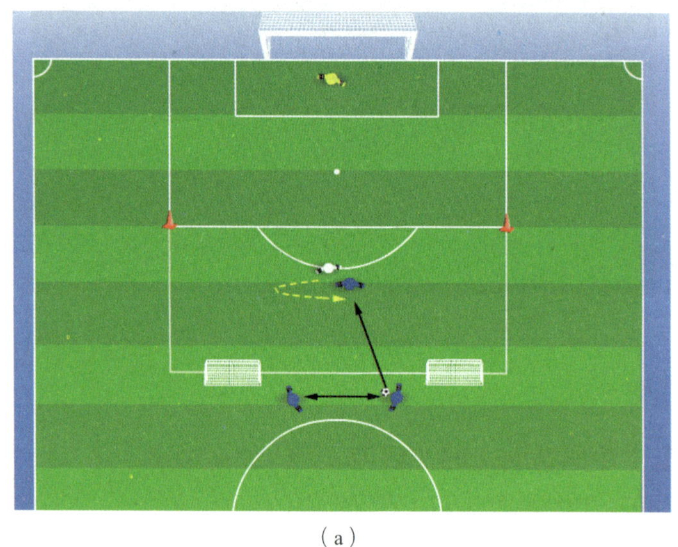

（a）

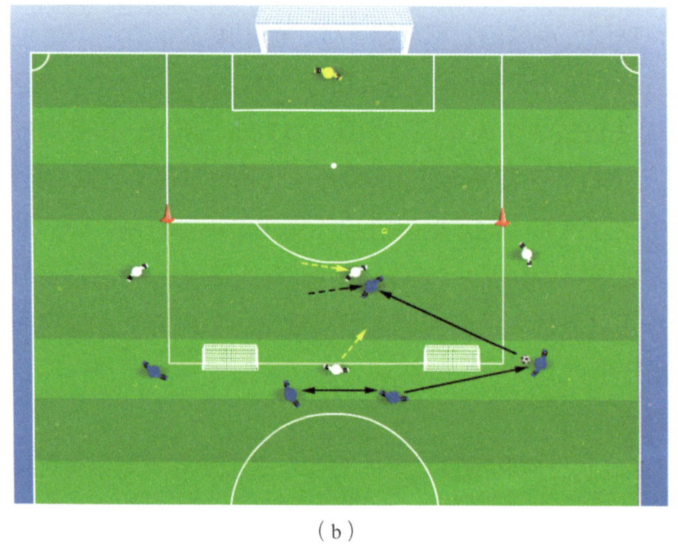

（b）

图 4-55　中路背对 1 对 1 练习

（十六）边路背对 1 对 1（传中）练习

练习目的： 提高队员 1 对 1 攻守能力。

练习区域： 1/2 足球场。

器材： 球门、小球门、标志筒、球、标志服。

练习方法： 本练习是对本章练习（十二）的调整，防守队员在进攻队员身后盯人。如图 4-56（a）所示，边路进攻队员接球后，开始进行背对状态下的 1 对 1 练习。另外，如图 4-56（b）所示，练习增加第 2 名防守队员，模拟后腰或边前卫的回撤防守。

指导要点： 练习要点参照本章练习（十二）和练习（十五）。

变化： 本练习可以安排在两个边路进行，也可以给前锋增加 1 名防守队员。

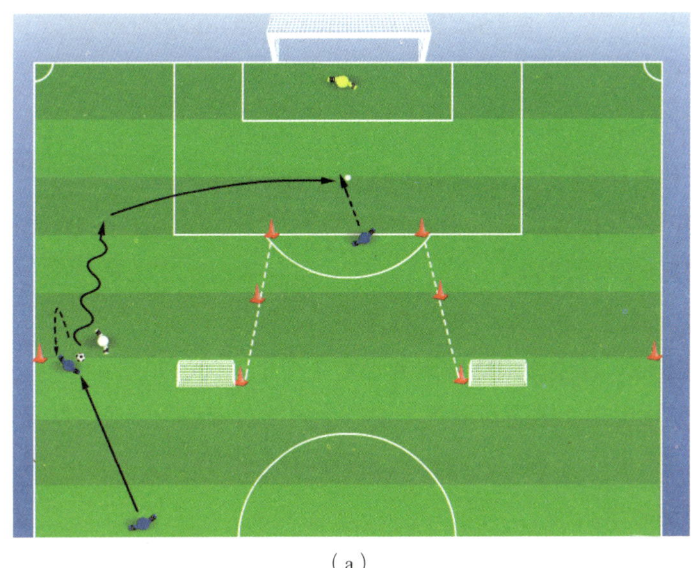

（a）

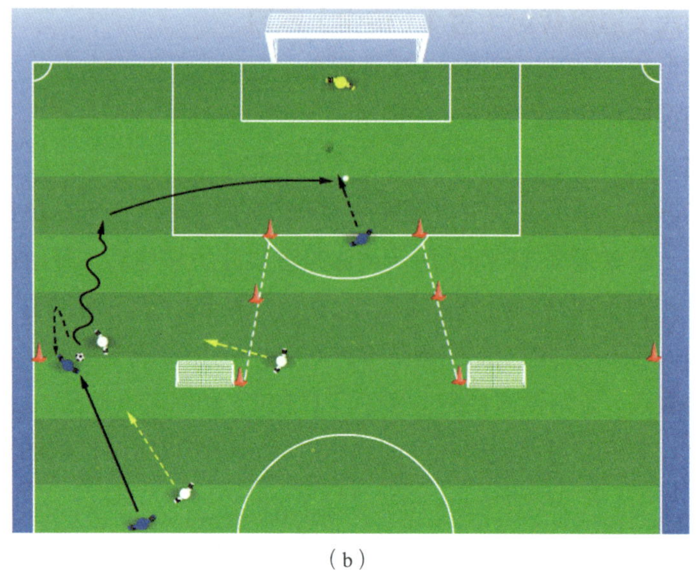

（b）

图 4-56 边路背对 1 对 1（传中）练习

（十七）中路 1 对 2（以少防多）练习

练习目的： 提高队员以少防多能力。

练习区域： 足球场。

器材： 球门、小球门、球、标志服。

练习方法： 在中圈弧底部附近设置 2 个小球门。如图 4-57（a）所示，1 名防守队员面对 2 名进攻队员，进行 1 对 2 攻守练习。防守队员断球后，立即进攻任意 1 个小球门。另外，如图 4-57（b）所示，练习可增加第 2 名、第 3 名防守队员。

指导要点：

（1）防守队员应一边后撤，一边延缓进攻速度。

（2）防守队员应尽量让进攻队员横传球，延缓进攻。

（3）防守队员应限制进攻方向，尽量驱赶成 1 对 1 局面。

（4）防守队员应与守门员或第 2 名防守队员协同防守（相互交流、限制方向、诱导传球）。

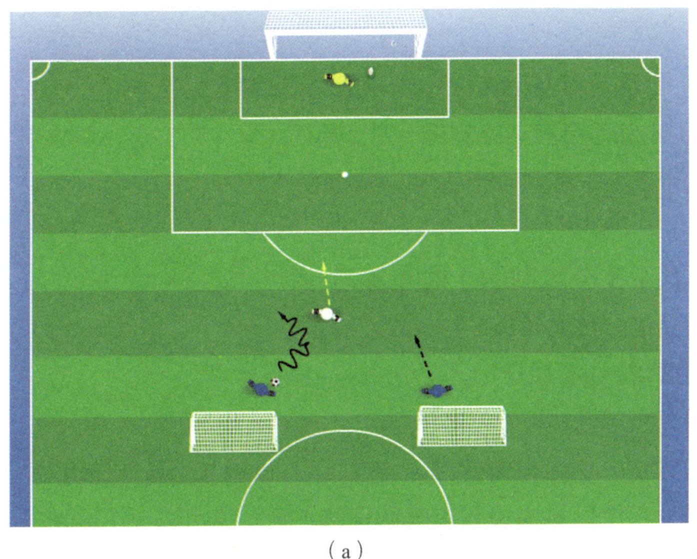

（a）

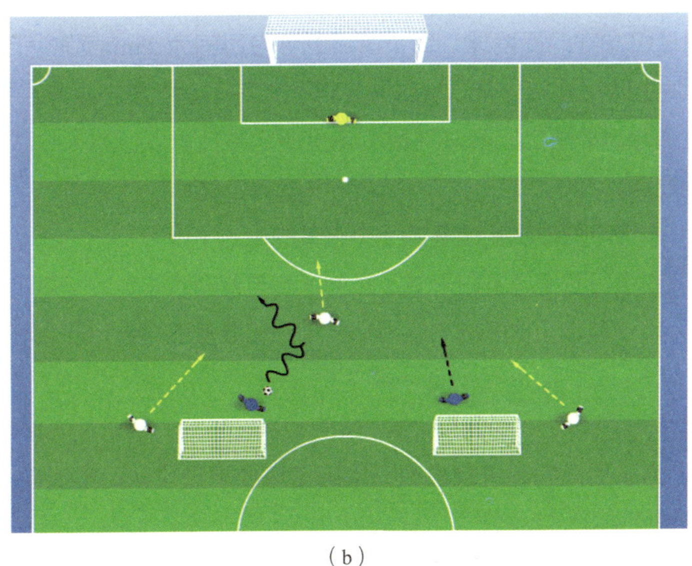

（b）

图 4-57　中路 1 对 2（以少防多）练习

变化：

（1）本练习可要求进攻队员提高快速进攻能力（如 8 s 以内必须完成射门）。

（2）本练习可变化练习开始区域，以调整难易度。

（3）本练习可在边路安排 1 对 2 局面（以少防多），具体要求参照本章练习（十三）、练习（十四）。

（十八）3 个区域的 1 对 1 练习

练习目的：提高队员 1 对 1 攻守能力。

练习区域：1/2 足球场。

器材：小球门、球、标志服。

练习方法：练习设置如图 4-58 所示。设置 3 个长 25 m、宽 16.5 m 的练习区域。每个区域内设置攻守队员各 1 名。练习以 3 个区域的 1 对 1 加 2 名守门员的形式进行小场地比赛。每组队员只能在各自区域内活动。球出界，由球权方守门员发球。每个区域的练习时间为 2 min，时间到交换练习区域。每组队员按顺序依次完成 3 个区域的练习后，攻守双方互换角色，重复上述练习。最终以比赛进球数的多少决定胜负。

指导要点：

（1）本练习模拟真实比赛中 3 个区域的 1 对 1 练习。

（2）本练习应考虑不同形式（正面状态与背向状态）的 1 对 1 练习。

（3）攻守双方无球区域的队员都要预判和准备下一步行动（无球移动、防守选位等）。

变化：

（1）为了提高向前进攻意识，本练习可要求进攻队员不能向守门员或向后面区域回传。

（2）本练习可要求进攻队员如果以运球方式在本区域内完成突破，就可以进入下一区域参与进攻（暂时性的 2 对 1）。

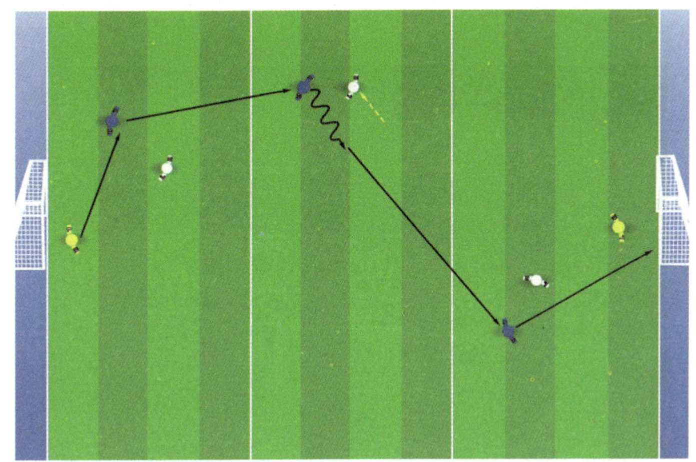

图 4-58　3 个区域的 1 对 1 练习

（十九）4 个区域的 1 对 1 练习

练习目的：提高队员 1 对 1 攻守能力。

练习区域：1/2 足球场。

器材：球门、球、标志服。

练习方法：练习设置如图 4-59 所示。每个区域内安排攻守队员各 1 名。练习以 4 个区域的 1 对 1 加 2 名守门员的形式进行小场地比赛。每组队员只能在各自的区域内活动。球出界，由球权方守门员发球。每个区域的练习时间为 2 min，时间到交换练习区域。每组队员按顺序依次完成 4 个区域的练习后，攻守双方互换角色，重复上述练习。最终以比赛进球数的多少来决定胜负。

指导要点：

（1）本练习应考虑不同形式（正面状态与背向状态、中路与边路）的 1 对 1 练习。

（2）其他练习要点参照本章练习（十八）。

变化：本练习可参照本章练习（十八）的变化要求。

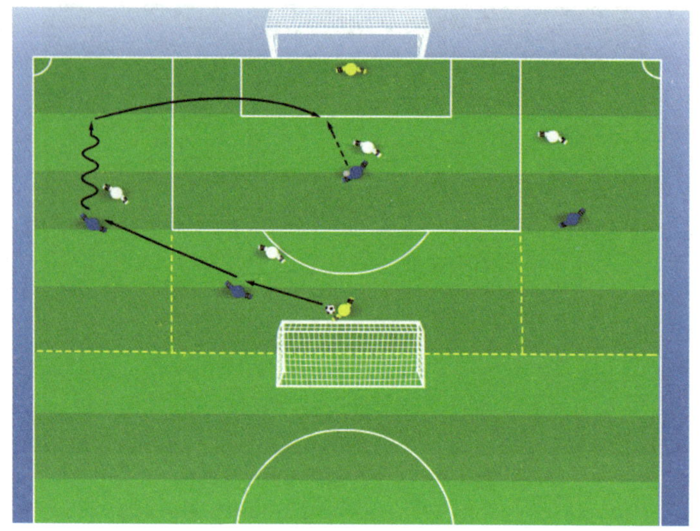

图 4-59　4 个区域的 1 对 1 练习

（二十）3 对 3 变 1 对 1 练习

练习目的： 提高队员 1 对 1 攻守能力。

练习区域： 1/2 足球场。

器材： 球门、标志筒（用作小球门）、球、标志服。

练习方法： 练习设置如图 4-60 所示。设置 3 个宽 16.5 m、长 40 m 的练习区域。区域的两端放置 2 个球门，区域内的线上设置 3 个 7 m 宽的运球过线小球门。在中路区域以 3 对 3 攻守形式开始练习。2 支队伍以各自前方的运球过线小球门为第一目标，如果运球通过，那么进入下一个区域与守门员进行 1 对 1，并完成射门。其他队员不能进入球门前区域。

指导要点：

（1）在 3 对 3 的状态下，攻守双方均要采用合理的 1 对 1 攻守策略（进攻方采用运球、传球等策略，防守方采用交换盯防人、靠近施压、协防保护等策略）。

（2）进攻队员要确认守门员位置，沉着地进攻球门（直接射门、突破后射门）。

（3）进攻队员可通过眼神或假射动作欺骗守门员、掩饰射门意图，诱导其出现提前移动或扑错方向的失误。

变化：

（1）本练习可通过改变场地的大小，调整难易度。

（2）本练习可允许 1 名防守队员回到禁区内防守。

（3）本练习可允许进攻队员通过渗透传球进入禁区。

（4）本练习可允许通过渗透传球进入球门前区域，但是接球队员必须穿过小球门才能进入禁区接球，此时可设置越位规则。

图 4-60　3 对 3 变 1 对 1 练习

第五章
守门员

● 本章提示

守门员是在本方罚球区内唯一能够用手处理球的队员。

守门员最重要的任务是把守本方球门。但是在现代足球比赛中，守门员的位置职责发生了很大的变化，如参与后场组织进攻或反击、跑出罚球区、采取断球行为等。

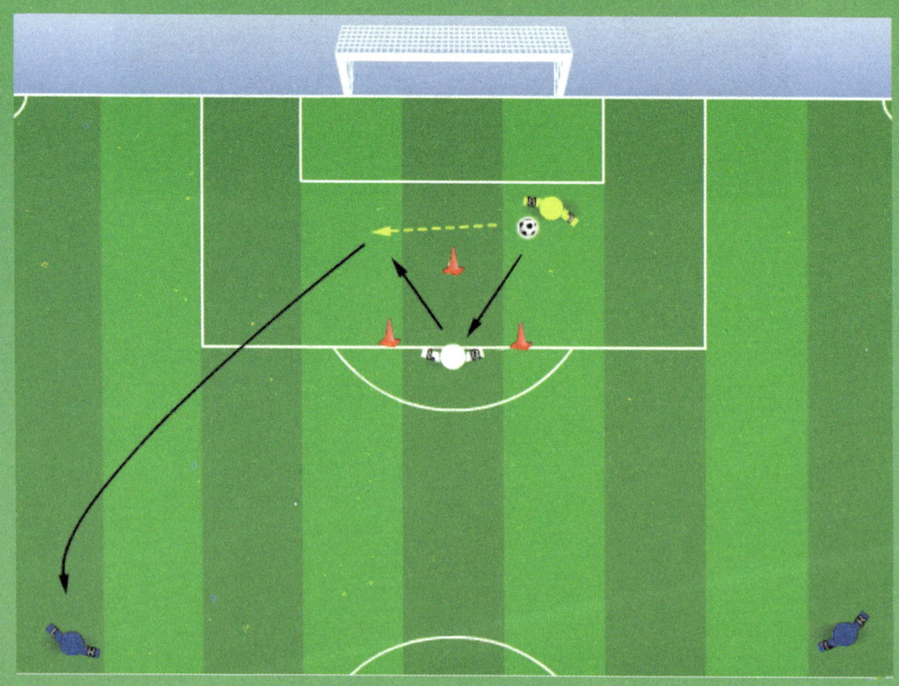

一、德国守门员的培养

——德国从 2011 年开始建立了以德国足球协会为指导核心的守门员培养体制

德国足球协会常常会对世界杯等重大的国际比赛中足球的发展现状或发展趋势做出及时的分析，并把研究结果落实到训练实践、人才培养体系、教练员培训等方面，当然也包括了对守门员位置行为的分析。通过对 2014 年巴西世界杯比赛的分析，德国足球协会完成了对世界顶级守门员的分析和数据更新。德国足球协会经常以世界足球水平作为标准，更新研究结果，从而不断完善守门员教练培养理论和守门员训练哲学。德国守门员的培养以前都是以巴登 - 符腾堡州、莱茵兰 - 普法尔茨州等地方足球协会为主实施和开展的。从 2011 年开始，德国足球协会成为守门员培养的领导部门，负责管理守门员教练的培养和指导内容的制定。他们将守门员的培养划分成三个等级。

第一级是面向社会开放的、谁都能参加的培训班。即使没有守门员教练经历和教练员证书，只要对守门员训练比较感兴趣的人都能参加。

第二级是针对在德甲联赛俱乐部的下属单位或训练中心、水平较高的业余俱乐部中担任守门员教练工作的人员的培训班。

第三级是守门员教练培训的最高级别，主要是以职业足球守门员教练为培训对象。

守门员培训班（特别是初学者的培训班），把学习正确的守门员技术作为首要任务。守门员的位置技术学习和位置战术理解是培训班教学的基本构成要素，也是培养优秀守门员的重点。

此外，虽然对于守门员来说要具备良好的身体素质，但是这部分内容不是培训班教学的重点。

目前，很多的业余俱乐部和青少年守门员实际训练，相对于培养技术和战术理解力，还是过于强调身体素质的训练。相比在技术和战术层面提高守门员能力来说，可能更多的教练员喜欢采用与比赛相脱离的重复性的训练内容，因为通过这样的训练方式，教练员很容易从队员身体的疲劳感受中体会到训练的满足感。

二、守门员必备技术

——应当依据世界顶级守门员的表现趋势，作为自我完善和提高的重点

守门员技术大致可以分为进攻技术和防守技术两类。进攻技术包括传球、停球、手抛球（低手抛球和上手抛球）、踢球（凌空球、反弹球）等技术。防守技术包括手接球（接空中球、接地滚球）、拳击球（单手、双手）、扑接球（扑接地滚球、凌空侧扑接球）、接反弹球、封堵、跳、起身、倒退步、交叉步等技术。

守门员在一场顶级水平的比赛中要采取 50 次左右的有球行动，其中进攻行为占 70%（35 次），防守行为占 30%（15 次）。

虽然笔者认为在训练中应该依据统计显示的那样，安排更多的进攻方面的训练，但是目前在德国的守门员培养过程中这个方面还是没有被完全地重视。出现上述现象的原因是，虽然大家都认可安排守门员进攻技术训练是可以提高其技术能力的，但是对于高水平的守门员来说，由于他们具备了与场上其他队员相比毫不逊色的技术能力，所以没必要再拿出额外的时间进行技术练习。他们中的很多人不仅能够完成准确的手抛球，也能踢出准确的长传球。

另外，在守门员能力评价方面，最终还是要依据其丢球数和防守技术能力来判定。守门员在球门前的失误会直接引起失分，甚至导致队伍输掉比赛。因此，在一场比赛中，守门员必须在 15 次左右的防守中保持高度的专注力和发挥完美的技术。

上文提到的防守技术，在训练过程中应该作为守门员主要的训练任务进行实施。正确的守门员技术关键在于制定符合队员个人特点的训练方法，并且要完成大量的重复。虽然说一味地追求严格的训练并不一定是对的，但是通过这样长时间、大量的重复训练，能够强化队员注意力集中的持久性，因为只有这样，才有可能让守门员在上半场临近结束或下半场临近结束的失分高发期表现出稳定的发挥。

目前，对守门员技术的基本内容的认识全世界基本上是一致的。依据

这些看法，下面介绍一下关于守门员技术应该被提高的重点部分，它是从世界顶级守门员身上分析得出的，并适用于世界的任何地区。

第一个重点是面对射门的准备姿势。大部分守门员面对射门时的准备姿势，一般是屈膝、弯腰、重心下降、抬臂屈肘置于身前。但是，观察很多守门员的行为却发现，他们的准备姿势常常是手臂处于伸直状态，当对手射门时，总是先将伸直的手臂向身后做出预摆动作后，再向前方伸出手去接触球。做这个多余的动作会加大手触球之前的运动距离，致使动作效率下降。

当对手射门时做得非常好的队员是门兴格拉德巴赫足球俱乐部的雅恩·索梅尔。他的动作效率非常高，没有多余的预备动作。他的手臂没有后摆的预备动作，而且为了获得瞬间的爆发力，采用了低重心的姿势。

第二个重点是依据对手射门的情况守门员的预跳动作过高、过大。很多的射门，尤其是近距离的射门，有的时候完全没有必要采用预跳动作，即使是有必要的时候，也尽量保持预跳动作的低、快原则。但遗憾的是，即使是世界顶级水平的守门员，有时也会因为预跳动作过高，造成对手射门的瞬间，脚仍处在悬空状态，从而加长了落地和起跳时间，错过了封堵射门的最佳时机。另外，预跳动作使守门员的两脚距离加大，导致身体向侧面移动的灵活性受限。如果面对射门时的预备姿势处于这种状态，那它就是导致很多失误的主要原因，而这些失误会导致完成下一个动作变得困难，或者限制了下一个动作完成的质量等。

第三个重点是在定位球防守中，对于越过人墙的射门守门员的移动。在球门前的定位球防守中，对于那些越过人墙射向球门的来球，人们可以看到虽然守门员做到了只差一步就触到球的地步，但是最终球还是射进了球门。虽然在比赛中也存在根本就不可能防住的时候，但是守门员应如何做才能缩短这段移动的时间、更快地触到球，一直是守门员训练要面对的任务之一。

守门员脚步移动的方式很重要。在很多情况下，守门员从靠近球一侧的脚开始侧向移动，有时连预跳动作也是采用同样的方式，但是，如果从远离球一侧的脚开始，并采用交叉步的方式移动，守门员就可以节省一步，这样也缩短了触球之前的移动时间。此外，与侧滑步相比，交叉步具有移动更快、起跳更加有力的特点。

对守门员技术的评价，或者对顶级守门员的行为表现的评价，现在应该以动作的合理性（没有多余动作）为基准进行观察和分析。那些追求动作的华丽性，或者提倡守门员训练需要更多的倒地扑球的时代已经过去了。

在 2010 年南非世界杯比赛的一些进球中，有媒体认为比赛用球飘忽的飞行轨迹是进球的主要原因，但是从中也可以发现，球的飘忽移动造成守门员接球失误的情况都是出现在小组赛阶段。最后分析认为，根本的原因还是守门员的技术或选位失误。在当时的比赛中造成进球最多的行为是在罚球区内的射门，但是如果守门员当时可以选择合理的位置和技术的话，也许能够阻止一些进球得分。

关于守门员面对罚球区内的射门时应选择的基本位置和行动的问题，德国足球界通过研究将罚球区划分成三个区域，依据射门的区域（分析对手从哪个位置完成的射门）又制定了应采取的必要行动，并且这个研究成果的有效性已经在多年的实践中被证实。

下面先介绍守门员面对罚球区内的射门时应采取的基本行动，之后再详细介绍三个射门区域的划分过程。

（一）守门员面对罚球区内的射门应采取的动作

（1）选择恰当的时机，调整身体位置处于射门路线的正前方。

（2）上体稍前倾，将重心放在身体前方。

（3）手脚打开与肩同宽。

（4）双手自然下垂，屈肘置于身前，掌心相对；如果是面对近身射门时，双手伸直垂于腰部，并向两侧张开，如图 5-1 所示。

（5）如果没有把握触到球，当同伴正在给对手施加防守压力进行抢球时，守门员不要贸然出击，如图 5-2 所示。

图 5-1 守门员面对近身射门时的动作

资料来源：2018—2019 赛季英格兰超级联赛，在托特纳姆热刺对阵曼彻斯特联的比赛中德赫亚封堵对手的射门。

图 5-2　守门员小禁区内选位封堵

资料来源：2014 年巴西世界杯，在阿根廷对阵德国的比赛中诺伊尔封堵梅西的运球进攻。

（二）罚球区内三个射门区域的划分

罚球区被划分为三个射门区域，如图 5-3 所示。

1. 区域 1

区域 1 是指球门两侧没有射门角度的区域（以球门中心的球门线为起点经过球门区顶角，向罚球区一侧边框线延伸的斜线与球门线之间形成的三角形区域），用德语表达的意思是“站立防守区域”，如图 5-4 所示。

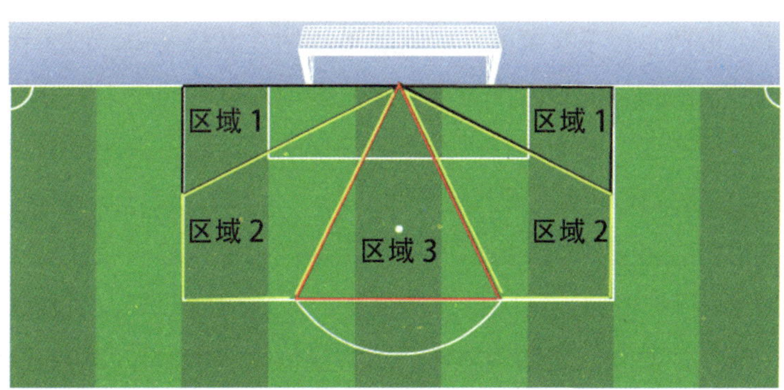

图 5-3　罚球区的三个射门区域

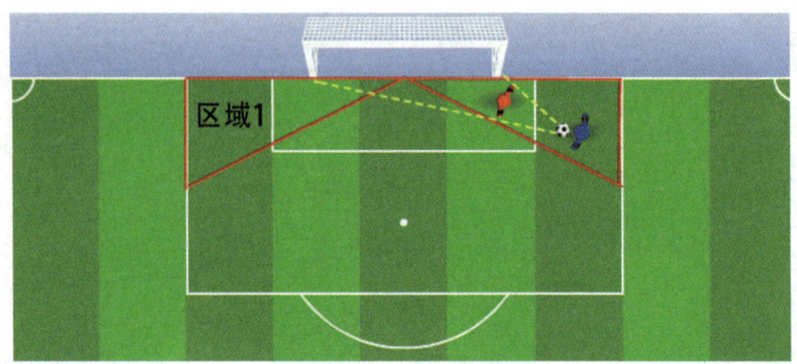

图 5-4 罚球区内的区域 1

图 5-5 守门员站立封堵球

当守门员面对这个区域内的射门时，如果能够选择最合理的防守位置的话，那么其防守的宽度就会缩小到 2 m 左右，所以他完全能够在站立姿势的状态下进行防守。在 2014 年世界杯比赛中，最典型的例子就是在德国对法国的四分之一淘汰赛中，诺伊尔封堵了本泽马的射门，如图 5-5 所示。诺伊尔在站立姿势的状态下用手将本泽马的射门挡出底线。

通常情况下，在区域 1 的射门基本上是近距离射门，守门员常常认为应该选择低重心的防守姿势。但是如果守门员选择将身体稍稍前倾，把重心置于身前的放松状态下的站立准备姿势，那么就会让对手感觉守门员的封堵面积很大。这种选位姿势对于守门员应对近距离射门是非常重要的方法。因为当守门员面对这样的射门时，大部分的球都能用手或脚的动作触到球，而且面对近距离的射门，想把球接住基本上不可能，所以通过将重心置于身前也可以对第二点球做出更快的反应。当面对区域 1 内的射门进行选位时，守门员不能过于靠近近端球门柱，因为过于靠近近端球门柱，会使守门员很难对球门前的横传球做出合理动作（断球、及时调整位置）。

●守门员防守区域 1 内的射门的动作要点。

（1）因为这个区域的射门路线狭窄、难度较大，所以守门员可以在前球门柱的横向位置平行站位，此时不需要离开球门向球移动，只是在原地等着对手射门。

（2）守门员只要能够把所有的射门路线封堵住就可以了，没有必要选择出击，去进一步限制射门路线，如果过于靠近对手，就会缩短对射门的反应时间，反而使自己处于不利状态。

（3）守门员不需要做倒地或跳跃扑球，只需要伸手或伸腿就能完全把射门路线封堵住。

（4）守门员不要因提前预判而过于靠近一侧，也不要试图诱使对手延某个路线射门。

（5）除了百分之百能够触到球的情况，对于接直传渗透球或运球突破进入此区域的对手，守门员不要选择出击防守。对手越是靠近，守门员越要降低重心，张开双臂。近端球门柱平行的位置可以封堵射门角度，也可以封堵向球门前的横传球。对于那些在球门前接到球的进攻队员，原则上应该交由本方的防守队员进行盯人防守。举一个错误例子，如图 5-6 所示，守门员面对运球突然进入此区的对手选择了出击封堵，结果让对手将球传给了空当队员。

图 5-6　守门员的选位不合理

2. 区域 2

区域 2 是指球门斜前方区域，它是以球门中心的球门线为起点，经球门区顶角，向罚球区一侧边框延伸的斜线和球门中心点到罚球区弧与罚球区交叉点的延长线之间形成的区域，用德语表达的意思是“站立与侧身倒地防守区域”，如图 5-7 所示。

守门员面对这个区域的射门时，如果能够选择合理的位置，则其覆盖的防守宽度是 3.5m；并且在封堵射门时没有必要做鱼跃扑球和跳起动作，依据情况有的时候会采用倒地侧扑球，但不用倒地就能封堵射门的情况也很多。

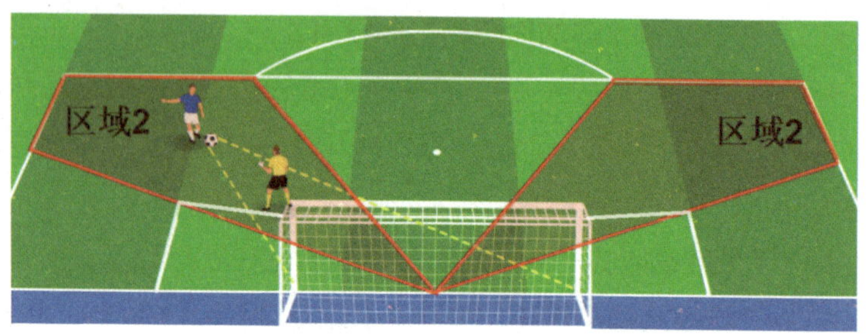

图 5-7　罚球区内的区域 2

● 守门员防守区域 2 内的射门的动作要点。

图 5-8　守门员球门区线上选位

资料来源：2013 年欧洲冠军联赛，罗曼·魏登费勒在比赛中封堵罗本的射门。

（1）守门员的位置可以在球门区线附近，以缩小射门角度，如图 5-8 所示。

（2）对于射向两个底角的射门，守门员可以采用倒地侧扑球（触球使球偏离路线）来封堵底角路线。

（3）面对近距离射门的时候，守门员并不用采取倒地或起跳动作，只须选位封堵射门即可，如图 5-9 所示。

图 5-9　守门员用脚封堵射门

资料来源：2014 年巴西世界杯，诺伊尔在比赛中封堵伊瓜因的射门。

（4）当同伴正在对持球队员进行防守时，守门员尽量不要离开球门区，选择出击防守。

3. 区域 3

区域 3 是球门的正面区域，它是以球门中心的球门线为起点，向罚球区弧与罚球区交叉点画两条延长线形成的三角区域，用德语表达的意思是“选位与出击封堵防守区域”，如图 5-10 所示。

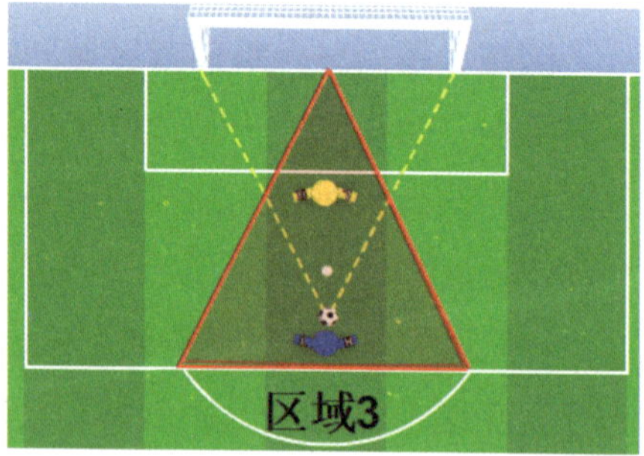

图 5-10　区域 3 内守门员的选位

守门员在面对这个区域的射门时，如果能够选择合理的位置，则其能够覆盖的防守宽度是 4 m；并且在封堵射门时，往往不用侧滑步的防守起跳来封挡球，而是采用一步起跳侧扑球的技术来封挡球的运行路线。此外，守门员越是靠近球，对手射门的角度越小。

● 守门员防守区域 3 内的射门的动作要点。

（1）守门员尽量靠近球，限制对手射门角度。

（2）当本方防守队员正在对持球队员进行防守时，守门员不要过于靠近对手（保持在距离球门线 5 m 左右的区域）。

（3）当面对运球突然进入此区域的进攻队员，守门员选择出击防守时，要在距离对手 3 m 左右的地方停住，并依据球的情况选位。

（4）当进攻队员要在点球点以外的区域射门时，守门员应该选在距离球门线 3 m 左右的地方选位，这样可以预防对手用挑过顶球的方式射门。

三、守门员位置战术意识和行动习惯

——教练员应该掌握一些关于守门员位置的知识

很多人认为在守门员战术实践领域中，依然还存在许多可以改善和商讨的方面。例如：当守门员面对 45° 传中的地滚球传入球门区时，我们经常看到随着球的移动守门员会在球门线上平行移动，之后对射门做出防守反应的场景。如果把区域防守作为基本理念的话，更好的防止失分的方法是拦截对手的传中球，不让对手完成射门行动。此外，让守门员主动出击，直接对抗前锋是一种非常需要勇气的行为。

当守门员面对 45° 传中球时，是选择出击拦截，还是选择不出击而在球门内准备应对射门，都会随着临场局面的不同而发生变化。即使是这样，仍然有一些失分是无论守门员采取哪种行动也无法阻止的。在这种情况下，最重要的是队伍的教练员应该明白，守门员是依靠什么样的战术判断而做出了这样的战术行动。有的时候一些没有专业知识背景的球迷或评论员，会将那些不可能阻止的失分原因归结于守门员身上，并加以评论。此时，教练员应该做的工作之一就是理解守门员的战术意图或行动动机，维护守门员的工作立场。鉴于以上原因，不仅是守门员教练，主教练也应该懂得守门员战术和技术的相关知识。

下面介绍一下德国队守门员教练科普克（曾经作为德国队守门员 3 次参加世界杯，也是 1996 年欧洲杯冠军队成员）的守门员必备的 14 项能力要素，详见表 5-1。

表 5-1 守门员必备的 14 项能力要素

序号	能力要素	序号	能力要素
1	身体形态	8	具备场上踢球的全部技术
2	柔韧性	9	踢球门球、凌空球能力
3	速度 / 爆发力	10	手抛球技术
4	反应能力	11	心理素质
5	守门员专项技术	12	性格特征
6	阅读比赛能力	13	团队意识
7	组织进攻的能力	14	领导才能

四、守门员训练方法

● 守门员训练方法要点。

（1）选位。

（2）阅读比赛进程的能力（临场情况判断、预测）。

（3）指挥能力。

（4）守门员专项技术（进攻、防守）。

（5）具备一般场上队员技术能力（短传、长传、接停球）。

（6）反应素质、速度素质、弹跳力、力量素质、协调性。

（7）心理素质、专注力。

（一）短传球与长传球练习

练习目的： 提高守门员组织进攻阶段的传球能力。

练习区域： 罚球区。

器材： 球门、球、标志筒。

练习方法： 本练习为守门员的热身练习之一。

方法1：在罚球区内设置一个底边为3 m、两边为2 m的等腰三角形。教练员站在等腰三角形的顶角处，守门员站在其中一个底角处，另外2名队员站在教练员的两侧，并与教练员保持在一条直线上。守门员先与一侧的传球队员做一次来回传球，之后将球传给教练员，再跑到另一侧接教练员回传球，然后与另一侧的传球队员做一次来回传球，重复练习，如图5-11（a）所示。在练习中守门员只能一次触球。

方法2：守门员与教练员完成一次短传球后，将球踢向边路，完成一次长传球，如图5-11（b）所示。

指导要点：

（1）短传地滚球。

（2）长传过顶球。

（3）接停球。

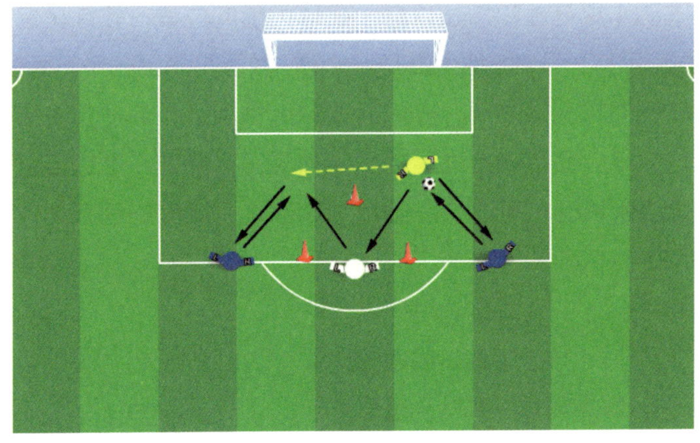

（a）短传球练习

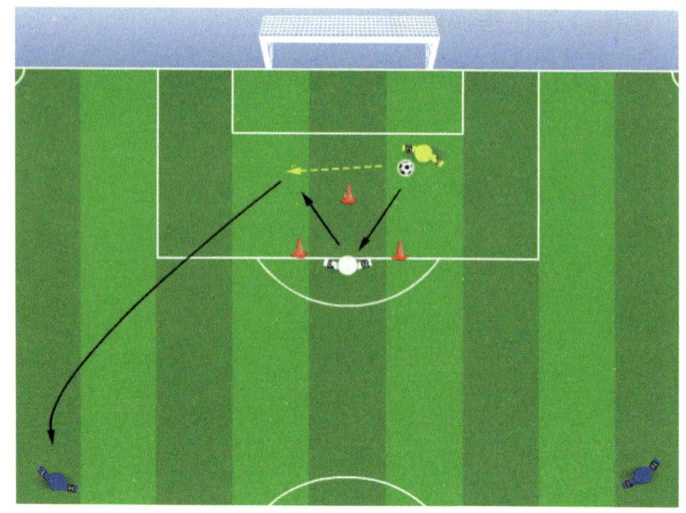

（b）长传球练习

图 5-11　短传球与长传球练习

（二）手接球技术练习

练习目的：提高守门员接球技术水平。

练习区域：罚球区。

器材：球门、球。

练习方法：练习设置如图 5-12 所示。本练习为守门员的热身练习之一，可提高基本动作规范性和增加球感。在球门前的位置，教练员保持与守门员间隔 10 m，手持一个球，地上准备一个球。教练员先踢一个正面的反弹球，球的高度在腰部与胸部之间，守门员接球后抛回给教练员；紧接着教练员再踢地滚球，守门员移动接球后抛回给教练员。此外，本练习可变化守门员接球的高度来练习（可以做在腰部与胸部之间高度的鱼跃扑球、跳起接 3~5 m 高的空中下落球）。

指导要点：

（1）手接球（接过顶球、接地滚球）。

（2）侧扑接地滚球、鱼跃扑接空中球。

（3）脚步移动。

（4）协调性（给教练员回抛球时，左右手交替单手抛球）。

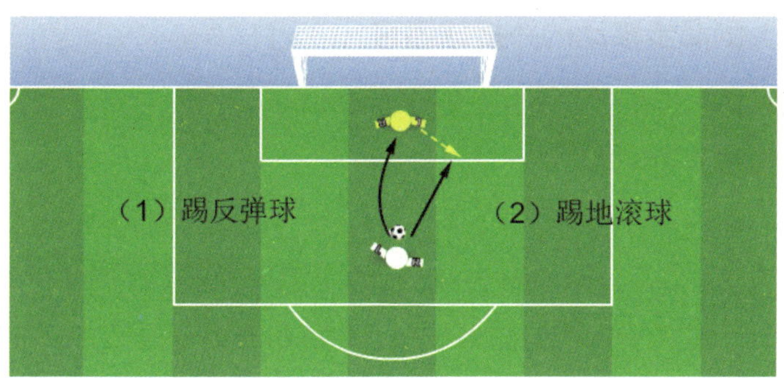

图 5-12 手接球技术练习

（三）扑救球练习

练习目的： 提高守门员扑救球技术水平。

练习区域： 罚球区。

器材： 球门、球。

练习方法： 练习设置如图 5-13 所示。本练习是守门员的热身练习之一。在球门前的位置，教练员保持与第 1 名守门员间隔 10 m，并手持一个球；第 2 名守门员站在教练员身后 5 m 处。教练员先踢一个正面的反弹球，球的高度在腰部与胸部之间；守门员接球后用地滚球的方式抛给第 2 名守门员，第 2 名守门员用脚内侧踢球的方式完成射门；第 1 名守门员用接球、封挡等技术把守球门。

指导要点：

（1）手接球、封挡球。

（2）倒地扑救地滚球、鱼跃扑救球。

（3）脚步移动。

（4）选位。

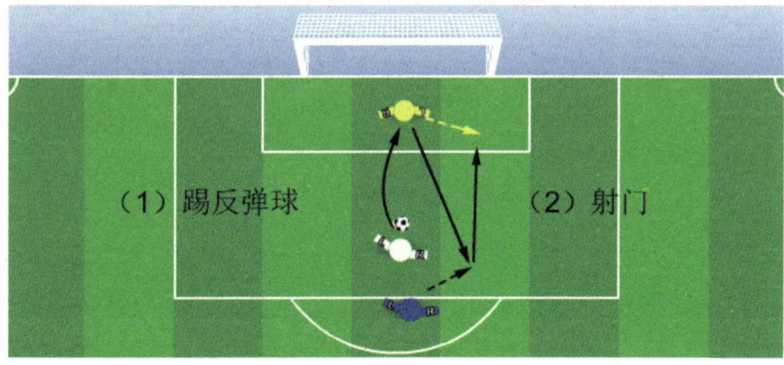

图 5-13 扑救球练习

（四）侧滑步移动的扑接球练习

练习目的：提高守门员扑接地滚球技术水平。

练习区域：罚球区。

器材：球门、球。

练习方法：练习设置如图 5-14 所示。本练习为守门员的热身练习之一。守门员在球门柱内侧斜前方位置选位，教练员距离守门员 7 m 左右，准备好练习用球。练习由守门员以侧滑步形式向对面球门柱移动开始，教练员用直线地滚球方式射门，守门员迅速反身扑救把守球门。

指导要点：

（1）守门员为了能够做出有力的蹬地动作，射门之前的侧滑步尽量采用小跨度方式。

（2）教练员射门之前，守门员不要提前向反方向移动（不要提前倒地）。

（3）守门员可采用倒地扑救球或鱼跃扑救球的方式。

变化：

（1）教练员可踢半高球（腰部位的高度）。

（2）教练员可采用手拿球、抛高球或者反弹球的方式射门。

（3）在守门员完成反方向的扑救球之后，教练员可再进行一次射门。

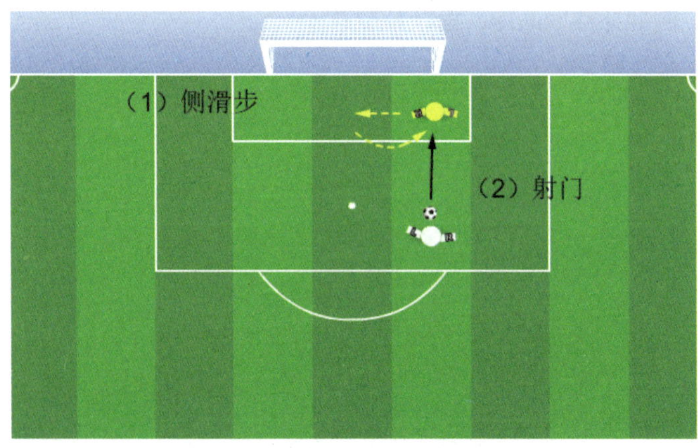

图 5-14　侧滑步移动的扑救球练习

（五）扑救球和手抛球练习

练习目的：提高守门员扑接地滚球和手抛球技术水平。

练习区域：罚球区。

器材：球门、球、标志筒。

练习方法：练习设置如图 5-15 所示。本练习为加入手抛球技术的守门员热身练习之一。在球门前 8 m 左右的地方设置一个用标志筒做成的小球门。每个球门安排 1 名守门员，教练员持球站在他们中间。教练员先向小球门的守门员踢地滚球，小球门的守门员接球后，利用手抛地滚球的方式进攻对面球门，另一名守门员把守球门。重复练习数次后，2 名守门员交换位置进行练习。

指导要点：

（1）守门员应两手交替抛球（协调性）。

（2）守门员应学会正确地封堵抛球路线。

（3）小球门的守门员接地滚球后，应快速起身抛球。

变化：

（1）本练习可通过变化抛球的距离，调整难易度。

（2）本练习可用上手抛球的方式进攻球门。

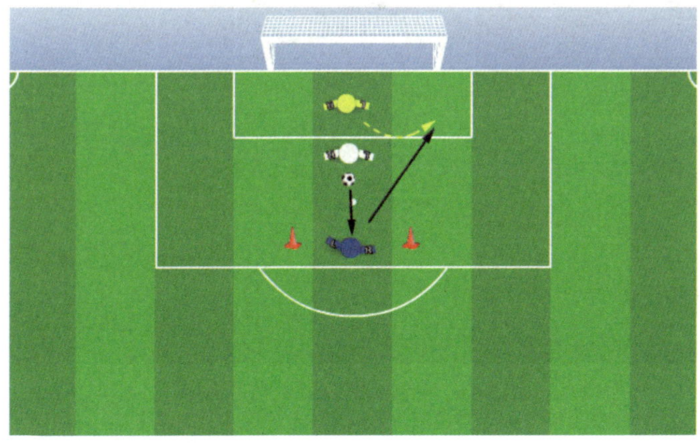

图 5-15　扑救球和手抛球练习

（六）一步起跳鱼跃扑救球练习

练习目的：提高守门员重心平稳移动的扑救球能力。

练习区域：球门区。

器材：球门、球、标志筒、标志杆。

练习方法：练习设置如图 5-16 所示，在球门前放置一根与球门线垂直的标志杆，两侧用标志筒设置一条线。守门员在标志杆右侧站位，教练员持球站在球门正前方 5 m 处。教练员将球以腰部与胸部之间的高度抛至标志杆左侧，守门员轻轻抬起靠近球侧的脚向标志杆左侧移动的同时，膝关节先向斜前方移动，做出向斜线鱼跃扑救动作，并尽力接住球或者将球击出球门范围。

指导要点：

（1）守门员应注意重心的平稳移动。

（2）守门员应注意跳跃动作、扑救球动作。

（3）守门员应注意接球技术、封挡球技术。

变化：本练习可调整抛球的速度和距离。

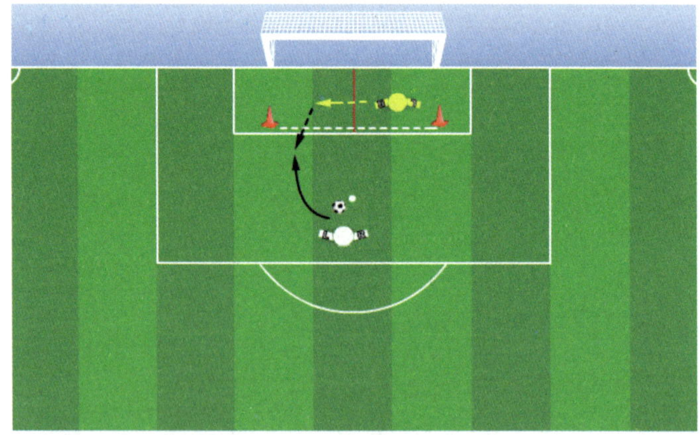

图 5-16　一步起跳鱼跃扑救球练习

（七）跳跃障碍物后鱼跃扑球练习 1

练习目的： 提高守门员在跳跃后紧跟完成鱼跃扑球的技术能力。

练习区域： 球门区。

器材： 球门、球、标志筒。

练习方法： 练习设置如图 5-17 所示。在球门前用标志筒设置一排障碍，教练员持球在距离球门 5 m 处准备。守门员在标志筒侧面保持俯卧位姿势，抬头面向教练员。练习开始，守门员先做若干个（如 3 个）俯卧撑，然后起身越过标志筒鱼跃扑接教练员的手抛球，之后立即做 2 个俯卧撑，并向相反方向重复上面的扑接球练习。

指导要点：

（1）守门员应注意起身动作的协调性。

（2）守门员应注意鱼跃扑球技术。

（3）守门员应注意扑球前的跳跃动作。

变化：

（1）本练习可通过变化标志筒的高度，调整难易度。

（2）守门员可以用仰卧起坐代替俯卧撑。

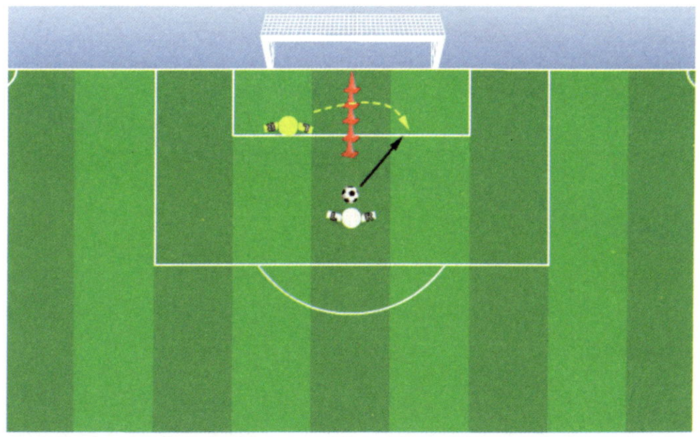

图 5-17　跳跃障碍物后鱼跃扑球练习 1

（八）跳跃障碍物后鱼跃扑救球练习 2

练习目的： 提高守门员从起身、选位到完成扑球的技术能力。

练习区域： 球门区。

器材： 球门、球、标志筒。

练习方法： 练习设置如图 5-18 所示。在球门前用标志筒设置一排障碍物，教练员持球在距离球门 5 m 处准备。守门员面向障碍物，并在其侧面保持俯卧位姿势。在守门员身后 3 m 的地方再放 1 个标志筒。练习开始，守门员先做若干个（如 3 个）俯卧撑，然后用倒退跑的方式绕过后面的标志筒回到起点，再跳跃过障碍物并完成鱼跃扑接球（教练员的手抛球），之后立即做 2 个俯卧撑，向相反方向重复上面的扑接球练习。

指导要点：

（1）守门员应注意起身动作的协调性。

（2）守门员应注意鱼跃扑球技术。

（3）守门员应注意扑球前的跳跃动作。

（4）守门员应注意倒退跑步法的灵活性。

变化：

（1）本练习可通过变化障碍物的高度，调整难易度。

（2）本练习可以用侧滑步和交叉步代替后退跑绕标志筒。

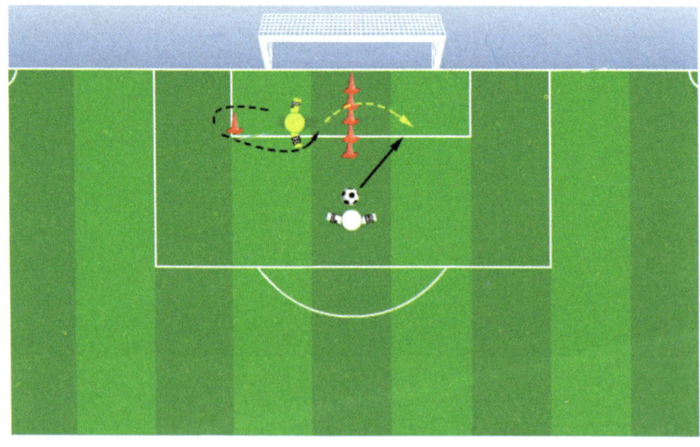

图 5-18 跳跃障碍物后鱼跃扑救球练习 2

（九）交叉步移动的扑救球练习

练习目的： 提高守门员在交叉步移动中完成扑救球的技术能力。

练习区域： 球门区。

器材： 球门、球、标志筒（或跳绳）。

练习方法： 练习设置如图 5-19 所示。第 1 名守门员在一侧球门柱前 5 m 处选位，再延伸 5 m 设置第 2 名守门员，2 人面对面站位。在第 1 名守门员的内侧横向排放数个（如 3 个）标志筒，标志筒之间间隔 80 cm 左右。教练员持球在另一侧球门柱前持球准备。练习开始，第 2 名守门员给第 1 名守门员踢不同高度的球，第 1 名守门员接球后再抛给第 2 名守门员，之后马上用交叉步的形式沿标志筒（或绳梯）横向移动，并接教练员踢出的球（地滚球或腰部与胸部之间高度的球）。

指导要点：

（1）守门员应注意接球技术。

（2）守门员应注意交叉步移动技术。

（3）守门员应注意倒地扑救球、鱼跃扑救球（当越过最后一个标志筒后，用移动方向同侧的脚向斜前方蹬地起跳扑球）技术。

变化： 本练习可通过变化标志筒的数量和它们之间的间隔，调整难易度。

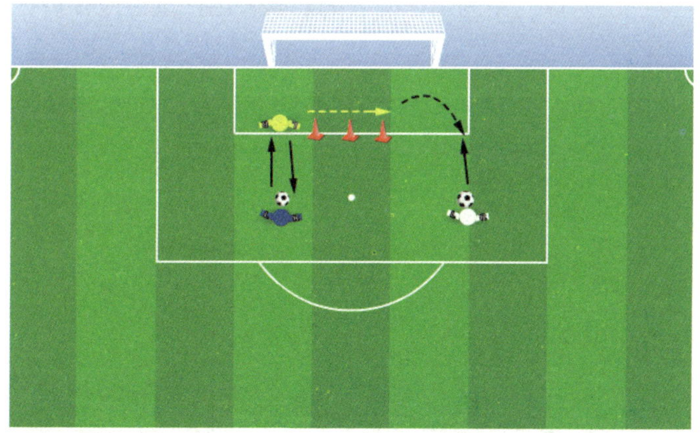

图 5-19　交叉步移动的扑救球练习

（十）区域 1 内的守门员技术练习

练习目的：提高守门员防守小角度射门的技术能力。

练习区域：罚球区。

器材：球门、球、标志筒（或标志杆）。

练习方法 1：练习设置如图 5-20 所示。教练员在区域 1 内持球准备，守门员在球门稍斜前方位置选位准备。在球与近侧球门柱、球与远侧球门柱之间分别画条线，再在守门员选位的两侧分别放置 1 个标志筒（也可以用标志杆和标志筒），用它来假设守门员在区域 1 内应该防守的范围。练习开始，守门员先在标志筒稍微靠后一点的位置选位，当教练员射门时向前移动至标志筒前面来防守球门。教练员踢地滚球，守门员伸脚完成封堵动作。

练习方法 2：守门员在标志筒的后面双膝跪地，用双手来防守教练员的手抛空中球。

练习方法 3：守门员在标志筒后面准备，教练员自由选择踢出地滚球或空中球。

练习方法 4：守门员从球门线上出击，依据情况应对教练员不同形式的射门。

指导要点：

（1）守门员不要向后转身（这样封堵面积会变小）。

（2）守门员不要把重心置于身后（这样容易向后倒）。

（3）守门员从球门中间出击防守的时候，出击选位应保持在 2 个标志

图 5-20　区域 1 内的守门员技术练习

筒之间稍微靠近同侧球门柱的位置，身体正面面对射门。

变化：本练习可以将标志筒撤掉，模拟实战练习。

（十一）交叉步移动的向后鱼跃扑救球练习 1

练习目的：提高守门员在交叉步移动中完成扑救球的技术能力。

练习区域：球门区。

器材：球门、球、标志筒。

练习方法：练习设置如图 5-21 所示。练习模拟守门员向前出击后，来球越过头顶的局面。守门员站在球门前面。距离球门约 5 m 的位置放置 1 个标志筒。教练员持球在距离球门 10 m 左右的地方准备。练习开始，守门员向标志筒慢跑移动，当手触到标志筒的瞬间，教练员向其身后任意一侧抛出过顶球，守门员采用交叉步的方式向后快速移动，并采用接球或封挡球的方法保护球门。

指导要点：

（1）守门员应快速地判断球可能会向哪侧抛出，并立即移动。

（2）在练习中，守门员并不是采用侧滑步或倒退跑等小碎步的移动方式，而是采用交叉步的移动方式，这样移动更快、起跳更有力。

（3）守门员应注意起跳前要全力蹬地。

（4）守门员应注意接球技术、封挡球技术。

变化：练习前可规定好抛球的方向，以降低练习的难度。

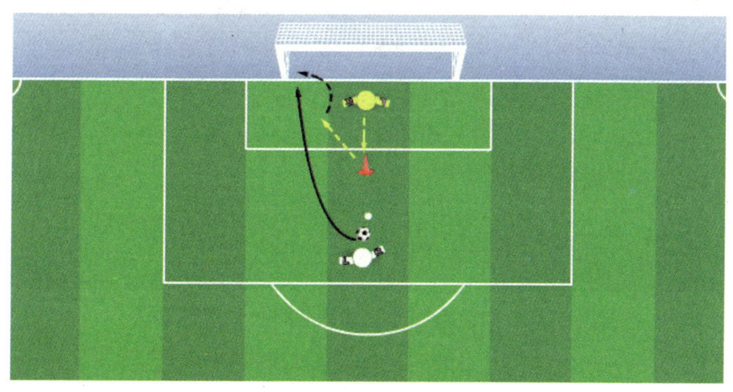

图 5-21　交叉步移动的向后鱼跃扑救球练习 1

（十二）交叉步移动的向后鱼跃扑救球练习 2

练习目的：提高守门员在交叉步移动中完成扑救球的技术能力。

练习区域：球门区。

器材：球门、球、标志筒。

练习方法：练习设置如图 5-22 所示。练习模拟守门员向前出击后，来球越过头顶的局面。本练习比本章练习（十一）向后移动的距离更长。守门员站在球门前面。距离球门线中心斜前方约 5 m 处放置 1 个标志筒。教练员持球在距离球门斜前 10 m 左右的地方准备。练习开始，守门员向标志筒慢跑移动，当手触到标志筒的瞬间，教练员向其身后任意一侧抛出过顶球，守门员采用交叉步的方式向后快速移动，并采用接球或封挡球的方法保护球门。

指导要点：

（1）守门员采用侧滑步的方式快速移动，在起跳之前的几步可以采用小碎步的方式调整蹬地位置和姿势。

（2）守门员应全力跳起。

（3）守门员应注意接球技术、封挡球技术。

变化：在练习中，若发现守门员有较弱的一侧，则可进行针对性练习。

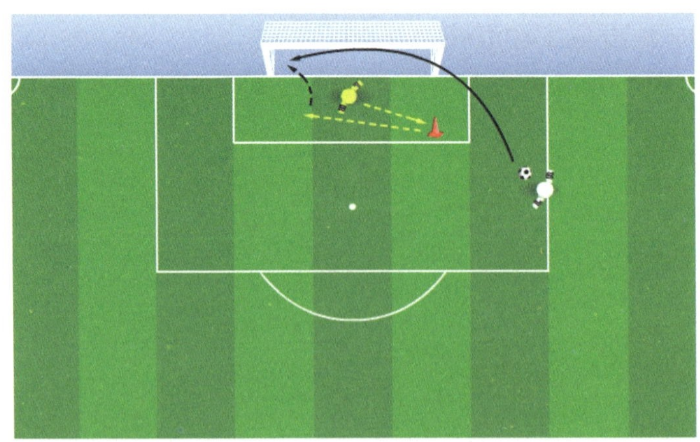

图 5-22　交叉步移动的向后鱼跃扑救球练习 2

（十三）跳起接高空球（三角形移动）练习

练习目的：提高守门员移动中调整选位，并快速反应防守球门前高空球的能力。

练习区域：罚球区。

器材：球门、球、标志筒。

练习方法：练习设置如图 5-23 所示。设置一个以点球点为顶点，边长为 4 m 的等边三角形。守门员持球站在球门线上，教练员在罚球区线上准备。练习开始，守门员踢凌空球将球传给教练员，之后向点球点冲刺，当触到标志筒后，立即依据教练员所指方向（左或右）采用交叉步方式移动，绕过标志筒（后方某一侧）后跳起接教练员的抛球。

指导要点：

（1）守门员应注意冲刺技术。

（2）守门员应注意交叉移动步法。

（3）守门员应注意跳起空中接球技术。

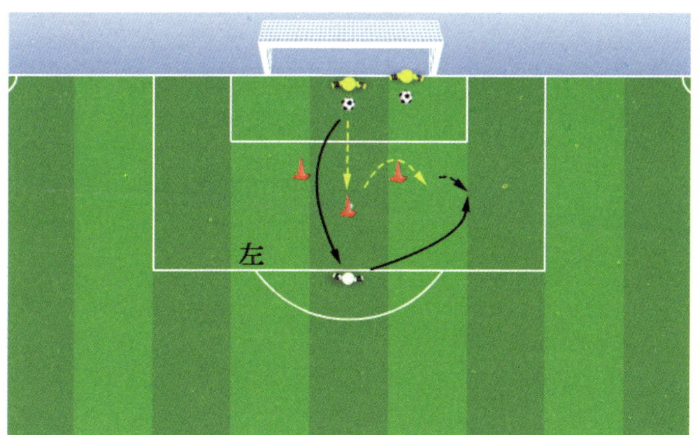

图 5-23 跳起接高空球（三角形移动）练习

（十四）跳起接高空球（与前锋对抗状态下）练习

练习目的： 提高守门员在对抗状态下跳起接高空球的能力。

练习区域： 罚球区。

器材： 球门、球。

练习方法： 练习设置如图 5-24 所示。教练员持球在球门区线附近选位。第 1 名守门员在小禁区的场内选位，第 2 名守门员模仿前锋角色在小禁区的场外选位。练习开始，教练员将球抛到第 1 名守门员与前锋之间，守门员尝试接球。前锋的任务是一边观察守门员的移动，一边试图用头顶球方式完成射门。

指导要点： 守门员采用直线方式向球移动和全力跳起。

变化：

（1）本练习可变换模仿前锋的第 2 名守门员的开始位置（球门区线外开始、距离球门线 7~8 m 的位置开始）。第 2 名守门员与球门有一段距离，能够完成助跑，所以增加了第 1 名守门员接球的难度。

（2）本练习可依据队员水平，调整教练员的位置。教练员距离球门越远，球在空中的停留时间越长，给守门员确认球落点的时间越多。

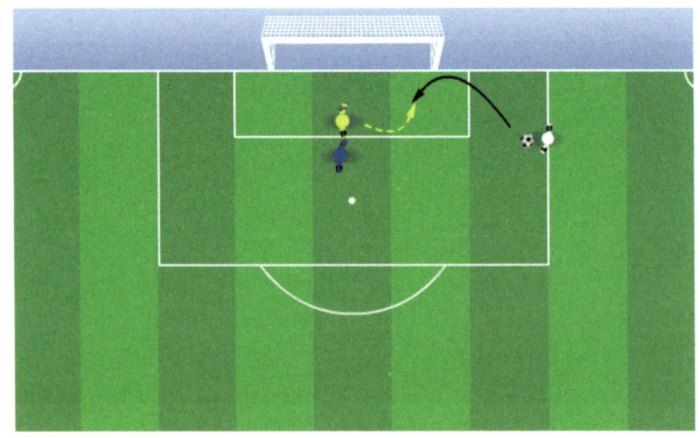

图 5-24　跳起接高空球（与前锋对抗状态下）练习

（十五）跳起接高空球（边路传中球）练习

练习目的： 提高守门员接边路传中球时的落点判断和出击扩大防守范围的能力。

练习区域： 1/2 足球场

器材： 球门、球、标志盘（或标志筒）。

练习方法： 这个练习模拟了守门员面对边路过顶长传球时的出击防守局面。如图 5-25（a）所示，守门员站在球门前面，教练员持球站在罚球区外的边路区域。如图 5-25（b）所示，用标志盘（或者为了预防受伤，可以用柔软的器材）设置 3 个区域。区域 1 为一侧球门柱附近区域；区域 2 为球门正面区域；区域 3 为另一侧球门柱附近及更靠外一点的区域，它要比区域 1 更大。练习开始，教练员踢传中球，守门员预测来球可能会到达的区域，之后大声地喊出能够完成接球的区域号码（如 1 区），出击并跳起接球。

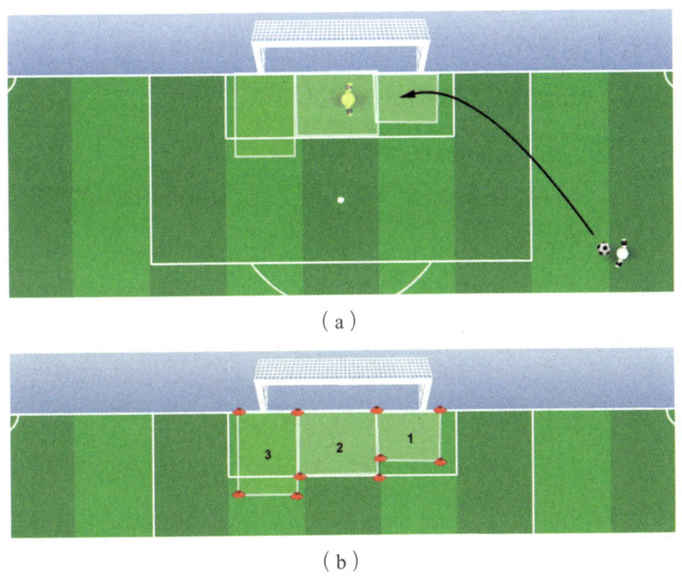

（a）

（b）

图 5-25　跳起接高空球（边路传中球）练习

指导要点：

（1）守门员应注意选位。

（2）守门员应注意在预测出来球落点区域前，不要盲目地出击。

（3）守门员面对来球应采用直线出击的方式（最短距离），并全力跳起接球。

（4）守门员应尽量不用后退步面对区域 3 的来球，而应采用交叉步的方式进行直线移动接球。

变化：本练习可改变教练员传中的位置（罚球区以外 45° 传中、靠近底线位置的传中）。

（十六）跳起接高空球（1 对 1）练习

练习目的：提高守门员在对抗状态下跳起接高空球的能力。

练习区域：罚球区。

器材：球门、球。

练习方法：练习设置如图 5-26 所示。这个练习是对本章练习（十四）与练习（十五）的变化。在距离球门 11 m 的地方再放置 1 个球门。2 个球门前分别设置 1 名守门员。教练员持球在罚球区外的边路准备。练习开始，教练员向 2 个球门之间传球，2 名守门员争夺接球。守门员不让球落地并接到球得 1 分，最终计算 2 名守门员的得分情况，分数高者为胜。

图 5-26 跳起接高空球（1 对 1）练习

指导要点：

（1）练习者尽可能快地判断落点，直线向球出击，要比对手更快地接球。

（2）练习者依据实际情况，可以采用封挡动作来阻止对手接球。

变化：如果守门员直接用拳头将球击入对方球门，可得 1 分。

（十七）跳起接高球（2 个球门）练习

练习目的：提高守门员在面对边路传中球时扩大防守范围的能力。

练习区域：罚球区。

器材：球门、球。

练习方法：练习设置如图 5-27 所示。守门员站在球门前，教练员持球在罚球区一侧顶角准备。在远端球门柱的附近，垂直于球门线放置第 2 个球门。练习开始，教练员将球踢向任意球门，守门员必须同时防守 2 个球门。

指导要点：

（1）守门员不要随意地移动，应预测球的轨迹，采用直线方式向球移动。

（2）守门员不可能接到球的时候（特别是第 2 个球门），应采用拳击球或封堵解围球方式把守球门。

变化：

（1）本练习可通过移动第 2 个球门的位置，扩大守门员的防守位置，增加难度。

图 5-27 跳起接高球（2 个球门）练习

（2）本练习可改变教练员传中的位置（罚球区以外与中线之间位置的传中、靠近底线位置的传中）。

（十八）相互射门练习

练习目的： 提高守门员球门前的基本技术能力。

练习区域： 罚球区。

器材： 球门、球、标志筒。

练习方法： 练习设置如图 5-28 所示。在罚球区弧顶处再放置 1 个球门。分别在距离各自球门 4 m 的位置放置 2 个与球门同宽的标志筒。练习开始，一侧守门员将球用脚轻轻拨动至标志筒前面，并向对面球门完成射门。2 名守门员重复交替射门。

指导要点：

（1）守门员应注意选位、脚步移动。

（2）守门员应注意扑救球技术。

（3）守门员应注意踢球技术。

变化：

（1）守门员可以采用踢凌空球、反弹球的方式射门，要求守门员用弱势脚完成射门。

（2）本练习可通过变化 2 个球门的距离，调整难易度。

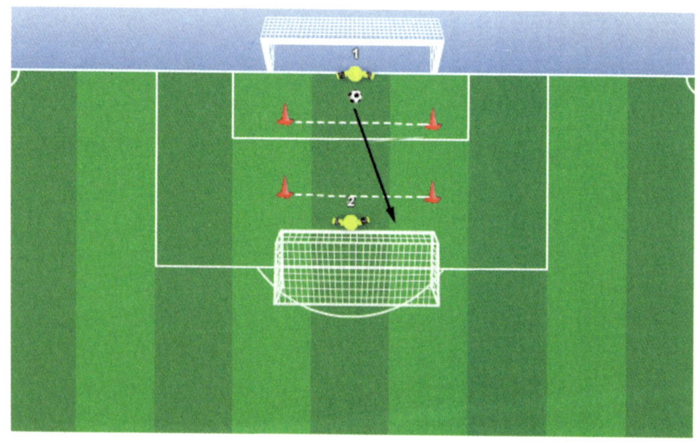

图 5-28　相互射门练习

（十九）与前锋 1 对 1 练习

练习目的： 提高守门员 1 对 1 防守能力。

练习区域： 1/2 足球场。

器材： 球门、球、标志筒。

练习方法： 练习设置如图 5-29 所示。模拟守门员与前锋 1 对 1 的局面。距离球门 25 m 左右的地点摆放 2 个相距 5 m 的标志筒。标志筒附近安排 1 名前锋和 1 名准备回防队员。练习开始教练员用渗透球传给前锋，前锋快速运球向球门进攻。守门员和回防队员合作保护球门。

指导要点：

（1）当前锋的脚离开球的时候，守门员应上前封堵，缩短间距，准备防守对手射门。

（2）为了避免对手突然的运球突破，守门员要一点一点地向前靠近，缩短与对手的距离。

（3）守门员的两腿不要张开太大，避免被对手穿裆射门。

（4）守门员靠近对手后，不要被假动作迷惑，注意力应集中在球的移动路线上，抓住球离开脚的瞬间进行抢球（1 对 1 扑球）。

（5）守门员应与回防队员合作保护球门（指挥、限制进攻方向、保护协防）。

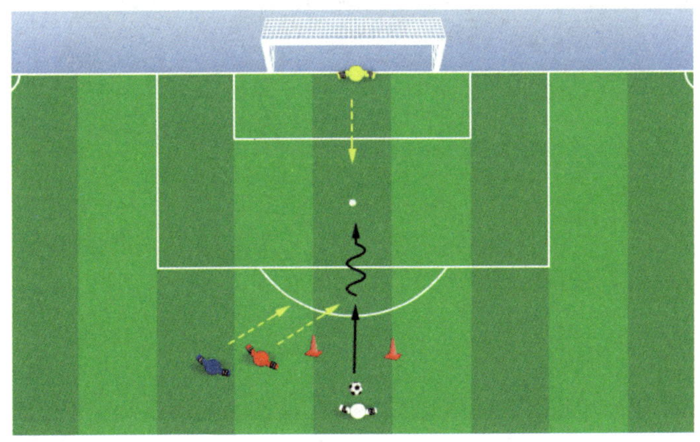

图 5-29　与前锋 1 对 1 练习

（二十）守门员足网球比赛

练习目的：提高守门员快速反应、移动和扑救球能力。

练习区域：5 m × 8 m 的区域。

器材：球、网球网（或标志杆、标志筒）。

练习方法：练习设置如图 5-30 所示。设置 1 个宽 5 m、长 8 m 的区域，将其平均分成 2 个半场，中间放置网球网（也可以用标志杆、标志筒等代替）。练习开始，一侧的守门员向另一侧半场投掷球（发球），另一侧守门员要在球落地之前将球接住。如果球落在场内，那么发球守门员得 1 分。本练习采用时间限制的方式或得分制方式进行比赛。

指导要点：

（1）守门员应注意移动步法。

（2）守门员应多练习鱼跃救球。

变化：

（1）本练习可变换用球（小号足球、网球），也可以用脚发球。

（2）本练习可增加人数进行 2 对 2 练习。

（3）本练习可变化场地大小，调整难易度。

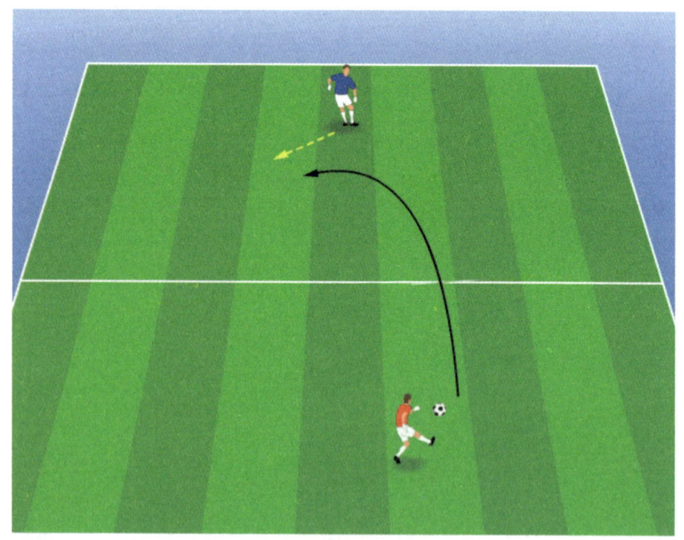

图 5-30　守门员足网球比赛